Ralph Bethke

Das Übereinkommen der Vereinten Nationen über die Rechte des Kindes und seine Umsetzung in der Bundesrepublik Deutschland.

Ralph Bethke

Das Übereinkommen der Vereinten Nationen über die Rechte des Kindes und seine Umsetzung in der Bundesrepublik Deutschland

2., unveränderte Auflage

Herbert Utz Verlag · München

Pädagogik

Zugl.: Diss., 1996

Bibliografische Information der Deutschen Nationalbibliothek:
Die Deutsche Nationalbibliothek verzeichnet diese Publikation in der Deutschen Nationalbibliografie; detaillierte bibliografische Daten sind im Internet über http://dnb.d-nb.de abrufbar.

frühere Ausgabe: ISBN 978-3-89675-103-4

ISBN 978-3-8316-8046-7

Printed in EU
Herbert Utz Verlag GmbH, München
www.utzverlag.de

INHALT

Vorwort 9

I Einführung: Die Rechte des Kindes. 11
1 Begriff - Idee - Geschichte 12
2 Die "Kinderrechtsbewegung" 22
3 Kinderrechte und Christentum 32

II Internationale Vereinbarungen
über die Rechte des Kindes. 37
1 Die "Genfer Erklärung" 38
2 Die "Erklärung der Rechte des Kindes" 39
3 Das "Übereinkommen über die Rechte des Kindes" 43

III Das Übereinkommen der Vereinten Nationen
über die Rechte des Kindes und seine Umsetzung
in der Bundesrepublik Deutschland. 47
1 Teil I (Artikel 1 bis 41) 53
2 Teil II (Artikel 42 bis 45) 146
3 Teil III (Artikel 46 bis 54) 153

IV Die Rechte des Kindes in der
Bundesrepublik Deutschland:
Jenseits der Konvention(en). 157
1 Eine neue Verfassung 161
2 Eine neue Politik 166
3 Ein neues Bewußtsein 172

V Zusammenfassung und Ausblick:
Konsequenzen für den Umgang mit dem Kind. 179

Literaturverzeichnis 183

I'm gonna take two weeks, gonna have a fine vacation -
I'm gonna take my problem to the United Nations!
Well, I called my Congress Man and he said, quote:
"I'd like to help you, son, but you're too young to vote!"

Eddie Cochran: Summertime Blues (1958)

VORWORT

Es ist bezeichnend, daß zwar einerseits die Rechte des Kindes heute so häufig thematisiert werden wie wohl noch nie zuvor in der Geschichte der Menschheit, daß aber andererseits ein Doktorand, der sich dieser Materie in seiner Dissertation annimmt, immer noch - glücklicherweise! - "in Neuland" vorstößt, wie der Münchener Philosophie-Professor und langjährige bayerische Kultusminister Hans Maier dem Verfasser der vorliegenden Arbeit bestätigen konnte. Dies zeigte sich vor allem während der Literatur-Recherche, die trotz eifrigster Bemühungen nur eine relativ schwache Ausbeute erbrachte - was dem Doktoranden allerdings den durchaus erwünschten Raum ließ für die eigene Forschungstätigkeit!

Freilich wurde nach der Verabschiedung des Übereinkommens der Vereinten Nationen über die Rechte des Kindes vom 20. November 1989 sowie im Zusammenhang mit seiner Ratifizierung durch die Bundesrepublik Deutschland am 6. März 1992 eine Reihe von Publikationen zu diesem Thema veröffentlicht, und ein Häuflein kinderfreundlich gesonnener Politiker hat - vor allem auf kommunaler Ebene - hier eine neue Aufgabe für sich entdeckt; zu einer Angelegenheit, mit der man sich - politisch, wissenschaftlich oder wie auch immer - profilieren kann, haben sich die Rechte des Kindes hierzulande bislang allerdings noch nicht entwickelt.

Dabei liegt es doch eigentlich nahe, in der interdisziplinären Grauzone zwischen Pädagogik und Ius der Frage nachzugehen, ob und (wenn ja) in welchem Umfang das Übereinkommen der Vereinten Nationen über die Rechte des Kindes in der Bundesrepublik Deutschland eine adäquate Umsetzung erfahren hat bzw. was auf diesem Gebiet gegebenenfalls noch zu bewerkstelligen wäre. Ich habe daher allen Grund dazu, mich bei meiner verehrten Lehrerin, Frau Professor Dr. Irmgard Bock von Herzen dafür zu bedanken, daß sie mir die Gelegenheit dazu gegeben hat, diese wichtige und aktuelle Untersuchung in Form meiner Dissertation vorzunehmen. Ein herzliches Dankeschön gilt auch den zahlreichen Organisationen, Vereinen,

Verbänden, Parteien und Institutionen, die mich in vielfältiger Weise bei meinen Recherchen unterstützt haben.

An dieser Stelle möchte ich aber auch noch Herrn Professor (em.) Dr. Erich Wasem Dank sagen, der mich als mein langjähriger Lehrer und Magistervater nicht unwesentlich geprägt hat. Und schließlich gebührt ein letzter, aber ganz gewiß nicht der geringste Dank meiner Lebensgefährtin, Frau Diplom-Sozialpädagogin (FH) Angelika Popp, die mir auch während der Entstehung der vorliegenden Arbeit treu zur Seite gestanden ist und der ich diese Dissertation deshalb in aufrichtiger Verbundenheit zueignen möchte.

I EINFÜHRUNG: DIE RECHTE DES KINDES.

Vom Rechte, das mit uns geboren ist,
Von dem ist leider! nie die Frage.

Diese Worte des Mephistopheles im "Faust I" [Vers 1978 f.] stellen vielleicht weniger einen Beleg für die widerliche Heuchelei des Leibhaftigen dar, sondern womöglich vielmehr ein ernstgemeintes und ernst zu nehmendes "Statement" seines Schöpfers Johann Wolfgang von Goethe. Schließlich ist jener Kurz-Kommentar nicht von der Hand zu weisen, den wir diesbezüglich in einem Materialien-Bändchen finden: "Von dem natürlichen Menschheitsrecht will man nichts wissen." [Neis 1975; 32]

Selbstverständlich will man vom "natürlichen Menschheitsrecht" heutzutage weit mehr wissen als noch zur Zeit Goethes; daß dieses Recht jedoch "mit uns geboren ist" und nicht erst am 18. Geburtstag feierlich verliehen wird - von diesem simplen Tatbestand ist allerdings bis heute - leider! - viel zu selten die Frage. Sicher, auch bezüglich der Rechte der Kinder ist heute im Rahmen der allgemeinen Menschenrechtsdiskussion so häufig die Rede wie noch nie zuvor in der Geschichte der Menschheit; die Sensibilität wächst, das Bewußtsein ist geschärft, Aktivitäten werden entfaltet und Schriftstücke verbreitet. Dennoch ist das Thema "Kinderrechte" bis zum heutigen Tage ein selten gesondert erwähntes Anhängsel des Überbegriffs "Menschenrechte" geblieben - was sich durch einen kurzen Blick auf die einschlägigen Publikationen unschwer belegen ließe. Auch in den Vorlesungsverzeichnissen spiegelt sich das eben Gesagte wider; selbst die Pädagogen scheinen andere Sorgen zu haben als die Definition und Verifikation von Kinderrechten.

Vielleicht ist es bereits viel zu selbstverständlich, daß es sich bei den Menschenrechten um jene grundlegenden Rechte handelt, die der menschlichen Existenz naturaliter und ohne jede Vorbedingung spätestens seit seiner Geburt, wenn nicht sogar seit seiner Zeugung untrennbar anhaften - wobei in der vorliegenden Arbeit auf die Erörterung der komplexen Problematik der

Abtreibung verzichtet werden soll. Menschenrechte sind als Geburtsrechte also automatisch auch Kinderrechte; sie gelten nicht nur für alle Menschen unabhängig von Geschlecht, Abstammung, Rasse, Sprache, Heimat und Herkunft, Glauben, religiöser und politischer Anschauung [vgl. Artikel 3 GG], sondern auch unabhängig von seinem Alter.

Wir halten fest: Menschenrechte sind unabhängig vom Alter des Menschen gültig; Menschenrechte sind automatisch auch Kinderrechte. Warum wird dann im Artikel 3 GG nicht ausdrücklich auch das Alter des Menschen erwähnt, wenn es darum geht, weswegen ein Mensch in der Bundesrepublik Deutschland nicht benachteiligt oder bevorzugt werden darf? Womöglich deshalb, weil dies eben viel zu selbstverständlich ist, als daß es gesondert erwähnt werden müßte. Daß man einen Menschen nicht wegen seine Geschlechts etc. diskriminieren darf, scheint dagegen als neuere Erkenntnis der besonderen Erwähnung würdig zu sein.

Genau hier liegt die Crux mit den Kinderrechten: Sie sind selbstverständlich und sind dennoch jene Menschenrechte, die weltweit (auch hierzulande) am häufigsten (und ebenfalls ganz selbstverständlich) mißachtet werden. Sie sind auf juristischem Wege in der Regel nicht einklagbar; sie werden trotz aller ersten positiven Ansätze von keiner starken Lobby gestützt. Nach wie vor ist "Kindheit [...] ein Status minderen Rechts. Er wird legitimiert mit der Vorstellung von ihrer entwicklungsbedingten Schwäche" [Lenhardt 1993; 252].

Im nachfolgenden Abschnitt kann jedoch - nachdem zunächst einmal die nötigen Begriffsklärungen vorgenommen worden sind - aufgezeigt werden, daß die Idee des Kinderrechts bereits eine reiche Tradition aufweist und das Übereinkommen der Vereinten Nationen über die Rechte des Kindes somit auf einem tragfähigen geistesgeschichtlichen Fundament aufbauen kann.

1 Begriff - Idee - Geschichte

Im Übereinkommen über die Rechte des Kindes der Vereinten Nationen wird der Begriff vom "Recht des Kindes" im völkerrechtlichen Kontext gebraucht und verstanden - analog dazu, wie im Völkerrecht der Begriff vom "Menschenrecht" gebraucht und verstanden wird. Dies bedeutet zwangsläufig, daß hinsichtlich der internationalen Umsetzung der in der UN-Konvention festgeschriebenen Kinderrechte eben jene Grundproblematik vorliegt, welche seit der Allgemeinen Erklärung der Menschenrechte vom 10. Dezember 1948 bislang alle UNO-Menschenrechtsdokumente begleitet und deren Umsetzung in weiten Teilen der Welt erschwert bzw. teilweise oder ganz verhindert hat [vgl. Simma/Fastenrath o.J; XXXIII-XXXVIII].

Die völkerrechtlichen Implikationen des Begriffs "Menschenrecht" - und damit auch die entsprechende Problematik bei der internationalen Verwirklichung der "Rechte des Kindes" - sollen hier jedoch unberücksichtigt bleiben, da sich die vorliegende Arbeit einzig und allein mit der innerstaatlichen Umsetzung der UN-Kinderrechtskonvention in der Bundesrepublik Deutschland beschäftigt. Damit sind wir jedoch nicht von der Aufgabe entbunden, daß wir - aufgrund der Tatsache, daß der Begriff "Recht" in den unterschiedlichsten Zusammenhängen verwendet wird - zunächst einmal dahingehend Klarheit schaffen, daß es sich beim "Menschenrecht" - und damit auch beim Recht des Kindes - um keinen objektiven Rechtsbegriff handelt, sondern um ein subjektives Recht. Den Unterschied erläutert der Staatsrechtler Otto Kimminich wie folgt:

> "Das Recht im subjektiven Sinn ist die Berechtigung des einzelnen Rechtsträgers, wie zum Beispiel das Recht auf freie Entfaltung der Persönlichkeit, das Recht auf Gleichheit vor dem Gesetz, das Recht auf körperliche Unversehrtheit usw. Recht im objektiven Sinn ist die Summe aller Rechtsregeln, die für einen bestimmten Lebensbereich gelten, wie zum Beispiel Familienrecht, Arbeitsrecht, Gemeinderecht, Steuerrecht usw. [...] Aus den konkreten Normen des Rechts im objektiven Sinn leitet der einzelne sein Recht im subjektiven Sinn (seine Berechtigung) ab." [o.J.; 18]

Wenn wir also im Rahmen der vorliegenden Arbeit vom "Recht" - in unserem Fall: von dem des Kindes - sprechen, dann geht es uns tatsächlich weniger um einen objektiven Normenkatalog, sondern vielmehr um das vom einzelnen (jungen) Menschen aus dem objektiven Recht ableitbare "Recht im subjektiven Sinn", um "seine Berechtigung" - und das heißt: um die unanfechtbare Legitimation individueller Entfaltung. Das wiederum bedeutet, daß wir bei unserer Untersuchung der innerstaatlichen Umsetzung der UN-Kinderrechtskonvention in der Bundesrepublik Deutschland zwangsläufig die Grenzen formaljuristischer Definitionen und Auslegungen transzendieren und in den Bereich der Psychologie, der Philosophie, ja sogar der Theologie vorstoßen müssen. Dadurch geraten wir allerdings wieder auf das heimische Terrain der Geisteswissenschaftlichen Pädagogik, in deren Tradition die vorliegenden Arbeit ganz bewußt stehen will.

Vor diesem Hintergrund und angesichts unserer Überlegung, daß wir das Recht des Kindes nachfolgend vor allem als das subjektive Bewußtsein einer gleichsam metaphysisch begründeten, nicht durch eigene Leistung erworbenen (aber eben auch nicht immer juristisch faßbaren) "Berechtigung" verstehen wollen, hilft uns an dieser Stelle ein sehr wesentlicher Gedanke weiter, den der Psychotherapeut und Philosoph Peter Haerlin wie folgt entwickelt:

"Ich bin Recht [sic!], einfach indem ich bin: Recht auf die Achtung meines Daseins, meines Körpers, einer Bedürfnisse, meiner Leiden; Recht auf Freiheit; Recht darauf, mich lieben zu lassen und zu lieben; Recht auf Lachen und Weinen. Alle Wege des Universums enden auch in mir. Mein Recht ist unbedingt; ich habe nicht für es gearbeitet, ich habe es nicht geschaffen, so wenig ich mich geschaffen habe. Ich bin ein Wert, einfach indem ich bin. Mein Körper, mein Geschlecht, mein Lächeln, mein Geruch sind liebenswert. Ich kann anderen etwas sein, nur indem ich bin." [1987; 12]

Diese Dimension des Rechtsbegriffs ist - auch wenn die eben zitierte Ausformulierung noch so pathetisch erscheinen mag - für eine Begründung der Menschenrechte, vor allem aber im Hinblick auf die Legitimierung der Rechte des Kindes von immenser Bedeutung; schließlich ist gerade das Kinderrecht "mit uns geboren" und nicht erarbeitet oder durch sonstige Werke gerechtfertigt.

Nach dieser Betrachtung des Begriffes "Recht" soll auch noch rasch auf den Begriff "Kind" eingegangen und darauf hingewiesen werden, daß er in der vorliegenden Arbeit analog zum Sprachgebrauch der UN-Kinderrechtskonvention Verwendung findet, nach dem ein jeder junger Mensch in der Zeit zwischen seiner Geburt und der Vollendung seines achtzehnten Lebensjahres als "Kind" bezeichnet wird [vgl. Artikel 1]; genauere Differenzierungen - wie etwa "Säugling" oder "Kleinkind" auf der einen oder "Jugendliche(r)" auf der anderen Seite der Skala - werden nicht vorgenommen. Die einzige Ausnahme von diesem Grundsatz, die im Übereinkommen der Vereinten Nationen über die Rechte des Kindes zu finden ist [vgl. Artikel 38 Absatz 2 und 3], wird im entsprechenden Kommentar ebenso erläutert, wie auch die diversen definitorischen Abweichungen in der innerstaatlichen Gesetzgebung der Bundesrepublik Deutschland im jeweiligen Zusammenhang explizit gekennzeichnet werden.

Wenn wir nun - nach der Klärung der beiden Grundbegriffe "Recht" und "Kind" und ihrer Verwendung in der vorliegenden Arbeit - die Idee vom "Kinderrecht" und deren Geschichte kurz skizzieren wollen, so müssen wir bei unseren Betrachtungen - sozusagen als Grund-Paradigma - von einer prinzipiellen Rechtlosigkeit des Kindes ausgehen. Dem "Untertan Kind" [Mallet 1987] wurden im Laufe der Neuzeit - ein weiterer Rückblick würde den Rahmen dieser Darstellung sprengen - nur in einem sehr begrenzten Umfang und auch nur ganz allmählich gewisse Rechte zugestanden; ansonsten war das Kind auf die Gnade seiner Eltern und sonstiger (echter oder angemaßter) Autoritäten angewiesen - was den anarchistischen Schriftsteller Walther Borgius bereits 1930 dazu veranlaßte, die Parallelen zwischen Kindheit und Sklaverei ausführlich darzulegen [187-194].

Vor diesem Hintergrund kann es nicht mehr überraschen, daß nicht nur die Kritik an der Sklaverei, sondern auch die Idee des Kinderrechts letztlich mit der Aufklärung einhergeht - letztere allerdings noch in einer Art Kokon verborgen, den Wilhelm Roessler als die "These von der Autonomie der Erziehung" bezeichnet. Diese wiederum

> "ist gleichsam die folgerichtige Konsequenz der gesellschaftlichen Entdeckung der Autonomie des Individuums. Im Gegensatz zum traditionellen Verständnis von Erziehung als einem Mittel, mit dem Kinder und Jugendliche dem jeweils für gut erachteten Verhalten angepaßt werden können, fragt die Pädagogik der Aufklärung ausdrücklich nach dem eigenen Ziel der Erziehung und entfaltet in diesem Kontext die These vom 'Eigenrecht des Kindes', - die seit Rousseau die Pädagogik bestimmende Grundüberzeugung, daß das Kind kein kleiner, unvollkommener Erwachsener ist, sondern ein Wesen, das seine Erfüllung und Reife in sich selber trägt. Die Erziehung ist demgemäß angewiesen auf die im lernenden Subjekt selber angelegten Triebkräfte und seinen Gestaltungswillen" [1961; 278 f.].

Wenn nun auch Karl Neumann zu dem Ergebnis gelangt, daß sich "nach Rousseaus 'kopernikanischer Wende' zum Kinde (Herman Nohl) [...] die Pädagogen als Anwälte der Autonomie der Kindheit und Erziehung" verstehen [1993; 195], so wird immer deutlicher, daß hier tatsächlich schon in dem von uns gemeinten Sinn von Kinderrechten die Rede ist: von jenen Rechten, die in eins mit dem Kind - und daher mit ihm untrennbar verbunden - "aus den Händen des Schöpfers" [Rousseau 1971; 9] gekommen sind.

Nach dieser eben skizzierten "kopernikanischen Wende" des Jean-Jacques Rousseau (1712-1778) ist der Erziehende nicht mehr länger Herrscher über einen Untertan, sondern der Anwalt des Kindes, der das dem Kinde innewohnende Recht sowohl in der Welt zu vertreten als auch ihm selbst gegenüber in Form der (durch die Eigenrechtlichkeit des Kindes definierten) Erziehung anzuwenden hat. Er wird - im Sinne eines mentalen und spirituellen Geburtshelfers - zum Erfüllungsgehilfen des im Kinde angelegten Schöpfungsplanes. Diese Ausgangsposition führt bei Rousseau zwangsläufig zum Konzept einer Erziehung, die "rein negativ sein" muß; die also ganz bewußt davon Abstand nimmt, "in der Tugend und in der Wahrheit [zu] unterweisen", und konsequent darauf achtet, "das Herz vor Laster und den Verstand vor Irrtümern [zu] b e w a h r e n " [Rousseau 1971; 72 - Hervorhebung R.B.]. Der Rousseau-Übersetzer und -Herausgeber Ludwig Schmidts erblickt das Revolutionäre in Rousseaus Konzeption einer negativen Erziehung [vgl. hierzu a.a.O. 72-77] darin, daß es sich bei ihr "zum ersten Mal [...] nicht mehr darum [handelt], einen Menschen zu einem vorgegebenen Ziel zu führen, sondern darum, einen Menschen nach seinen Fähigkeiten zu erziehen, seine Gaben zu erkennen und sie zur Entfaltung zu bringen" [Schmidts 1971; 537]. Diese - wie es Rousseau selbst nennt - "Kunst der Menschbildung" [zit. ebd.] hat ihren Ausgang in einem Bild von "Erziehung als behutsam lenkendes Freilegen natürlicher Anlagen" [a.a.O.; 539] und stellt damit unwillkürlich "eine Pädagogik des Aufstandes gegen die herkömmlichen, 'ewigen' Lehrmeinungen und Lehrdogmen" dar [a.a.O.; 537]. Mehr noch: "Wenn Rousseau sagt: Tout est bon qui sort des mains du créateur de la nature, tout dégénère dans les mains de l'homme (S. 9), so lehnt er jede Autorität über das Kind ab." [a.a.O.; 538] Diese Grundhaltung folgt aus der "kopernikanischen" Entdeckung der (Natur-)Rechte des Kindes durch Jean-Jacques Rousseau - und muß wiederum (quasi als Gegenpol einer Wechselwirkung) zwangsläufig den Gedanken eines Kinderrechts nach sich ziehen. Und in der Tat grenzt Rousseau am Ende seiner Ausführungen über die negative Erziehung seine Konzeption gegen die "Verkehrtheiten der heutigen Erziehung" ganz plakativ mit dem Hinweis darauf ab, daß man in letzterer "den Kindern zuerst von ihren Pflichten und niemals von ihren Rechten spricht" [Rousseau 1971; 77].

Der revolutionäre Gedanke einer negativen Erziehung, "wie er von Rousseau begründet war", wird nun - aufgrund einer ähnlichen metaphysischen Ausrichtung - zum "typischen Grundgedanken einer romantischen Pädagogik" [Bollnow o.J.; 50]. Die negative Erziehung ist für Otto Friedrich Bollnow "ein eigentümlich romantischer Gedanke, der sich notwendig ergibt, wenn das eigenmächtige 'machen' [sic] des Menschen in seinen zerstörenden Folgen erkannt ist und man statt dessen dem 'organischen' Wachstum der sich von innen heraus nach eignem Gesetz entfaltenden Kräfte vertraut" [a.a.O.; 43]. Erwähnenswert ist, daß bei ihren individuellen Vertiefungen der Rousseauschen Konzeption einer negativen Erziehung die Begriffswelten der Pädagogen der deutschen Romantik stark differieren: So fordert Ernst Moritz Arndt (1769-1860) in seinen "Fragmente[n] über Menschenbildung" aus dem Jahr 1805 die "Nichtstörung der Entwicklung" des jungen Menschen [1904; 11], Jean Paul (1763-1825) führt in seiner "Levana oder Erziehlehre" von 1806 aus, "die rechte Erziehung" sei "die e n t - f a l t e n d e ; durch welche die lange zweite, die h e i l e n d e , oder die Gegenerziehung zu ersparen wäre" [1963; 17]; und Friedrich Fröbel (1782-1852) ersetzt in seiner "Menschenerziehung" aus dem Jahr 1826 die Rousseausche Polarität von der negativen und der positiven Erziehung durch die Begriffe "nachgehend" und "vorschreibend" - wobei auch und gerade bei Fröbel die Wertung eindeutig ist: "Erziehung, Unterricht und Lehre [sollen] ursprünglich und in ihren ersten Grundzügen notwendig leidend, nachgehend (nur behütend, schützend), nicht vorschreibend, bestimmend, ergreifend sein" [1982; 10]. Der hier zugrundeliegende gedankliche Ausgangspunkt ist bei aller begrifflichen Vielfalt sowohl bei Jean-Jacques Rousseau als auch bei den genannten Pädagogen der deutschen Romantik der gleiche: "Das Wirken des Göttlichen ist in seiner Ungestörtheit notwendig gut, muß gut, kann gar nicht anders als gut sein." [a.a.O.; 11] Damit fallen einmal mehr Naturrecht und Kinderrecht zusammen: Der Respekt vor der Schöpfung kann zu nichts anderem führen als zum Schutz bzw. zur aktiven Förderung des dem Kinde innewohnenden subjektiven Rechts. Theodor Litt wird dies hundert Jahre später schlicht als den "gute[n] Sinn des 'Wachsenlassens'" bezeichnen [1927; 48].

Von ähnlichem Geist war übrigens kein Geringerer als Johann Wolfgang von Goethe getragen; wohl auch deshalb, weil er nicht nur Zeitgenosse der Romantik war, sondern auch eine verwandte, nämlich pantheistisch gefärbte Spiritualität mit den Romantikern teilte - was offensichtlich eine Grundvoraussetzung darstellt für ein wahres Verstehen des Kindes und des Kindlichen. Goethe geht allerdings - wie wir gleich sehen werden - einen entscheidenden Schritt über die rousseauistisch-romantische Metaphysik des Kindes hinaus, indem er aktiv und praktisch für die dem Kinde innewohnenden Rechte Partei ergreift. - Wir wollen uns jedoch zunächst einmal einen Auszug aus einem Gespräch Goethes mit Johann Peter Eckermann betrachten, welches am 12. März des Jahres 1828 stattgefunden hat. Goethe zu Eckermann:

> "Ich brauche nur in unserm lieben Weimar zum Fenster hinaus zu sehen, um gewahr zu werden, wie es bei uns steht. - Als neulich der Schnee lag und meine Nachbarskinder ihre kleinen Schlitten auf der Straße probieren wollten, sogleich war ein Polizeidiener nahe, und ich sah die armen Dingerchen fliehen, so schnell sie konnten. Jetzt, wo die Frühlingssonne sie aus den Häusern lockt und sie mit ihresgleichen vor ihren Türen gerne ein Spielchen machten, sehe ich sie immer geniert, als wären sie nicht sicher und als fürchteten sie das Herannahen irgendeines polizeilichen Machthabers. - Es darf kein Bube mit der Peitsche knallen oder singen oder rufen, sogleich ist die Polizei da, es ihm zu verbieten. Es geht bei uns alles dahin, die liebe Jugend frühzeitig zahm zu machen und alle Natur, alle Originalität und alle Wildheit auszutreiben, so daß am Ende nichts übrig bleibt als der Philister." [Eckermann 1948; 688 f.]

Was Hans-Jochen Gamm im Anschluß an diesen Text über den "Geheimen Rat" des Großherzogtums Sachsen-Weimar zu berichten weiß, belegt nicht nur, daß "Goethes Verhältnis zu Kindern [...] von hoher ethischer Qualität" ist [Gamm 1980; 134], sondern beweist zudem, daß es sich bei Goethe um einen frühen Verfechter ganz konkreter Kinderrechte handelt:

> "Als man [den] Weimarer Kindern wegen ihres Lärms auf den Straßen die kleinen Schlitten durch Polizeibüttel hat beschlagnahmen lassen, bedauert er dies und sorgt als Staatsautorität dafür, daß ihnen ihre dürftigen Spielzeuge wiedergegeben werden, weil er nicht Freude und Mut bei den kleinen Wesen schwinden sehen möchte. So versucht er zu helfen, wo augenblickliches Eintreten nottut." [a.a.O.; 134 f.]

Diese Begebenheit führt uns wieder in die gesellschaftliche und erzieherische Realität des 19. Jahrhunderts zurück: Diese und insbesondere die konkrete Situation des Kindes blieb in Deutschland leider weit hinter den theoretischen Vorgaben eines Jean-Jacques Rousseau und den Theorien der Romantiker zurück; weswegen ganz praktische Gesetze erlassen werden mußten, um der von den genannten Philosophen proklamierten subjektiven Eigenrechtlichkeit des Kindes wenigstens ansatzweise in Form eines objektiv-juristischen Rahmens entsprechen zu können. Das heute als selbstverständlich erachtete Recht des Kindes auf Bildung mußte durch den Erlaß der Schulpflicht gedeckt werden, das Recht des jungen Menschen auf eine kindgerechte Entfaltung durch das Verbot der Kinderarbeit; wobei "erste wirksame Schritte zur Eindämmung der Kinderarbeit [...] in Preußen erst mit den Regulativen von 1839 und 1853 eingeleitet [wurden]. Das generelle Verbot konnte erst um die Jahrhundertwende durchgesetzt werden" [Neumann 1993; 198]. Ein weiterer "Meilenstein in der Entwicklung der Rechte des Kindes in Deutschland" [Eichholz 1993; 72] folgte schließlich erst 1922 in Gestalt des Jugendwohlfahrtsgesetzes.

Seit dem Ende der Romantik, also spätestens seit der Mitte des 19. Jahrhunderts [vgl. Bollnow o.J.; 13], wichen - parallel zu einer immer weiter fortschreitenden Industrialisierung - sämtliche metaphysisch inspirierten pädagogischen Konzepte einem dumpfen Materialismus, der im Kind nur mehr die potentielle (oft genug auch noch die aktuelle) Arbeitskraft erkennen konnte; was gerade innerhalb des immer größer werdenden Proletariats zwangsläufig aus der beengten finanziellen Situation und den fehlenden individuellen Perspektiven folgen mußte. "Bildung" hatte in diesem Kontext zwangsläufig ihre spirituelle, eigenrechtliche Dimension verloren und degenerierte - im wesentlichen bis heute irreparabel - zur bloßen (an den Bedürfnissen der Wirtschaft orientierten) "Ausbildung". Das dem Kind naturaliter innewohnende und auf Entfaltung drängende Eigenrecht konnte hierbei lediglich einen Störfaktor darstellen - weswegen es für Jahrzehnte nicht mehr den Gegenstand pädagogisch-philosophischer Überlegungen darstellte.

Erst zu Beginn des 20. Jahrhunderts erfolgte schließlich der "Gegenschlag des dynamischen Lebens gegen das verdinglichende 19. Jahrhundert" [Reble 1951; 277], der sich in allen Bereichen des geistigen Lebens in ganz spezifischen Ausdrucksformen widerspiegelt - und nicht nur Albert Reble "von einer Neuromantik sprechen" läßt [ebd.]. Diese "Neuromantik" hat nicht zuletzt eine "Wendung zum inneren Menschen" [a.a.O.; 280] zur Folge, welche zwangsläufig auch einen neuen Umgang mit dem Kind nach sich ziehen muß. Unter den entsprechenden Konzepten, die das erste Drittel unseres Jahrhunderts zur Epoche der "Reformpädagogik" werden ließen, ist es vor allem die pädagogische Bewegung "vom Kinde aus", die den Gedanken der Eigenrechtlichkeit des Kindes wiederentdeckt und

> „im ganzen Erziehungsverhältnis radikal die Partei des Kindes vertritt. Sie hat ein so unbegrenztes Vertrauen zum Leben, daß für sie Erziehung zur bloßen 'Entwicklung', zum einfachen 'Wachsenlassen' wird. [...] Damit erlebt Rousseaus These von der 'negativen' Erziehung eine Auferstehung. [...] Diese Pädagogik 'vom Kinde aus' predigt [...] heilige Ehrfurcht vor dem Kinde" [a.a.O.; 295].

Neben der schwedischen Schriftstellerin Ellen Key (1849-1926) [vgl. Key 1902] sind Maria Montessori (1870-1952) und Janusz Korczak (1878-1942) die prominentesten Vertreter jener rousseauistisch-neoromantischen (Reform-)Pädagogik "vom Kinde aus", welche "die Würde und das Eigenrecht des Kindes" [Reble 1951; 300] zum Programm erhoben hatte. Bei Maria Montessori ergibt sich dieses Eigenrecht unausweichlich aus dem "Bauplan der Seele" [a.a.O.; 299], welcher dem Kind naturaliter innewohnt und der dem Erziehenden die Aufgabe eines ehrfürchtig-demütig dienenden Erfüllungsgehilfen zuweist, welcher wiederum Wachstum und Entfaltung des jungen menschlichen Lebens unterstützend zu begleiten hat: "Worauf es ankommt, ist, daß Du, o Kind, den heiligen Samen, der tief in Deine Seele gelegt ist, entwickelst, und ich, Dein Lehrer, will Dein Helfer sein." [Montessori 1965; 38] Maria Montessori beruft sich dabei nicht zuletzt auf Johann Heinrich Pestalozzi (1746-1827), dessen "Größe [...] ganz und gar darin" bestehe, "daß er die Seele des Kindes geschaut hat". Angesichts "der wirklichen Existenz einer wunderbaren, im Kinde ruhenden Kraft" liege zudem "der Wert des Werkes Pestalozzis [...] darin, daß er die Entwicklung 'aus dem Kinde' statt 'aus der Erziehung' erkannt hat" [a.a.O.; 27 f.]. Eine solche Orientierung am Kind muß zwangsläufig den Respekt vor seinen Rechten nach sich ziehen; Rechte, die unmittelbar der Freiheit des Kindes entspringen, "sich seinen inneren Gesetzen nach, den Bedürfnissen seiner Entwicklung entsprechend [zu] entfalten" [a.a.O.; 23]. Zu diesem Zweck fordert Maria Montessori "von allen Erziehern Bescheidenheit und innere Einkehr [sowie] Achtung vor dem

Kind vom ersten Tag seines Lebens an"; dies verhindere, daß "entartete Kinder zu entarteten Erwachsenen heranwachsen" - was letztlich auch der Allgemeinheit diene; schließlich bringe "das von uns erkannte normale Kind der Menschheit seinen Segen". Die Erziehung müsse daher "dem Kind nicht nur helfen zur Erfüllung der großen Aufgabe, Mensch zu werden"; sie habe vielmehr "die physische und psychische Gesundheit der Menschheit in der Hand" [a.a.O.; 26]. Insofern kann der Respekt vor dem Recht des Kindes nicht nur als Dienst am Kind - und damit an der Erfüllung des Schöpfungsplanes -, sondern auch als Dienst an der menschlichen Gemeinschaft verstanden werden: "Aus einem Kinde, das seine Entwicklung in der Form des Sklaventums durchgemacht hat, wird kein Erwachsener werden, der große Werke vollbringt." [ebd.] Aus all diesen Erkenntnissen erwächst der Zorn der Maria Montessori auf ihre

> "Zeit, in der sich die Zivilisation [...] auf aktiv erworbene und durch Gesetz bekräftigte Rechte stützt; welche Rechte hat da der, der ohne Kraft und ohne Denkfähigkeit zu uns kommt? [...] Das Recht des Erwachsenen wird anerkannt. Nicht so das Recht des Kindes. Welche Niedrigkeit ist es, das Recht des Erwachsenen anzuerkennen und nicht das des Kindes! Gerechtigkeit anerkennen ja, aber nur für die, die sich verteidigen und protestieren können; und im übrigen Barbaren bleiben. Denn heute kann es [...] mehr oder minder entwickelte Völker geben, aber in einem sind alle gleich: es gilt das Recht des Stärkeren" [Montessori 1976; 21 & 25].

Angesichts dieser Sachlage war es das Anliegen des Janusz Korczak, das dem Kind innewohnende Recht in ganz konkrete "Bürgerrechte des Kindes im XX. Jahrhundert" [Montessori 1976; 19] umzumünzen. Als Ausgangspunkt diente ihm hierbei die von ihm selbst formulierte "Magna Charta Libertatis, [...] ein Grundgesetz für das Kind. Vielleicht gibt es noch andere - aber diese drei Grundrechte habe ich herausgefunden:

1. Das Recht des Kindes auf seinen Tod,
2. Das Recht des Kindes auf den heutigen Tag,
3. Das Recht des Kindes, so zu sein, wie es ist." [1967; 40]

Das Bahnbrechende an der "Magna Charta Libertatis" des Janusz Korczak ist, daß dieses Grundgesetz (im Rahmen seiner Aufzeichnungen "Wie man ein Kind lieben soll") bereits in den Jahren des Ersten Weltkriegs niedergeschrieben wurde - und damit fast zehn Jahre v o r der "Genfer Erklärung" vom 26. September 1924 als dem ersten internationalen Kinderrechtsdokument [vgl. II/1]. Anders als die Genfer Erklärung sollte die Magna Charta Libertatis jedoch "kein Gesuch um guten Willen, sondern eine Aufforderung zum Handeln" [Lifton 1990; 463] darstellen.

Janusz Korczak hat von den drei Grundrechten, die seine Charta enthält, eine Reihe weiterer Kinderrechte abgeleitet; so z.B. das Recht des Kindes auf das Spiel [Korczak 1967; 88], das Recht des Kindes "zu verlangen, daß man seinen Kummer ernst nimmt, und sei es den um ein verlorenes Steinchen" [a.a.O.; 180], das Recht des Kindes darauf, daß "seine Wünsche [...] beachtet werden, auch wenn es sich dabei nur darum handelt, daß es ohne Mantel spazierengehen will, obwohl es draußen friert; ebenso muß seine Frage beachtet werden, die anscheinend nicht zur Sache gehört" [ebd.]. All diese Rechte - und die gesamte Magna Charta Libertatis - ließen sich zu einem übergeordneten Kinder-Grundrecht zusammenfassen, das Janusz Korczak in einem späteren Aufsatz (1928/29) ausführlich darstellt: "Das Recht des Kindes auf Achtung" [vgl. 1970; 7-37]. Bei der Betrachtung der genannten Kinderrechte darf jedoch nie übersehen werden, daß für Janusz Korczak das Kinderrecht mit dem Menschenrecht zusammenfällt; schließlich gilt: "Das Kind wird nicht erst Mensch, es ist schon einer" [zit. bei Pelzer 1987; 58] - weswegen es auch "einer der bösartigsten Fehler [ist] anzunehmen, die Pädagogik sei die Wissenschaft vom Kind - und nicht zuerst die Wissenschaft vom Menschen" [Korczak 1967; 156].

Abschließend wollen wir uns noch einige weitere, allesamt von Janusz Korczak proklamierte Kinderrechte betrachten, welche von der amerikanischen Korczak-Biographin Betty Jean Lifton [1990; 463 ff.] aus dessen Gesamtwerk herausgefiltert wurden:

> „Das Kind hat das Recht auf Liebe. ('Liebe das Kind, nicht nur dein eigenes.') [...]
>
> Das Kind hat das Recht auf optimale Bedingungen für sein Wachstum und seine Entwicklung. ('Wir verlangen: schafft den Hunger ab, das Frieren, die Feuchtigkeit, den Gestank, die Überfüllung und die Überbevölkerung.') [...]
>
> Das Kind hat das Recht auf Fehler. ('Bei den Kindern gibt es auch nicht mehr Narren als bei den Erwachsenen.')
>
> Das Kind hat das Recht zu versagen. ('Wir prangern die trügerische Sehnsucht nach perfekten Kindern an.') [...]
>
> Das Kind hat das Recht, für das, was es ist, geschätzt zu werden. ('Das Kind hat, weil es klein ist, nur einen geringen Marktwert.') [...]
>
> Das Kind hat das Recht auf Geheimnisse. ('Respektiert seine Geheimnisse.')
>
> Das Kind hat das Recht auf e i n e Lüge, e i n e Täuschung, e i n e n Diebstahl. ('Es hat nicht das Recht zu lügen, zu hintergehen und zu stehlen.')

Das Kind hat das Recht auf Respektierung seiner Besitztümer und seines Budgets. ('Jeder hat das Recht auf seinen Besitz, ganz gleich wie gering oder wertlos er sein mag.')

Das Kind hat das Recht auf Erziehung.

Das Kind hat das Recht, sich erzieherischen Einflüssen, die seinen eigenen Überzeugungen zuwiderlaufen, zu widersetzen. ('Zum Glück für die Menschheit gelingt es uns nicht, Kinder zu zwingen, sich Angriffen gegen ihren gesunden Menschenverstand und gegen ihre Menschlichkeit zu beugen.')

Das Kind hat das Recht, sich gegen Ungerechtigkeit zu verwahren. ('Wir müssen die Gewaltherrschaft beenden.')

Das Kind hat das Recht auf einen Kindergerichtshof, wo es über Gleiche urteilen kann und von Gleichen verurteilt wird. ('Wir sind die einzigen Richter der Handlungen eines Kindes, seiner Schritte, Gedanken und Pläne ... Ich weiß, daß ein Kindergericht unabdingbar ist, daß es in fünfzig Jahren keine einzige Schule geben wird, keine einzige Institution ohne ein solches Gericht.')

Das Kind hat das Recht auf Verteidigung durch die Gerichtsbarkeit eines Gerichtshofes aus Jugendlichen. ('Auch das straffällig gewordene Kind ist immer noch ein Kind ... Unglückseligerweise verbreitet sich das aus Armut geborene Leid wie Läuse: Sie ist der Nährboden für Sadismus, Verbrechen, Grobheit und Brutalität.') [...]

Das Kind hat das Recht auf Zwiesprache mit Gott. [...]"

* * *

Nach Korczak gabelt sich die Geschichte der Kinderrechte in zwei verschiedene Entwicklungsstränge. Während auf der Ebene internationaler Vereinbarungen die Visionen des Janusz Korczak wenigstens ansatzweise in Gestalt gutgemeinter Absichtserklärungen Wirklichkeit zu werden begannen [vgl. Kapitel II], beerbten ihn - in eher subkultureller Form und zudem wesentlich später - die Antipädagogen mit ihren eigenen kinderrechtlichen Utopien. Deren Weiterentwicklungen von Korczaks Magna Charta Libertatis sollen im nächsten Unterkapitel vorgestellt werden.

2 Die "Kinderrechtsbewegung"

In Deutschland hatte nach 1933 der Nationalsozialismus der Reformpädagogik (zum Teil durch Vereinnahmung) ein jähes Ende bereitet - und damit auch (und vor allem) der Pädagogik "vom Kinde aus". Nach dem Krieg war dieser Blickwinkel allerdings ebenfalls - diesmal aufgrund der praktischen Herausforderungen des Wiederaufbaus und des späteren Aufschwungs - unpraktisch und die Achtung von Kinderrechten bei der Erfüllung der pädagogischen Vorgaben hinderlich. Diese definierten sich aus den gegebenen Notwendigkeiten bzw. aus jenen Anforderungen, welche das neu erblühende wirtschaftliche Leben an die Institutionen der Erziehung und Bildung - die nun vollends zur zweckmäßigen Ausbildung verkommen mußte - richtete. Hinzu kommt, daß in der Nachkriegszeit "die Welt und das Menschsein [...] betont nüchtern betrachtet [werden]. Jeder romantisierende Rückgriff auf die irrationalen Kräfte, auf unkontrollierbar-dunkle Gemütstiefen erscheint jetzt leicht suspekt, mindestens überholt" [Reble 1951; 281].

Als schließlich in den Jahren nach 1968, also im Rahmen des damaligen politischen Zeitgeistes und unter dem Einfluß von Alexander S. Neill (1883-1972) - der jedoch selbst von keiner politischen Idee, sondern vielmehr von seiner ganz spezifischen (freudianisch erweiterten) Pädagogik "vom Kinde aus" geleitet war [vgl. Neill 1969] - in der Bundesrepublik Deutschland erstmals vom "Kinderrecht" die Rede war, da hatte dieser Begriff seine metaphysischen Implikationen schon lange verloren: Er wurde nun entsprechend dem Materialismus der Nachkriegsjahrzehnte - hier allerdings in seiner sozialistischen Version - rationalistisch verkürzt und zudem meist ganz gezielt als Gegensatz zum Begriff des "Elternrechts" eingesetzt. Damit wir uns über die Diskussion des Kinderrechts, wie sie in jener Zeit geführt worden ist, ein Bild machen können, soll nachfolgend ein längerer Auszug aus dem Buch "Die Pädagogik der Neuen Linken" betrachtet werden - einer "Analyse und Kritik" von Wolfgang Brezinka aus dem Jahr 1972 [184]:

> "[Dem] alten sozialistischen Programm entsprechend kämpft die Neue Linke für die Privatisierung der Ehe und für die totale Vergesellschaftung der Kindererziehung. Nach REICHE gilt es zwar nicht die Ehe, aber die 'Eheinstitution', das Eherecht und das 'Elternrecht abzuschaffen'. An die Stelle dieser Rechtsverhältnisse soll 'einzig das Kinderrecht treten'. Es soll der 'Selbsttätigkeit in der Organisierung der Privatsphäre' dort eine Grenze setzen, 'wo in der bürgerlichen Gesellschaft die private Willkür beginnt: in der Erziehung der Kinder' [Reiche 1971; 168 f.]. Das im Grundgesetz verankerte Elternrecht wird von BRÜCKNER 'eine unserer heiligen Kühe' genannt und völlig einseitig als 'ein Derivat bourgeoiser Eigentumsverhältnisse' ausgelegt, als 'Recht des Privateigentums, angewendet auf das eigene Kind'. 'Unsere Rechtsverhältnisse belassen die Familie als einen durch Elternabsolutismus charakterisierten Raum, in dem Kontrollen über das Schicksal der Kinder äußerst erschwert sind'

[Brückner 1972; 89]. - Die Angriffe gegen das Elternrecht werden damit zu rechtfertigen versucht, daß Kindesmißhandlungen vorgebeugt werden soll. Das ist jedoch nur ein Vorwand für die Absicht, den Eltern das Erziehungsrecht zu nehmen, weil sie es nicht zugunsten sozialistischer Ziele ausüben. Nach GAMM haben 'alle gesellschaftlichen Gruppen ... letztlich das höhere Anrecht auf die Kinder als ihre vielfach befangenen Eltern, die für ihre Elternrolle nicht qualifiziert sind' [Gamm, 1970; 38]."

Daß es in der Kinderrechtsdikussion jener Tage nicht wirklich um die Rechte des Kindes - vor allem nicht in dem weiter oben referierten höheren Sinn - gegangen ist, macht Brezinka dadurch deutlich, daß er auf den wahren Grund für "die Angriffe gegen das Elternrecht" aufmerksam macht. Verräterisch ist darüber hinaus die Wortwahl von Hans-Jochen Gamm, wenn er vom "höhere[n] Anrecht auf die Kinder" spricht: Es geht ihm ganz offensichtlich weniger darum, die Entfaltung des kindlichen Eigenrechts zu fördern, als vielmehr um die Ersetzung der einen Fremdbestimmung durch eine andere, Gamm ideologisch genehmere.

Jenes Phänomen, das nachfolgend als "Kinderrechtsbewegung" dargestellt werden soll [vgl. hierzu Klemm 1992], hat seine Wurzeln höchstens indirekt im eben skizzierten Zeitgeist nach 1968 und betont vielmehr - weitgehend jenseits primär politischer Ideologien - ganz ausdrücklich das dem Kind innewohnende Eigenrecht. Hierdurch erscheint die Kinderrechtsbewegung als eine radikale Erneuerung der Pädagogik "vom Kinde aus"; wobei sie aber sowohl jeglichen Erziehungsanspruch [vgl. Ekkehard von Braunmühls programmatisches Buch "Antipädagogik. Studien zur Abschaffung der Erziehung" (1975)] als auch jeden Bezug auf vorangegangene pädagogische Traditionen strikt ablehnt. So distanzieren sich die Kinderrechtler - bei aller geistigen Verwandtschaft - sowohl von Rousseau [vgl. Miller 1980; 118] als auch von der Romantik [vgl. Schoenebeck 1985; 51 f.] und sogar von der antiautoritären Erziehung - weil diese eben auch noch eine Form von Erziehung darstellt [vgl. Miller 1980; 118]. Maria Montessori und Janusz Korczak genießen bei den Kinderrechtlern noch ein gewisses Ansehen ("man [kann] in einen fruchtbaren inneren Dialog mit ihnen eintreten" [Schoenebeck 1982; 264]); die im Grundanliegen durchaus erkennbare Nähe wird jedoch mit dem Hinweis darauf geleugnet, daß diese beiden - es werden hier aber auch noch Alexander S. Neill und Hartmut von Hentig genannt - "Antipädagogisches nicht erkennen können" [ebd.], sprich: die von den Kinderrechtlern geforderte radikale Ablehnung von Erziehung verweigern. Wenn sich die Kinderrechtsbewegung aber weder auf Vorläufer in der Geschichte der

Pädagogik noch auf eine wie auch immer geartete übergeordnete Ideologie berufen kann (bzw. will) - worauf gründet sie dann?

Anfang der siebziger Jahre ist in den USA nach dem Vorbild früherer amerikanischer Bürgerrechtsbewegungen (gegen die Diskriminierung von Minderheiten, für "Women's Liberation" etc.) das "Children's Rights Movement" entstanden. Einer seiner Vordenker war der Psychologe Richard Farson, der mit seinem 1974 erschienen Buch "Birthrights" das Grund-Paradigma der amerikanischen - und später auch der deutschen - Kinderrechtsbewegung vorgegeben hat: Kinder als die letzte unterdrückte gesellschaftliche Gruppe zu erkennen und deren Diskriminierung überwinden zu wollen. Programmatisch daher auch der Titel der deutschen Übersetzung: "Menschenrechte für Kinder. Die letzte Minderheit" [Farson 1975]. In diesem Buch wagt es (jenseits der in Kapitel II dargestellten internationalen Erklärungen) seit der Magna Charta Libertatis des Janusz Korczak erstmals wieder ein - im allerweitesten Sinne: - pädagogischer Autor, eine Auflistung von Kinderrechten zu erstellen. Allerdings fällt bei der Betrachtung des Katalogs von Richard Farson sofort auf, wie weit dessen Forderungen über die von Janusz Korczak proklamierten Grundrechte des Kindes hinausgehen [a.a.O.; 5]:

> "Recht auf freie Wahl der Umgebung [...]
> Recht auf kindgemäße Umwelt [...]
> Recht auf Wissen [...]
> Recht auf Selbsterziehung [...]
> Recht auf Leben ohne Körperstrafe [...]
> Recht auf sexuelle Freiheit [...]
> Recht auf wirtschaftliche Betätigung [...]
> Recht auf politischen Einfluß"

Dieser Katalog von Kinderrechten, welcher in der genannten Quelle ausführlich erläutert wird - was an dieser Stelle aber unterbleiben muß -, wurde ein Jahr später, also 1975, von dem Publizisten und ehemaligen Grundschullehrer John Holt in dessen Buch "Escape from childhood" [dt. 1978: "Zum Teufel mit der Kindheit"] weiterentwickelt und noch stärker radikalisiert. Auch diese Auflistung enthält wieder eine ganze Reihe von Ungereimtheiten und Fragwürdigkeiten, die in der hier dargebotenen zeitgeschichtlichen Skizze nicht geklärt werden können und sollen; statt dessen sei auf die entsprechenden Ausführungen im angegebenen Quellentext verwiesen. - John Holt postuliert nun also die folgenden Kinderrechte [a.a.O.; 13 f.]: "1. Das Recht auf gleiche Behandlung vor dem Gesetz - d.h. das Recht, in jeder Situation nicht schlechter behandelt zu werden als Erwachsene.

2. Das Recht, zu wählen und vollen Anteil am politischen Leben nehmen zu können.
3. Das Recht, für sein Leben und seine Taten die rechtliche Verantwortung zu tragen.
4. Das Recht, für Geld zu arbeiten.
5. Das Recht auf ein Privatleben.
6. Das Recht auf finanzielle Unabhängigkeit und Verantwortung - d.h. das Recht, Eigentum zu besitzen, zu kaufen und zu verkaufen, Geld zu leihen, Kredite zu gewähren, Verträge abzuschließen etc.
7. Das Recht, sein Lernen selbst zu lenken und zu verwalten.
8. Das Recht, zu reisen, außerhalb seines Elternhauses zu leben, sein eigenes Zuhause zu wählen oder zu begründen.
9. Das Recht, zu bekommen, was immer der Staat seinen erwachsenen Bürgern an Minimaleinkommen zusichert.
10. Das Recht, auf der Grundlage gegenseitiger Übereinstimmung familienartige Beziehungen außerhalb seiner unmittelbaren Familie zu begründen und anzuknüpfen - d.h. das Recht, andere Personen als seine Eltern zum Vormund zu erwählen und sich in ihre Abhängigkeit zu begeben.
11. Das Recht, generell alles zu tun, was jeder Erwachsene im Rahmen der Gesetze tun darf."

Ekkehard von Braunmühl, der mit dem von ihm geprägten Begriff der "Antipädagogik" und seinem gleichnamigen Buch [1975; s.o.] - aber auch mit seinem eher sachlichen, weniger polemischen "Programm zur Beendigung des Erziehungskrieges zwischen den Generationen" (Untertitel), dem zusammen mit dem Familienrichter Helmut Ostermeyer und dem Pädagogik-Professor Heinrich Kupffer herausgegebenen Buch "Die Gleichberechtigung des Kindes" [1976] - der deutschen Kinderrechtsbewegung den Boden bereitet hatte, stellte 1978 in seinem "Lernbuch" (Untertitel) "Zeit für Kinder" eine eigene Aufstellung von Kinderrechten vor. Überraschenderweise schließt sich Braunmühl der Radikalität seiner amerikanischen Kollegen nicht an und beschränkt sich zudem auf den Rahmen des zwischenmenschlichen Miteinanders [1978; 51-66]:

> "Das Recht des Kindes auf Dabeisein [...] Merke: Zeit für Kinder ist in der Regel verschwendet, wenn sie nicht Zeit mit Kindern ist.
>
> Das Recht des Kindes auf Alleinsein [...] Merke: Zeit für Kinder ist immer dann Zeit gegen Kinder, wenn sie ihnen auf gedrängt wird.

Das Recht des Kindes auf neue Chancen [...] Merke: Man soll den Teufel nicht an die Wand malen. [...]

Das Recht des Kindes auf Hilfe [...] Merke: Wenn man Kindern erbetene Hilfe verweigert, handelt man ebenso kinderfeindlich, wie wenn man ihnen unerbetene Hilfe aufdrängt.

Das Recht des Kindes zu helfen [...] Merke: Wenn man Kinder zu bestimmten Hilfeleistungen verpflichtet, verletzt man ihr Selbstbestimmungsrecht und seine eigene Sorgepflicht.

Das Recht des Kindes auf Unordnung [...] Merke: Zeit für Kinder ist Zeit gegen die Erwachsenenordnung. Zeit für die Erwachsenenordnung ist Zeit gegen Kinder.

Das Recht des Kindes auf Risiken [...] Merke: Wenn Kinder sich selbst schädigen wollen, ist das nicht auf ihre Unerfahrenheit zurückzuführen, sondern umgekehrt auf ihre Erfahrungen.

Das Recht des Kindes auf Ungewißheiten [...] Merke: Vielen Kindern wird das Recht auf freie Meinungsäußerung schon zugebilligt. Kinder haben aber auch das Recht auf freie Meinungsbildung.

Das Recht des Kindes auf alle seine Gefühle [...] Merke: Kinderfeindlichkeit wirkt durch nichts so zerstörerisch wie durch die Intoleranz gegenüber spontanen Gefühlsäußerungen von Kindern.

Das Recht des Kindes zu lernen [...] Merke: Das Lernen eines Kindes ist eine würdevolle, eine heilige Sache. Es durch Lehren zu stören, ist eine schmachvolle Sünde.

Das Recht des Kindes auf Wirklichkeit [...] Merke: Zeit für Kinder ist Zeit gegen Kinder, wenn sie nicht erfüllt ist von Wirklichkeit, Wahrheit, Echtheit und Spontaneität.

[...] Haben Kinder ein Recht auf Liebe? [...] Merke: Es ist objektiv kinderfreundlicher, ein Kind nicht zu lieben, es aber anständig zu behandeln, als es zu lieben und zu erziehen. - Kinderfreundlichkeit bedeutet in erster Linie: Aufrichtigkeit."

Auch wenn Ekkehard von Braunmühl mit seinen Publikationen der deutschen Kinderrechtsbewegung - wie gesagt - den Boden bereitet hat, kommt das Verdienst, die Kinderrechtsbewegung in der Bundesrepublik Deutschland überhaupt erst begründet und seitdem auch am Leben erhalten zu haben, allerdings fast ausschließlich dem ehemaligen Hauptschullehrer und Publizisten Hubertus von Schoenebeck zu: "Ich bin 1977 in den USA auf das Childen's Rights Movement gestoßen, erkannte die Verbindung zur deutschen Antipädagogik und habe den

Begriff Kinderrechtsbewegung in Deutschland eingeführt." [Schoenebeck 1985; 84] Es sind dann auch die amerikanischen Kinderrechtler und deren radikale Forderungen, die Schoenebeck zu seinem eigenen Kinderrechtsdokument inspirieren - und nicht der eher auf Ausgleich setzende Kinderrechtskatalog des Ekkehard von Braunmühl [s.o.]: "Die Forderungen von John Holt, Richard Farson und anderen Kinderrechtlern habe ich zusammengestellt und ergänzt und sie am 3. Mai 1980 auf dem Friedensmarkt in Münster vor dem historischen Saal des Westfälischen Friedens und vor dem 'Mahnmal der Opfer der Kriege und Gewalt' als Deutsches Kindermanifest proklamiert." [ebd.] Dieses "Deutsche Kindermanifest" soll nun nachfolgend wiedergegeben werden [Schoenebeck 1981; 12-14]:

"Präambel

Die Menschenrechte sind unteilbar. Kinder, Männer und Frauen sind gleichberechtigt. Jeder Mensch verfügt von Geburt an über die Fähigkeit der Selbstbestimmung. Das Selbstbestimmungsrecht des jungen Menschen anzuerkennen und junge Menschen in der Ausübung dieses Rechtes zu unterstützen ist historische Verantwortung und Verpflichtung erwachsener Menschen. Jeder junge Mensch muß ungeachtet seines Alters die Möglichkeit erhalten, von den Rechten, Privilegien und Verantwortlichkeiten erwachsener Menschen uneingeschränkt Gebrauch machen zu können.

I Grundlegende Rechte

Artikel 1 - Recht auf Gleichheit

Junge und erwachsene Menschen sind gleichberechtigt. Kinder werden in keiner Situation schlechter gestellt als Erwachsene. Kinder haben nicht weniger Rechte als Erwachsene. Kinder dürfen generell alles tun, was Erwachsene im Rahmen der Gesetze tun dürfen.

Artikel 2 - Recht auf freie Entfaltung

Kinder haben das Recht, ihre Persönlichkeit frei zu entfalten, soweit sie nicht die Rechte anderer beeinträchtigen.

Artikel 3 - Recht auf rechtliche Verantwortung

Kinder haben das Recht, für ihr Leben und für ihre Taten die rechtliche Verantwortung zu übernehmen.

Artikel 4 - Recht auf rechtliches Gehör

Kinder haben vor dem Gesetz und vor Gericht dieselben Rechte wie Erwachsene. Kinder können selbst vor Gericht klagen, um ihre Rechte durchzusetzen.

II Soziale Rechte

Artikel 5 - Recht auf Teilnahme am Rechtsleben

Kinder haben das Recht, am Rechtsleben uneingeschränkt teilzunehmen. Sie können Verträge schließen, über Eigentum verfügen, Geschäfte eröffnen, Vereine und Parteien gründen und in jeder anderen Form rechtsverbindlich tätig sein.

Artikel 6 - Recht auf Teilnahme am öffentlichen Leben

Kinder haben das Recht, öffentliche Funktionen zu übernehmen und Staatsämter zu bekleiden.

Artikel 7 - Recht auf Teilnahme an Wahlen

Kinder haben das aktive und passive Wahlrecht.

Artikel 8 - Recht auf freie Meinungsäußerung

Kinder haben das Recht, ihre Meinung in Wort und Medien frei zu äußern und zu verbreiten.

Artikel 9 - Recht auf Arbeit gegen Entgelt

Kinder haben das Recht, gegen Entgelt zu arbeiten.

Artikel 10 - Recht auf Wahl der Lebenspartner

Kinder haben das Recht, sich von bisherigen Lebenspartnern zu trennen und neue Lebenspartner zu wählen. Kinder können eine eigene Familie gründen.

Artikel 11 - Recht auf Unterstützung

Kinder haben das Recht, von Erwachsenen in der Lebensführung unterstützt zu werden. Dieses Recht ist die wohlverstandene Pflege- und Erziehungspflicht des Grundgesetzes.

Artikel 12 - Recht auf Mindesteinkommen

Kinder haben das Recht auf das staatliche Mindesteinkommen, das Erwachsenen zusteht.

III Individuelle Rechte

Artikel 13 - Recht auf kinderfreundliche Geburt

Kinder haben das Recht auf eine kinderfreundliche Geburt, wie dies mindestens die Sanfte Geburt (Leboyer-Methode) gewährleistet.

Artikel 14 - Recht auf körperliche Unversehrtheit

Kinder haben das Recht auf körperliche Unversehrtheit. Es gibt keine Züchtigung.

Artikel 15 - Recht auf freie Nahrungsaufnahme

Kinder haben das Recht, jedes Nahrungs- und Genußmittel, das Erwachsenen zugänglich ist, ungehindert aufzunehmen oder zu verweigern.

Artikel 16 - Recht auf eigenen Namen

Kinder haben das Recht, sich einen eigenen Vornamen zu geben.

Artikel 17 - Recht auf Privatleben

Kinder haben das Recht auf ein Privatleben. Dies gilt auch innerhalb der Familie.

Artikel 18 - Recht auf Sexualität

Kinder haben das Recht, ihr Sexualleben selbst zu bestimmen und Nachkommen zu zeugen.

Artikel 19 - Recht auf selbstbestimmtes Lernen

Kinder haben das Recht, ihr Lernen selbst zu bestimmen. Sie entscheiden, ob und in welchem Umfang sie staatliche Lernangebote (Schulen) in Anspruch nehmen. Es gibt keine Schulpflicht. Der Staat ist zur Einrichtung von Angebotsschulen verpflichtet.

Artikel 20 - Recht auf religiöse Freiheit

Kinder haben das Recht, eine Religionszugehörigkeit zu wählen und zu lösen.

Artikel 21 - Recht auf Freizügigkeit

Kinder haben das Recht, ihren Aufenthaltsort zu bestimmen. Kinder unterliegen keiner Sperrstunde und können freizügig reisen.

Artikel 22 - Recht auf Dateninformation

Kinder haben das Recht auf Informationen über alle Daten, die über sie geführt werden."

Es konnte nicht ausbleiben, daß diese Kinderrechtsdeklaration vor allem bei der universitären Pädagogik auf Kritik stieß. So erhebt z.B. der Erziehungswissenschaftler Andreas Flitner gegen das Schoenebecksche Kindermanifest - und damit indirekt auch gegen die ihm zugrunde liegenden Forderungskataloge von Richard Farson und John Holt [s.o.] - vehement Einspruch [1982; 56]:

> „Will man damit neuen Formen der Ausnutzung von Kindern Tür und Tor öffnen? Will man, daß Drogen, Alkohol und Pharmaka in die Hände und die Entscheidung von Kindern gelegt werden? Will man den Jugendarbeitsschutz aufheben und damit jede Art von materieller Ausbeutung Jugendlicher ermöglichen, als habe es so etwas wie gesundheits- und entwicklungszerstörende Kinderarbeit nie gegeben? Will man die Entwicklungstatsachen der Pubertät nicht einmal mehr soweit ernst nehmen, daß man das Recht zur Familiengründung (um der Jugend selber willen) für diese Zeit aussetzt? Und schließlich: Ist man nicht bereit und imstande, das Recht auf völlige Eigendisposition zusammenzudenken und abzuwägen mit dem Schaden, der aus

kindlich jugendlichen Entscheidungen für das ganze Weiterleben der Kinder selber erwachsen kann?"

Flitner versteht gerade d a s als "ein Grundrecht der Kinder und Jugendlichen, das geschützt, vielleicht sogar weiter entfaltet werden muß", "daß es eine Schonzeit, ein 'Moratorium'" gibt, "eine Periode von Verantwortung entlasteter Entwicklung" [ebd.]; und er schließt seine Kritik am Kindermanifest und den anderen bereits genannten "ins Absurde vorstoßende[n] Proklamationen" mit einer rhetorischen Frage: "Man soll die Gegenwart nicht der Zukunft opfern, sagte schon Rousseau; aber darf man, um maßlos erweiterter Gegenwartsrechte willen, Kinder ihre Zukunftschancen zerstören lassen?" [a.a.O.; 57]

Kritik an der Kinderrechtsbewegung wurde im Laufe der Jahre auch noch aus einer Reihe weiterer - zumeist akademisch-pädagogischer - Blickrichtungen und -winkel und an zahlreichen anderen Teil-Aspekten dieser in sich durchaus nicht konsistenten und in Zielsetzung und Zielverfolgung ziemlich heterogenen selbsternannten Kinder-Lobby laut. Verwiesen sei an dieser Stelle lediglich auf die beiden wichtigsten kritischen Arbeiten zu diesem Thema, und zwar auf jene von Winkler [1982] und von Oelkers/Lehmann [1983] - aber auch auf Schoenebecks Antworten auf die Einwände seiner Kritiker [1985].

Angesichts der z.T. wirklich sehr befremdlich anmutenden Ideenwelt der Kinderrechtsbewegung wird es vielleicht überraschen, daß sich die Kinderrechtler nicht zuletzt auch als religiös legitimiert betrachten. So verwenden sie z.B. den Begriff "kinderfeindlich" ganz konsequent als Synonym für "gotteslästerlich" - und werten jegliche Beschneidung von Kinderrechten als Versuch, "hoffärtig [dem] Schöpfer ins Handwerk zu pfuschen" [Initiatorengruppe 1984; III]. Dazu paßt wiederum, wie Hubertus von Schoenebeck in seinem "Antipädagogik-Glossar" [in 1985; 193-198] den Begriff "Religion" definiert:

> "das religiöse Grundgefühl des Menschen (sich getragen zu fühlen von Gott/Sinn/Leben/Weisheit) ist antipädagogisch - hierarchisches Denken hat es zu einem Oben-Unten-Glauben umgeformt - Jesus als Antipädagoge - Bibel muß ap [antipädagogisch; R.B.] korrigiert gelesen werden (ähnlich wie bei Korrektur durch feministische Theologie) - Mensch ist Ebenbild Gottes und konstruktiv, destruktive Aussagen (Schuld, Böses, Teufel, kein selbstverantwortliches Wesen, kein soziales Wesen usw.) zersetzen die Religiosität des Menschen" [a.a.O.; 197]

Hier stellt sich nun die Frage, ob die Respektierung von Kinderrechten tatsächlich religiös begründet werden kann und wie es um den Zusammenhang zwischen Kinderrechten und Christentum bestellt ist.

3 Kinderrechte und Christentum

Will man die Rechte des Kindes aus der zweitausendjährigen Tradition des Christentums heraus begründen, so stellt man ziemlich schnell fest, daß die Rechte des Kindes und deren Ableitung aus dem christlichen Gedankengut bislang noch nicht den Gegenstand gesonderter Betrachtung dargestellt haben. Entsprechend der logischen Verknüpfung: ein Kind ist ein Mensch - Menschen haben (Grund-)Rechte - ergo: auch Kinder haben diese Rechte; bzw. aufgrund der Schlußfolgerung, daß die Menschenrechte als Geburtsrechte anzusehen sind und daher auch für Kinder Gültigkeit haben, ist davon auszugehen, daß sämtliche Begründungen der Menschenrechte durch die christliche Lehre und Tradition ohne Abstriche auch auf Menschen vor Vollendung des 18. Lebensjahres zu übertragen sind.

Nun könnte man allerdings auch versuchen, die Rechte des Kindes nicht über den "Umweg" eines abstrahierenden und relativierenden theologischen Systems zu begründen, sondern direkt aus jenen Zeugnissen, die uns über Jesus von Nazareth als dem eigentlichen Ursprung spezifisch evangelischer Erkenntnis vorliegen. Diese Methode liegt nahe, gibt es doch zahlreiche Belege, welche die Gedankenverbindung "Jesus und die Kinder" [Weber 1980] begründen:

- die "Kinderperikopen" in den synoptischen Evangelien: Mt 18,1-5 (bzw. Mk 9,33-37 und Lk 9,46-48) sowie Mt 19,13-15 (bzw. Mk 10,13-16 und Lk 18,15-17),
- mehrere Logien des apokryphen Thomas-Evangeliums (4, 21, 22, 37) und
- verschiedene versprengte Jesus-Worte in der frühchristlichen Literatur, so z.B. bei Hippolytos (170-235): "Wer mich sucht, der wird mich finden in Kindern [...], denn dort werde ich [...] offenbar sein." [Godeschalk o.J.; 64]

So reich diese Ausbeute nun auch erscheinen mag, so sehr schmilzt sie zusammen, sobald man sie auf ihre Brauchbarkeit dahingehend abklopft, konkrete Kinderrechte zu begründen. Die versprengten Jesus-Worte scheiden bereits im Vorfeld unserer Betrachtungen aus, da sie in ihrem Kern - verglichen mit den bekannten apokryphen und den kanonischen Evangelien - kein wirklich neues Bild des Jesus von Nazareth freilegen. Auch das Thomas-Evangelium kann in unserem Zusammenhang unberücksichtigt bleiben, da es als vornehmlich gnostische Schrift [vgl. Rebell 1993; 15-19] beileibe nicht dazu dienen kann und will, konkrete Handlungsanleitungen für das irdische Dasein zu vermitteln. Es bleiben für unsere Zwecke also nur noch die Kinderperikopen der synoptischen Evangelien übrig.

Aber auch hier fällt es schwer, konkrete Kinderrechte direkt aus dem Munde Jesu ableiten zu wollen. Zunächst einmal darf nicht übersehen bzw. vernachlässigt werden, daß zahlreiche Exegeten das Kind in der Perikope Mt 18,1-5 (zumindest teilweise) als Metapher verstehen:

> "In Vers 2 bezieht sich der Terminus 'Kind' auf ein bestimmtes Kind, das als sinnfälliges Bild für objektive Demut in die Mitte der Jünger gestellt wird. Das 'Kind' in Vers 5 hat eine andere Funktion: Es steht stellvertretend für 'diese Kleinen'. 'Diese' sind, wie die nächsten Verse zeigen, niemand anderes als die Schwachen in der christlichen Gemeinde. [...] Besonders bei Matthäus wird deutlich, daß Jesus eine große Liebe für 'diese Kleinen' hatte. Wer sind sie? Nicht die Kinder. Natürlich kann ein Kind zum Sinnbild für 'die Kleinen' werden. Es wäre jedoch falsch, nun überall, wo von 'den Kleinen', den Armen, den Demütigen oder den Kleinsten die Rede ist, an wirkliche Kinder zu denken." [Weber 1980; 81]

Es ist allerdings kaum einsehbar, warum es Jesus hier (wie nicht zuletzt das Wort "aufnehmen" nahelegt [vgl. Weber a.a.O.; 84]) nicht auch und gerade um die ganz konkreten R e c h t e dieser "Kleinen" und deren Wahrung gegenüber jenen gehen sollte, die so gerne "die Größten" im Himmelreich [vgl. Mt 18,1] und möglichst auch schon auf Erden sein möchten; und hier wäre gewiß auch an die Rechte der Kinder in einer Zeit und einer Umgebung zu denken, in der von Kinderrechten nicht einmal im entferntesten die Rede sein konnte [vgl. Weber a.a.O.; 25-31]. Hans-Ruedi Weber, der Direktor für biblische Studien beim Ökumenischen Rat der Kirchen in Genf, macht in seinem Buch "Jesus und die Kinder" darüber hinaus noch einen wichtigen Zusatz:

> "Der metaphorische Charakter vom Kind kann überbetont werden. Schon Markus, Matthäus und Lukas scheinen mehr an dem interessiert gewesen zu sein, was ein Kind symbolisiert, als an Jesu Haltung zu wirklichen Kindern. Das ist noch öfter der Fall in den restlichen Texten des Neuen Testaments. [...] [Auch Paulus] war offenbar nicht berührt von der außergewöhnlichen Art, wie Jesus sich zu Kindern verhielt. Es ist daher wichtig, die erstaunliche Weise, in der Jesus sich mit einem Kind identifizierte, [...] hervorzuheben." [Weber a.a.O.; 83 f.]

Der "unzeitgemäße" Umgang Jesu mit Kindern wird - nachdem wir akzeptieren wollen, daß die Perikope Mt 18,1-5 auch als Metapher verstanden werden kann - nunmehr vollkommen eindeutig bei der Betrachtung der letzten verbliebenen Textstelle offenbar, die für uns hinsichtlich des Themas "Jesus und die Rechte des Kindes" noch zu untersuchen ist - und die für unsere Gedankenführung die mit Abstand ergiebigste Quelle darstellt: "Über die Haltung

Jesu zum Kind gibt vor allem das sog. Kinderevangelium Auskunft: Mk 10,13-16; Mt 19,13-15; Lk 18, 15-17." [Rebell 1993; 61] Hier die Version des Markus-Evangeliums:

> "Und sie brachten Kinder zu ihm, daß er sie anrührte. Die Jünger aber fuhren die an, die sie trugen. Da es aber Jesus sah, ward er unwillig und sprach zu ihnen: Lasset die Kinder zu mir kommen und wehret ihnen nicht; denn solcher ist das Reich Gottes. Wahrlich, ich sage euch: Wer das Reich Gottes nicht empfängt wie ein Kind, der wird nicht hineinkommen. Und er herzte sie und legte die Hände auf sie und segnete sie."

Selbstverständlich hat auch hier das Kind die Funktion eines Bildes, eines Vor-Bildes dahingehend, "wie man zu Gott hinfinden kann, ja muß" [Drewermann 1988; 105]. Allerdings ist spätestens an dieser Stelle nicht mehr zu übersehen, daß hier eine ganz reale, sinnlich wahrnehmbare Hinwendung, eine demonstrative Zuwendung, eine körpersprachlich zum Ausdruck gebrachte und den Umstehenden deutlich sichtbar vor Augen geführte Liebe zum real-existenten Kind dokumentiert ist: "Er herzte sie und legte die Hände auf sie und segnete sie."

Für Christen muß diese Szene konkrete Konsequenzen hinsichtlich des Umgangs mit Kindern nach sich ziehen: Aktive Nachfolge beinhaltet nun auch ihre Anerkennung als gleichberechtigte Brüder und Schwestern, nachdem Jesus von Nazareth im Kinderevangelium eine solch massive Aufwertung des zu seiner Zeit absolut rechtlosen Objekts "Kind" vornimmt, ja sogar sich selbst "mit einem Kind identifizierte" [Weber 1980; 84].

Wie so oft in den Evangelien ist allerdings auch hier ein Begriff von "Recht" konstituiert, der sich aller irdischen Rechtlichkeit und Gesetzlichkeit und damit sämtlichen formaljuristischen Ableitungen entzieht. Hier ist ein höherer Sinn von "Recht" angedeutet, welcher in der paulinischen Lehre von der Rechtfertigung theologisch ausformuliert wird und schließlich in der entsprechenden reformatorischen Lehre seinen Niederschlag findet. Dieses Theologumenon muß nun allerdings auch in konkretes Handeln umgemünzt werden - und das nicht zuletzt in Form eines jesuanisch inspirierten Umgangs mit dem Kind:

> "Um der theologischen Botschaft von der Rechtfertigung den Boden zu bereiten, muß das Kind bedingungslos angenommen werden; es darf nicht sein, daß es sich Anerkennung und Zuwendung verdienen muß. [...] Das Kind muß die Botschaft von der Rechtfertigung an sozialen Erfahrungen verifizieren können." [Rebell 1993; 113]

Das Recht des Kindes, als durch und durch abhängige Kreatur Liebe und Leben, Nahrung und Wohnung als Geschenk annehmen zu dürfen, wird so zum Gleichnis für die allen Menschen von Gott "sola gratia" gewährte Rechtfertigung. Diesem "sola gratia" steht das "sola fide", die einzig und allein justifizierende Grundhaltung des Glaubens gegenüber - welche wiederum von Eugen Drewermann mit dem psychologischen Fachterminus vom kindlichen "Urvertrauen" in Verbindung gebracht wird:

> "Es ist das Vertrauen, das jedes Kind mitbringt, das in diese Welt geboren wird: daß es ein Recht besitzt, unter allen Umständen Beachtung und Aufnahme zu finden. [...] Ein Kind hält sich instinktiv für das Wichtigste auf Erden. Wenn es ruft, möchte es, daß jemand kommt, und es hat ein Recht auf dieses 'Entgegenkommen' [...]. Und wenn ein Kind zu einem anderen gehen möchte, so hat es [...] einen Anspruch auf die 'Zugänglichkeit' dieses anderen [...]. Dieses Urvertrauen bringt ein Kind mit auf diese Welt und muß es leben dürfen [...]. Gerade im Sinne eines solchen kindlichen Urvertrauens möchte Jesus, daß wir unser ganzes Leben in bezug zu Gott betrachten lernen. Wir sollten Gott gegenüber das absolute Vertrauen mit bringen, immer und unter allen Umständen berechtigt und zugelassen zu sein [...]." [Drewermann 1988; 107 f.]

Das Kind ist bei Jesus - vgl. auch Lk 11,9-13 - Vorbild für das uns allen zugestandene, mehr noch: uns allen aufgetragene vertrauensvolle Bitten, Suchen und Anklopfen. So, wie das Kind das Recht hat, statt eines Steines von seinem Vater Brot zu bekommen, statt einer Schlange Fisch und statt eines Skorpions ein Ei, wenn es um diese "guten Gaben" bittet, sind wir alle vor Gott allein durch Gnade dazu berechtigt, zu empfangen, zu finden und dazu, daß uns aufgetan wird, wenn wir nur gläubig-vertrauend darum bitten - obwohl wir doch "arg" sind und vor Gott in unserer Blöße und Nacktheit auch nicht anders dastehen als ein Kind:

> "Ein Kind [...] hat noch nichts, es kann noch nichts, in seiner Welt zählen nicht die Differenzen von Besitz und Leistung. Ein Kind i s t einfach nur, und es verlangt mit der Zudringlichkeit eines urtümlichen Rechtsanspruchs, daß man es annimmt seines Daseins wegen. Was jedes Kind [...] an Vertrauen und Forderung mitbringt, ist gerade die Einstellung, die wir im Sinne Jesu als Erwachsene Gott gegenüber leben sollten." [Drewermann 1988; 109]

Hier sehen wir die Rechte des Kindes - vor Gott - also nicht (wie dies sonst immer der Fall ist) als den allgemeinen Menschenrechten nachgeordnet, sondern gleichsam als Prototyp der den Kinderrechten ihrerseits nachgeordneten allgemeinen Menschenrechte. In eben der Weise, in der uns das Kind von Jesus in einem ganz existentiellen Sinne als Vorbild vor Augen gestellt ist, wird das Kinderrecht so zur Ur-Idee des Menschenrechts.

Dieser aus den Evangelien klar ableitbare Gedankengang hätte schon seit Jahrhunderten jenen, die sich zum Christentum bekennen, Ansporn und Ermutigung sein müssen, sich weltweit für die Wahrung, Achtung und praktische Umsetzung konkreter Kinderrechte einzusetzen. Es mußte jedoch erst das 20. Jahrhundert anbrechen, bis das Kind zum Gegenstand zwischenstaatlicher Rechtspolitik geworden ist. Im nächsten Kapitel soll in aller Kürze die Geschichte jener internationaler Vereinbarungen dargestellt werden, die ganz ausdrücklich die Rechte des Kindes zum Gegenstand hatten.

II INTERNATIONALE VEREINBARUNGEN ÜBER DIE RECHTE DES KINDES.

Wie in unserem geschichtlichen Überblick [vgl. I/1] bereits angedeutet wurde, hatte in den deutschen Ländern bzw. im Deutschen Reich schon im Laufe des 19. Jahrhunderts die rousseauistisch-romantische Idee vom Kinderrecht wenigstens ansatzweise und auch sehr zögerlich eine - zumindest de iure - einigermaßen konkrete Manifestation in Gestalt von gesetzlich fixierten Bildungsrechten und ersten Arbeitsschutzvorschriften erfahren. Auch wenn das Recht des Kindes dabei ganz gewiß nicht das Hauptaugenmerk des Gesetzgebers dargestellt hatte, so wurde damit dennoch die Sphäre bloßer Anschauung transzendiert und das Kind zum Gegenstand praktisch umsetzbarer Rechtsnormen erhoben.

Auch in den anderen damals weltweit maßgeblichen Nationen hatten sich zeitgleich ähnliche Entwicklungen und wohl auch ein entsprechender Bewußtseinswandel vollzogen. Dies führte schließlich dazu, daß mit Beginn des 20. Jahrhunderts - das letztlich doch stets weit davon entfernt war, "das Jahrhundert des Kindes" [Key 1902] zu sein - die Rechte des Kindes auch zum Gegenstand internationaler Vereinbarungen avanciert sind.

Bereits am 12. Juni 1902 kam das "Haager Abkommen zur Regelung der Vormundschaft über Minderjährige" [RGBl. 1904; 240] zustande, bei dem erstmals im internationalen Kontext der Schutz des Kindes und die Wahrung seiner Rechte das Grundanliegen darstellte. Von einem ähnlichen Geist inspiriert war das "Internationale Übereinkommen zur Bekämpfung des Mädchenhandels" [RGBl. 1913; 31], das am 4. Mai 1910 verabschiedet wurde. Zeitgleich - und damit in engem Kontext mit der sich gerade etablierenden Reformpädagogik - entstand die internationale Kinderschutzbewegung, die vom Bewußtsein der Überstaatlichkeit ihres Anliegens getragen war und daher konsequent den Gedanken- und Erfahrungsaustausch über nationale Grenzen hinweg suchte, um den Problemen der Jugendhilfe optimale Lösungsansätze zuführen zu können. Schon im Jahre 1913 fand in Brüssel der Erste Internationale Kinderschutz-Kongress statt, auf dem über weitere internationale Verträge nachgedacht wurde, die den Schutz des Kindes zum Gegenstand haben sollten. Diese positive Entwicklung im Sinne des weltweiten Kindeswohls erfuhr jedoch gerade in dieser sensiblen Phase mit dem Ausbruch des Ersten Weltkriegs ein jähes Ende.

1 Die "Genfer Erklärung"

Erst nach dem Krieg konnte der Gedanke eines internationalen Kinderschutzes weitergeführt werden. Es war der Völkerbund - also die Vorgänger-Institution unserer heutigen Vereinten Nationen -, der sich nun dieser Thematik annahm und der schließlich in Gestalt seiner Fünften Versammlung am 26. September 1924 die sogenannte "Genfer Erklärung" verabschiedete. Diese Deklaration, "die als Leitlinie dienen sollte und mit der die Belange der Kinder- und Jugendhilfe erstmals als Anliegen der internationalen Gemeinschaft anerkannt wurden" [BMFJ 1993; 24], ist von immerhin "50 Mitgliedsstaaten des Völkerbundes angenommen" worden [Wolfrum 1990; 8]. Sie lautet wie folgt [zit. in BMFJ 1993; 24]:

"I. Das Kind soll in der Lage sein, sich sowohl in materieller wie in geistiger Hinsicht in natürlicher Weise zu entwickeln.

II. Das hungernde Kind soll genährt werden; das kranke Kind soll gepflegt werden; das zurückgebliebene Kind soll ermuntert werden; das verirrte Kind soll auf den guten Weg geführt werden; das verwaiste und verlassene Kind soll aufgenommen und unterstützt werden.

III. Dem Kind soll in Zeiten der Not zuerst Hilfe zuteil werden.

IV. Das Kind soll in die Lage versetzt werden, seinen Lebensunterhalt zu verdienen und soll gegen jede Ausbeutung geschützt werden.

V. Das Kind soll in dem Gedanken erzogen werden, seine besten Kräfte in den Dienst seiner Mitmenschen zu stellen."

So bahnbrechend diese Deklaration in ihrer Eigenschaft als Maßstäbe setzende "Leitlinie" auch gewesen sein mag - von Kritik verschont blieb sie nicht. So schreibt beispielsweise Janusz Korczak - der bekanntlich [vgl. I/1] schon Jahre vor der Genfer Erklärung seine wahrlich fundamentale Magna Charta Libertatis zu Papier gebracht hatte - 1928 in seinem Aufsatz "Das Recht des Kindes auf Achtung": "Die Genfer Gesetzgeber haben das Verhältnis von Pflichten und Rechten verwechselt; der Tenor ihrer Deklaration ist Überredung, nicht Forderung: ein Appell an den guten Willen, eine Bitte um Einsicht" [Korczak 1970; 25] - was Korczak ganz offensichtlich zu wenig war.

Es war jedoch nicht nur so, daß in der Genfer Erklärung "das Verhältnis von Pflichten und Rechten verwechselt" worden ist; vielmehr wurden durch sie - dies ist, wie wir im nächsten Abschnitt gleich sehen werden, das Wesen einer Deklaration - überhaupt keine konkreten, juristisch einklagbaren Pflichten und Rechte begründet, was wiederum ihre "weitgehende Akzeptanz [...] erleichtert" hat [Wolfrum 1990; 8]. Darüber hinaus ist die Genfer Erklärung "außerordentlich allgemein formuliert" [ebd.]; sie blieb zudem "weit hinter dem Standard zurück, den einzelne Staaten bereits in ihrer nationalen Gesetzgebung erreicht hatten" [ebd.]. So wurde beispielsweise in Deutschland bereits im "Reichsgesetz für Jugendwohlfahrt" (RJWG) vom 9. Juli 1922 [RGBl. 1922 I; 633] dem Kind sowohl ein Recht auf Erziehung als auch ein Recht auf leibliche, seelische und gesellschaftliche Betätigung zugestanden [vgl. § 1 RJWG].

Nach der Genfer Erklärung sollten - nicht zuletzt aufgrund der bekannten weltpolitischen Entwicklungen und Ereignisse - Jahrzehnte vergehen, bis das Kind erneut in den Mittelpunkt einer internationalen Vereinbarung gerückt wurde. Aber auch die von der Generalversammlung der Vereinten Nationen - die damals gerade drei Jahre alt waren - am 10. Dezember 1948 verabschiedete "Allgemeine Erklärung der Menschenrechte" war nicht zuletzt für die Kinder, die man nun endgültig als eine besonders schutzwürdige Gruppe von Menschen erkannt hatte, ein besonderer Durchbruch. So wird beispielsweise in Artikel 25 Absatz 2 der Allgemeinen Erklärung der Menschenrechte mit allem Nachdruck proklamiert:

> "Mutter und Kind haben Anspruch auf besondere Hilfe und Unterstützung. Alle Kinder, eheliche und uneheliche, genießen den gleichen sozialen Schutz."

Dennoch mußten fast elf Jahre vergehen, bis diese UN-Erklärung durch eine eigene Kinder-Deklaration ergänzt wurde.

2 Die "Erklärung der Rechte des Kindes"

Es war nun durchaus nicht so, daß zwischen der "Allgemeinen Erklärung der Menschenrechte" vom 10. Dezember 1948 und der "Erklärung der Rechte des Kindes", die von der UN-Generalversammlung am 20. November 1959 nach jahrelangen Beratungen einstimmig [vgl. Korczak 1979; 7] angenommen wurde, auf internationaler Ebene nichts für die Rechte des Kindes getan worden wäre; im Gegenteil:

> "Nach dem Zweiten Weltkrieg sind eine Vielzahl internationaler Verträge oder internationaler Regelungen hinzugekommen, denen es [...] um einzelne Belange junger Menschen geht; beispielhaft anzuführen [ist] etwa das für die Durchsetzung von

Unterhaltsansprüchen von Kindern bedeutsame VN-Übereinkommen vom 20. Juni 1956 über die Geltendmachung von Unterhaltsansprüchen im Ausland (BGBl. 1959 II S. 149)." [BMFJ 1993; 24]

Dennoch stellt die "Erklärung der Rechte des Kindes" bis heute einen gewissen Meilenstein in der Geschichte des internationalen Kinderrechts dar: Schließlich werden mit ihr erstmals (abgesehen von der damals schon ein Vierteljahrhundert zurückliegenden und doch auch vergleichsweise fragmentarischen "Genfer Erklärung") die Leitgedanken des allen Kindern dieser Welt zustehenden rechtlichen Schutzes in einem allgemeingültigen, über sämtliche internationalen Einzelregelungen hinausgehenden Dokument zusammengefaßt. Im Gegensatz zu einem "Übereinkommen" (wie z.B. dem über die Rechte des Kindes vom 20. November 1989) ist zwar eine "Erklärung" völkerrechtlich nicht verbindlich; der Vorteil ist allerdings, daß ein Staat, der einem "Übereinkommen" beizutreten und dieses damit als innerstaatliche Rechtsnorm zu akzeptieren hätte (weshalb ein solches, wie wir noch sehen werden, bereits während seiner Formulierung durch Kompromisse verwässert wird), eine "Erklärung" lediglich als Empfehlung beachten muß - weswegen sie prinzipiell an a l l e Staaten dieser Erde gerichtet ist und zudem wesentlich appellativer und deutlicher formuliert werden kann.

Nachfolgend soll nun die "Erklärung der Rechte des Kindes" vom 20. November 1959 im vollen Wortlaut [entsprechend der amtlichen Übersetzung in BMFJ 1993; 25 f.] zitiert werden:

"Präambel

Da die Völker der Vereinten Nationen in der Charta ihren Glauben an die Grundrechte des Menschen und an Würde und Wert der menschlichen Persönlichkeit erneut bekräftigt und beschlossen haben, den sozialen Fortschritt und einen besseren Lebensstandard in größerer Freiheit zu fördern;

da die Vereinten Nationen in der Allgemeinen Erklärung der Menschenrechte verkündet haben, daß jeder Mensch Anspruch auf die darin verkündeten Rechte und Freiheiten hat, ohne irgendeine Unterscheidung, wie etwa nach Rasse, Hautfarbe, Geschlecht, Sprache, Religion, politischer und sonstiger Überzeugung, nationaler oder sozialer Herkunft, nach Eigentum, Geburt oder sonstigen Umständen;

da das Kind wegen seiner mangelnden körperlichen und geistigen Reife besonderen Schutzes und besonderer Fürsorge, einschließlich eines angemessenen rechtlichen Schutzes vor und nach der Geburt bedarf;

da die Notwendigkeit solcher besonderen Schutzmaßnahmen in der Genfer Erklärung der Rechte des Kindes von 1924 ausgesprochen und in der Allgemeinen Erklärung der

Menschenrechte sowie in den Satzungen der mit dem Wohl des Kindes befaßten Sonderorganisationen und anderen internationalen Organisationen anerkannt worden ist;

da die Menschheit dem Kind das Beste schuldet, das sie zu geben hat,

verkündet die Generalversammlung die vorliegende Erklärung der Rechte des Kindes mit dem Ziel, daß es eine glückliche Kindheit haben und zu seinem eigenen Nutzen und zum Nutzen der Gesellschaft die hierin aufgeführten Rechte und Freiheiten genießen möge, und fordert Eltern, Männer und Frauen als Einzelpersonen sowie Wohlfahrtsverbände, Kommunalbehörden und nationale Regierungen auf, diese Rechte anzuerkennen und sich durch im Einklang mit den nachstehenden Grundsätzen schrittweise zu treffende gesetzgeberische und andere Maßnahmen für die Einhaltung dieser Rechte einzusetzen:

Artikel 1

Das Kind genießt alle in dieser Erklärung aufgeführten Rechte. Alle Kinder ohne jede Ausnahme haben ohne Unterschied oder Diskriminierung auf Grund der Rasse, der Hautfarbe, des Geschlechts, der Sprache, der Religion, der politischen oder sonstigen Überzeugung, der nationalen oder sozialen Herkunft, des Eigentums, der Geburt oder der sonstigen Umstände, die in der eigenen Person oder in der Familie begründet sind, Anspruch auf diese Rechte.

Artikel 2

Das Kind genießt besonderen Schutz und erhält kraft Gesetzes oder durch andere Mittel Chancen und Erleichterungen, so daß es sich körperlich, geistig, moralisch, seelisch und gesellschaftlich gesund und normal und in Freiheit und Würde entwickeln kann. Bei der Einführung von Gesetzen zu diesem Zweck sind die Interessen des Kindes ausschlaggebend.

Artikel 3

Das Kind hat von Geburt an Anspruch auf einen Namen und eine Staatsangehörigkeit.

Artikel 4

Das Kind genießt die Leistungen der sozialen Sicherheit. Es hat einen Anspruch darauf, gesund aufzuwachsen und sich zu entwickeln; zu diesem Zweck erhalten sowohl das Kind als auch seine Mutter besondere Fürsorge und besonderen Schutz einschließlich einer angemessenen Betreuung vor und nach der Geburt. Das Kind hat ein Recht auf angemessene Ernährung, Unterbringung, Erholung und ärztliche Betreuung.

Artikel 5

Das Kind, das körperlich, geistig oder sozial behindert ist, erhält die besondere Behandlung, Erziehung und Fürsorge, die seine besondere Lage erfordert.

Artikel 6

Das Kind braucht zur vollen und harmonischen Entfaltung seiner Persönlichkeit Liebe und Verständnis. Es wächst, soweit irgend möglich, in der Obhut und unter der Verantwortung seiner Eltern, auf jeden Fall aber in einem Klima der Zuneigung und der moralischen und materiellen Sicherheit auf; ein Kleinkind darf - außer in außergewöhnlichen Umständen - nicht von seiner Mutter getrennt werden. Die Gesellschaft und die öffentlichen Stellen haben die Pflicht, Kindern, die keine Familie haben, und Kindern ohne ausreichenden Lebensunterhalt besondere Fürsorge zuzuwenden. Staatliche Geldleistungen und andere Unterhaltshilfen für Kinder aus kinderreichen Familien sind wünschenswert.

Artikel 7

Das Kind hat Anspruch auf unentgeltlichen Pflichtunterricht, zumindest in der Elementarstufe. Ihm wird eine Erziehung zuteil, die seine allgemeine Bildung fördert und es auf der Grundlage der Chancengleichheit in die Lage versetzt, seine Fähigkeiten, sein persönliches Urteilsvermögen, seinen Sinn für moralische und soziale Verantwortung zu entwickeln und ein nützliches Glied der Gesellschaft zu werden. - Die Interessen des Kindes sind die Richtschnur für alle, die für seine Erziehung und Anleitung verantwortlich sind; diese Verantwortung liegt in erster Linie bei den Eltern. - Das Kind hat volle Gelegenheit zu Spiel und Erholung, die den gleichen Zielen wie die Erziehung dienen sollen; die Gesellschaft und die öffentlichen Stellen bemühen sich, die Durchsetzung dieses Rechts zu fördern.

Artikel 8

Das Kind gehört in jeder Lage zu denen, die zuerst Schutz und Hilfe erhalten.

Artikel 9

Das Kind wird von allen Formen der Vernachlässigung, Grausamkeit und Ausbeutung geschützt. Es darf nicht Handelsgegenstand in irgendeiner Form sein. - Das Kind wird vor Erreichung eines angemessenen Mindestalters nicht zur Arbeit zugelassen; in keinem Fall wird es veranlaßt oder wird ihm erlaubt, einen Beruf oder eine Tätigkeit auszuüben, die seine Gesundheit oder Erziehung beeinträchtigen oder seine körperliche, geistige oder sittliche Entwicklung hemmen würden.

Artikel 10

Das Kind wird vor Praktiken geschützt, die eine rassische, religiöse oder andere Form der Diskriminierung fördern können. Es wird erzogen im Geist der Verständigung, der Toleranz, der Freundschaft zwischen den Völkern, des Friedens und der weltweiten Brüderlichkeit sowie im vollen Bewußtsein, daß es seine Kraft und seine Fähigkeiten in den Dienst an seinen Mitmenschen stellen soll."

Mit der Verabschiedung der "Erklärung der Rechte des Kindes" wurde die Notwendigkeit international rechtsverbindlicher Einzelregelungen natürlich in keiner Weise hinfällig; schließlich konnte der weltweite Schutz des Kindes nicht durch völkerrechtlich unverbindliche Empfehlungen gewährleistet werden. So wurde in der Folgezeit eine Reihe weiterer Dokumente erstellt, wie beispielsweise das "Haager Übereinkommen über die Zuständigkeit der Behörden und das anzuwendende Recht auf dem Gebiet des Schutzes von Minderjährigen" [BGBl. 1971 II; 217], welches am 5. Oktober 1961 verabschiedet wurde, oder der "Internationale Pakt über bürgerliche und politische Rechte" vom 19. Dezember 1966 [BGBl. 1973 II; 1533], dessen Artikel 24 Absatz 1 u.a. das Recht des Kindes "auf diejenigen Schutzmaßnahmen durch seine Familie, die Gesellschaft und den Staat, die seine Rechtsstellung als Minderjähriger erfordert", verbindlich festschreibt.

Mit der Zeit wurde immer mehr deutlich, daß eine ganze Reihe wesentlicher Aspekte hinsichtlich der Rechtssituation des Kindes in der "Erklärung der Rechte des Kindes" nicht hinreichend berücksichtigt worden war und daß dieses Dokument - wollte man ein unübersichtliches Geflecht zahlreicher Einzel-Konventionen vermeiden - in absehbarer Zeit durch einen rechtverbindlichen Vertrag ersetzt werden mußte. Bis zum "Übereinkommen über die Rechte des Kindes" war dann aber trotzdem noch ein weiter Weg zurückzulegen.

3 Das "Übereinkommen über die Rechte des Kindes"

Anläßlich des 20. Jahrestages der Verabschiedung und Verkündung der "Erklärung der Rechte des Kindes" riefen die Vereinten Nationen das Jahr 1979 zum "Jahr des Kindes" aus. Im Zusammenhang mit dem "Jahr des Kindes" wurde wiederum von der polnischen Regierung vorgeschlagen, die "Erklärung der Rechte des Kindes" durch ein völkerrechtlich verbindliches "Übereinkommen über die Rechte des Kindes" zu ersetzen. Aus den verschiedensten Gründen dauerte es zehn Jahre, bis ein konsensfähiger Text erarbeitet werden konnte; der von der zuständigen Arbeitsgruppe vorgelegte Entwurf wurde schließlich am 20. November 1989 - dem 30. Jahrestag der "Erklärung der Rechte des Kindes" - ohne jede Änderung einstimmig von der UNO-Vollversammlung angenommen. Am 26. Januar 1990 wurde das "Übereinkommen über die Rechte des Kindes" schließlich in New York zur Zeichnung aufgelegt. Bereits "im Oktober 1992 hatten 123 Staaten die Kinderkonvention ratifiziert" [Borsche 1993(a); 473], sind ihr mit diesem Schritt also verbindlich beigetreten - womit sie sich verpflichtet haben, dieses Übereinkommen zur innerstaatlichen Rechtsnorm zu erheben und es sowohl mit Hilfe ihrer Gesetzgebung als auch durch Verwaltungsvorschriften konkret umzusetzen. "Diese schnelle Reaktion hat alle Erfahrungen mit der Anerkennung menschenrechtlicher internationaler Übereinkommen und damit auch alle Erwartungen übertroffen." [ebd.]

Darin, daß sie "für die Staaten, die sie ratifizieren, bindende Wirkung [hat] und [...] diese zur Anpassung ihres nationalen Rechts [zwingt]" [Baer 1993; 2209], besteht das Wesen eines Übereinkommens, einer Konvention - im Gegensatz zu einer Erklärung, einer Deklaration (wie z.B. der von 1959), die lediglich eine Absichtserklärung darstellt und daher in der Regel auch (zumindest formal) eine breitere Zustimmung findet. Die Entwicklung von 1959 bis 1989 wird von dem Völkerrechtler Joachim Wolf mit der Formulierung "Vom weichen zum harten Recht" [1991; 9] also durchaus treffend auf den Punkt gebracht.

Im Vorfeld der Kinderrechtskonvention war es noch strittig, ob das geplante Dokument als Erklärung oder als Übereinkommen verabschiedet werden sollte. Der Status des aktuellen UNO-Dokuments über die Rechte des Kindes hat schließlich - bei allen Problemen, die mit ihm verbunden sind und noch verbunden sein werden - doch eine Mehrheit gefunden; denn letztlich "greift die Auffassung nicht, daß es besser ist, eine [...] in den Folgen unverbindliche Deklaration zu haben [...], als eine Konvention, die - zumindest am Anfang - nur von einer Minderheit der Mitgliedsstaaten der Vereinten Nationen ratifiziert [...] wird" [Borsche 1989; 94]. Wie weiter oben gezeigt werden konnte, hat sich nicht einmal diese 1989 von Sven Borsche, dem Leiter der Abteilung "Kinder, Jugend, Frauen und Familie" beim Bundesverband der Arbeiterwohlfahrt formulierte Befürchtung bewahrheitet; die Entscheidung, statt einer erneuten Erklärung ein Übereinkommen zu verabschieden, kann heute also durchaus als richtig bewertet werden.

Wenig Zweifel besteht heute auch dahingehend, worin "die besondere Bedeutung der Konvention über die Rechte des Kindes liegt" - nämlich "darin, daß zum ersten Mal in einer für die vertragschließenden Parteien verbindlichen Rechtsform persönliche, politische, wirtschaftliche, soziale und kulturelle Rechte aus der Sicht von Minderjährigen in e i n e m internationalen Übereinkommen verdeutlicht und zusammmengestellt" wurden [Borsche 1993(a); 473].

Zweifellos konnte schon vor der Verabschiedung der UN-Konvention über die Rechte des Kindes aufgezeigt werden, daß "das Kind bereits im geltenden Völkerrecht Schutz genießt" [Wolfrum 1990; 8 - vgl. hierzu a.a.O. 9-12]; vor allem in den beiden Menschenrechtspakten der Vereinten Nationen, dem Internationalen Pakt über bürgerliche und politische Rechte (IPbürgR) und dem Internationalen Pakt über wirtschaftliche, soziale und kulturelle Rechte (IPwirtR), beide am 19. Dezember 1966 von der UNO-Vollversammlung verabschiedet, sind "Kinder bereits miterfaßt" [Baer 1993; 2209]. Dennoch "hielt man es für erforderlich, für Kinder wegen deren besonderer Schutzbedürfnisse weitere Regelungen zu treffen" [ebd.].

Doch nicht nur die Schutzrechte stellen in der Kinderrechtskonvention eine wesentliche Kategorie dar, sondern auch die Versorgungsrechte und die Beteiligungsrechte [vgl. Wilken 1994; 45 f.]. Entsprechend den jeweiligen englischen Begriffen läßt sich das Übereinkommen auf diese Weise mit Hilfe der "drei Ps" [Sünker 1993; 48] strukturieren: protection - provision - participation.

Dieses Grundmuster übernimmt auch Angela Merkel, die vormalige Bundesministerin für Frauen und Jugend, in ihrer durchwegs positiven Bewertung des UN-Übereinkommens: Die Kinderkonvention garantiere in den "drei Hauptkategorien Versorgung, Schutz und Partizipation [...] einen rechtlichen Mindeststandard"; darüber hinaus sei sie

> "ein Zeichen von Achtung und Verantwortlichkeit der internationalen Staatengemeinschaft gegenüber Kindern in aller Welt. Die Rechte der Kinder werden umfassend und mit weltweitem Geltungsanspruch verankert" [BMFJ 1993; 3].

Die grundsätzlich aufgeschlossene Haltung der Bundesregierung unterstreicht auch Rainer Funke (Parlamentarischer Staatssekretär im Bundesministerium der Justiz): "Die UN-Kinderkonvention ist ein Meilenstein in der Entwicklung des humanitären Völkerrechts." [1992; 63]

Auch aus den Reihen der universitären Pädagogik waren hinsichtlich des Übereinkommens ausschließlich begrüßende Statements zu vernehmen - vor allem mit Blick auf seine Bedeutung für die Kinderrechte in der Bundesrepublik Deutschland. Exemplarisch Klaus Hurrelmann:

> "Nach dem Inkrafttreten der UNO-Konvention wird [...] auch in den industrialisierten Ländern deutlich, daß es sich hier um einen recht wirksamen Text handelt, der in außerordentlich vielen Bereichen auch Neuregelungen und Neuanstöße für die Definition der Rechte von Kindern bei uns mit sich bringt." [1993; 22]

Positiv bewertet wird andererseits aber auch die "Tatsache, daß die Konvention keinem kinderrechtlichen Radikalismus das Wort redet" [Sünker 1993; 49].

Ob diese allgemeine Wertschätzung dazu geführt hat, daß das Übereinkommen in der Bundesrepublik Deutschland zwischenzeitlich schon adäquat umgesetzt wurde, soll als die zentrale Fragestellung der vorliegenden Dissertation im nachfolgenden Kapitel III ausführlich erörtert werden. Praktische Konsequenzen aus der UN-Kinderrechtskonvention, wie sie sich vielleicht erst in Zukunft (beispielsweise in Form einer das Kind integrierenden Ergänzung des Grundgesetzes, in Gestalt einer das Kind besser wahrnehmenden Politik und letztlich auch als ein neues Bewußtsein für das Kind) ergeben könnten, werden schließlich im Kapitel IV angedeutet.

III DAS ÜBEREINKOMMEN DER VEREINTEN NATIONEN ÜBER DIE RECHTE DES KINDES UND SEINE UMSETZUNG IN DER BUNDESREPUBLIK DEUTSCHLAND

Wie soeben referiert, wurde das Übereinkommen über die Rechte des Kindes am 26. Januar 1990 in New York zur Zeichnung aufgelegt; bei dieser Gelegenheit hat u.a. auch die Bundesrepublik Deutschland "die Kinderkonvention gezeichnet, also ihre Bereitschaft zur Ratifizierung angekündigt" [Borsche 1992; 71]. Die Ratifizierung selbst war allerdings zwischenzeitlich "aufs höchste gefährdet" [Stöcker 1991; 33]; immerhin berührt "das Übereinkommen [...] Materien, die in die ausschließliche Kulturhoheit der Länder fallen" [ebd.]. Deshalb - also wegen jener Artikel, die beispielsweise das Schulwesen behandeln - unterliegt die Kinderrechtskonvention innerstaatlich der Lindauer Vereinbarung von 1952, nach der die Ratifizierung völkerrechtlich bindender Vertragswerke erst dann erfolgen darf, wenn a l l e Mitglieder des Bundesrates ihre Zustimmung erteilt haben. Dies bedeutet - mit anderen Worten -,

> "daß die Bundesregierung auch nach Verabschiedung des Vertragsgesetzes durch Bundestag und Bundesrat die Ratifizierungsurkunde nicht hinterlegen darf, wenn auch nur ein einziges Bundesland dem widerspricht. [...] In eben dieser Lage hat sich die Bundesregierung befunden, als [...] einige der konsultierten Bundesländer ihr Einverständnis [...] knallhart verweigerten, weil nach ihrer Auffassung der Text des Übereinkommens in wesentlichen Punkten nicht im Einklang mit dem innerstaatlichen Recht stand" [a.a.O.; 33 f.].

Dieses Problem konnte schließlich mit Hilfe eines Zusatzdokuments zur Ratifikationsurkunde - einem sogenannten "Interpretationsvorbehalt" - gelöst werden, von dem weiter unten noch ausführlich die Rede sein wird.

Ihre innerstaatliche Billigung hat die Konvention also nicht nur durch den Bundestag, sondern auch - wie vorgeschrieben - durch sämtliche Mitglieder des Bundesrates erfahren: seiner Ratifizierung wurde mit dem "Gesetz zu dem Übereinkommen vom 20. November 1989 über die Rechte des Kindes" vom 17. Februar 1992 [BGBl. II; 121] zugestimmt. Am 6. März 1992 hat die Bundesregierung die Ratifikationsurkunde durch ihre Vertretung bei den Vereinten Nationen beim UN-Generalsekretär hinterlegen lassen; am dreißigsten Tag danach [vgl. Artikel 49 Absatz 2], also am 5. April 1992, ist das Übereinkommen damit in der Bundesrepublik Deutschland formal in Kraft getreten [vgl. Bekanntmachung vom 10. Juli 1992 in BGBl. II; 990]. Da es "mit der Ratifizierung durch den Deutschen Bundestag [...] geltendes innerdeutsches Recht geworden" ist [Eichholz 1993; 73], sind seither Bund, Länder, Kommunen sowie sämtliche nachgeordneten Institutionen verpflichtet, dem Übereinkommen über die Rechte des Kindes in der Bundesrepublik Deutschland nun auch ganz konkret zur Umsetzung zu verhelfen.

Bevor der Frage nachgegangen werden kann, ob und inwieweit dies bislang gelungen ist, muß noch kurz erwähnt werden, daß die Bundesregierung zusammen mit dem Entwurf des schließlich am 17. Februar 1992 vom Bundestag mit Zustimmung des Bundesrates beschlossenen [s.o.] Gesetzes "zu dem Übereinkommen vom 20. November 1989 über die Rechte des Kindes" [BGBl. II; 121] eine "Denkschrift zu dem Übereinkommen" [BT-Drs. 12/42 vom 24. Januar 1991; zit. nach BMFJ 1993; 24-48] herausgegeben hat, in der sie u.a. festhält, daß

> "sich bei näherer Prüfung der einzelnen Bestimmungen ergeben [hat], daß einige Übereinkommensartikel die Grundlage für Fehlauslegungen bieten könnten, die zum Teil weitreichende Konsequenzen für die innerstaatliche Rechtsordnung hätten. Die Länder haben deshalb der Zeichnung des Übereinkommens nur unter der Voraussetzung zugestimmt, daß die Bundesregierung bei Niederlegung der Ratifikationsurkunde eine völkerrechtliche Erklärung abgibt, durch welche die aufgetretenen Zweifelsfragen ausgeräumt werden und durch die klargestellt wird, inwieweit das Übereinkommen völkerrechtlich bindet" [BMFJ 1993; 27].

Und in der Tat hat "bei Hinterlegung der Ratifikationsurkunde [...] die Regierung der Bundesrepublik Deutschland" nicht nur "erklärt, daß sie das Übereinkommen über die Rechte des Kindes als einen Meilenstein der Entwicklung des internationalen Rechts begrüßt und die Ratifizierung des Übereinkommens zum Anlaß nehmen wird, Reformen des innerstaatlichen Rechts in die Wege zu leiten, die dem Geist des Übereinkommens entsprechen", sondern "zugleich, daß das Übereinkommen innerstaatlich keine unmittelbare Anwendung findet. Es begründet völkerrechtliche Staatenverpflichtungen, die die Bundesrepublik Deutschland nach näherer Bestimmung ihres mit dem Übereinkommen übereinstimmenden innerstaatlichen

Rechts erfüllt." ["Bekanntmachung über das Inkrafttreten des Übereinkommens über die Rechte des Kindes" vom 10. Juli 1992; künftig bezeichnet als "Vorbehaltserklärung" und zitiert nach BMFJ 1993; 50 f.]

Nun ist es zwar nach Artikel 51 Absatz 1 der UN-Konvention durchaus erlaubt, daß ein Staat bei der Ratifikation Vorbehalte anbringt - und selbst Sven Borsche muß zugeben, daß auch andere Beitrittsländer "die UN-Kinderkonvention [...] teilweise mit mehr oder weniger erheblichen Vorbehalten" [1992; 70] ratifiziert haben -; problematisch ist allerdings in der Tat, daß die Bundesregierung mit ihrer soeben zitierten Formulierung das Übereinkommen als innerstaatlich schon verwirklicht ad acta legt und ganz pauschal "jeglichen Handlungsbedarf [...] bestreitet [...]. Dieser quasi Totalvorbehalt" ist nun wirklich "mit Artikel 51 Absatz 2 der Kinderkonvention nicht in Einklang zu bringen" [a.a.O.; 72]; schließlich heißt es dort ausdrücklich, daß "Vorbehalte, die mit Ziel und Zweck dieses Übereinkommens unvereinbar sind, [...] nicht zulässig" sind. Abgesehen davon verstößt die Vorbehaltserklärung der Bundesregierung nach Ansicht des Bundesvorstandes der Arbeiterwohlfahrt (AWo) "gegen den Geist der Konvention" und ist zudem "kinderpolitisch kontraproduktiv" [zit. a.a.O.; 71]; sie ist daher nicht nur von der AWo [vgl. Weingartz o.J.; 12-14], sondern auch noch von zahlreichen anderen regierungsunabhängigen Organisationen zum Teil sehr heftig kritisiert worden - was im jeweiligen Zusammenhang noch gezeigt werden wird. Es kann aber dennoch nicht geleugnet werden, daß Interpretationsvorbehalte wie der hier diskutierte völkerrechtlich grundsätzlich vorgesehen und auch rechtswirksam sind; dieser Sachverhalt erweist sich auch nach Prüfung des Wiener Übereinkommens über das Recht der Verträge vom 23. Mai 1969 (in der Bundesrepublik Deutschland in Kraft getreten am 20. August 1987 [vgl. BGBl. 1987 II; 757]) letztlich als unbestreitbar [vgl. hierzu auch Baer 1993; 2210].

So liegt also die paradoxe Ausgangslage vor, daß das Übereinkommen über die Rechte des Kindes in der Bundesrepublik Deutschland zwar in den Rang eines Gesetzes erhoben worden ist, was zur Folge hat, daß durch dieses Übereinkommen Rechtsnormen gesetzt worden sind, "die dem nationalen Recht vorgehen, und an die das nationale Recht angepaßt werden muß" [Baer 1990; 192], daß es aber andererseits nach Ansicht der Bundesregierung "innerstaatlich keine unmittelbare Anwendung findet", da die Bundesrepublik Deutschland aufgrund "ihres mit dem Übereinkommen übereinstimmenden innerstaatlichen Rechts" die aus der Konvention ableitbaren Verpflichtungen bereits erfülle [BMFJ 1993; 50].

Es ist somit bereits an dieser Stelle ziemlich deutlich geworden, daß bei der Beurteilung, ob bzw. inwieweit die durch die UN-Kinderrechtskonvention gesetzten Rechtsnormen in

Deutschland bereits erfüllt sind und wo ggf. noch Nachbesserungen denkbar wären, die Standpunkte teilweise ganz erheblich divergieren. Bereits im August 1990 - also schon einige Zeit vor der Ratifikation des Übereinkommens durch die Bundesrepublik Deutschland - hatte Ingrid Baer, die Direktorin des Internationalen Sozialdienstes in Frankfurt am Main, in einer Studie mit dem Untertitel "Welche Änderungen des bundesrepublikanischen Rechts wären bei Ratifizierung der Konvention notwendig?" zu bedenken gegeben, daß "in der Rechtsordnung der Bundesrepublik [...] einige Überprüfungen und rechtliche Änderungen erforderlich sein [werden], wenn diese Konvention ratifiziert wird" [Baer 1990; 192]. Dennoch formulierte kurze Zeit später die Bundesregierung in der genannten Denkschrift vom 24. Januar 1991 wie folgt: "Das Übereinkommen setzt Standards, die in der Bundesrepublik Deutschland verwirklicht sind, und bietet keinen Anlaß, grundlegende Änderungen oder Reformen des innerstaatlichen Rechts zu betreiben." [BMFJ 1993; 27] Diese Haltung wurde wiederum in der 9. Sitzung des 12. Deutschen Bundestages vom 21. Februar 1991 von Rednern der Opposition als "Selbstzufriedenheit" [Dr. Pick/SPD; Verhandlungen 445] bzw. als "blanker Zynismus" [Dr. Höll/ PDS; a.a.O. 447] bezeichnet. Um die Kluft zwischen der unterstellten Selbstzufriedenheit der Bundesregierung einerseits und der fundamentalen Unzufriedenheit in den Reihen der Opposition andererseits ein wenig durch Fakten schließen zu helfen, wurde bei den Wissenschaftlichen Diensten des Deutschen Bundestages eine Ausarbeitung in Auftrag gegeben (Abschluß: 11. Juni 1991), welche die "Vereinbarkeit von Regelungen des geltenden innerstaatlichen Rechts der Bundesrepublik Deutschland mit dem Übereinkommen vom 20. November 1989 über die Rechte des Kindes" zum Thema hatte [Wissenschaftliche Dienste 1991; 1]. Der Inhalt dieses Gutachtens wird bei der nachfolgenden Untersuchung der einzelnen Artikel der Kinderrechtskonvention Berücksichtigung finden.

Nachdem das Übereinkommen über die Rechte des Kindes am 5. April 1992 in der Bundesrepublik Deutschland formal in Kraft getreten ist [s.o.], legte die Bundesregierung dem Deutschen Bundestag am 21. Januar 1993 einen Bericht "über Maßnahmen im Zusammenhang mit dem Inkrafttreten des Übereinkommens über die Rechte des Kindes für die Bundesrepublik Deutschland" vor [BT-Drs. 12/4168; künftig zitiert als "Unterrichtung"], in dem zunächst - die "Vorbehaltserklärung" zitierend - erneut darauf hingewiesen wird, "daß das Übereinkommen innerstaatlich keine unmittelbare Anwendung findet", da das innerstaatliche Recht der Bundesrepublik Deutschland die in der Konvention festgeschriebenen völkerrechtlichen Staatenverpflichtungen bereits erfülle [a.a.O. 1 f]. Dennoch werden in diesem Bericht 41 Gesetzgebungs- und Verwaltungsmaßnahmen (bzw. Maßnahmenkataloge) aufgelistet, welche die Umsetzung des Übereinkommens in der Bundesrepublik Deutschland weiter optimieren sollten [vgl. die entsprechenden Artikel-Kommentare]. Die Debatte des Bundestages über diesen Bericht machte allerdings deutlich, daß vor allem in den Reihen der Opposition auch nach dieser Unterrichtung erhebliche Zweifel dahingehend bestanden, ob die innerstaatliche Umsetzung der Konvention in ihren wesentlichen Kernpunkten überhaupt schon erfolgt ist [vgl. hierzu in "Verhandlungen": 149. Sitzung des 12. Deutschen Bundestages vom 25. März 1993].

Neuen Auftrieb erhielt diese Diskussion, nachdem die Bundesrepublik Deutschland - entsprechend ihrer Verpflichtung gemäß Artikel 44 Absatz 1 Buchstabe a des Übereinkommens über die Rechte des Kindes - den Vereinten Nationen im August 1994 ihren "Erstbericht" über die innerstaatliche Umsetzung der Konvention vorgelegt hatte [zit. als "BMFSFJ 1994"]. Vor allem das aus dem Deutschen Kinderhilfswerk, dem Deutschen Kinderschutzbund, dem Deutschen Komitee für UNICEF und terre des hommes Deutschland bestehende "Aktionsbündnis Kinderrechte" sowie die Koordinierungsgruppe (KoG) der "National Coalition" (Schirmherrin: Rita Süssmuth [vgl. KoG 1995; XII]), welche sich wiederum aus Vertretern verschiedener Verbände und Institutionen aus dem Bereich der Kinder- und Jugendpolitik zusammensetzt, haben in ihren Stellungnahmen [vgl. jeweils 1995] teilweise radikale Gegenpositionen zum Erstbericht der Bundesregierung eingenommen.

Nachdem nachfolgend aus dem Übereinkommens der Vereinten Nationen über die Rechte des Kindes ["Wortlaut der amtlichen Übersetzung" in BMFJ 1993; 7-22] zunächst die Präambel wiedergegeben und kurz kommentiert worden ist, erfolgt schließlich Artikel für Artikel eine detaillierte Untersuchung der UN-Kinderrechtskonvention und ihrer bisherigen Umsetzung in der Bundesrepublik Deutschland - und dies sowohl aus der Sicht der Bundesregierung als auch vom Standpunkt regierungsunabhängiger Organisationen und Autoren aus betrachtet.

Präambel

Die Vertragsstaaten dieses Übereinkommens -

in der Erwägung, daß nach den in der Charta der Vereinten Nationen verkündeten Grundsätzen die Anerkennung der allen Mitgliedern der menschlichen Gesellschaft innewohnenden Würde und der Gleichheit und Unveräußerlichkeit ihrer Rechte die Grundlage von Freiheit, Gerechtigkeit und Frieden in der Welt bildet,

eingedenk dessen, daß die Völker der Vereinten Nationen in der Charta ihren Glauben an die Grundrechte und an Würde und Wert des Menschen bekräftigt und beschlossen haben, den sozialen Fortschritt und bessere Lebensbedingungen in größerer Freiheit zu fördern,

in der Erkenntnis, daß die Vereinten Nationen in der Allgemeinen Erklärung der Menschenrechte und in den Internationalen Menschenrechtspakten verkündet haben und übereingekommen sind, daß jeder Mensch Anspruch hat auf alle darin verkündeten Rechte und Freiheiten ohne Unterscheidung, etwa nach der Rasse, der Hautfarbe, dem Geschlecht, der Sprache, der Religion, der politischen oder sonstigen Anschauung, der nationalen oder sozialen Herkunft, dem Vermögen, der Geburt oder dem sonstigen Status,

unter Hinweis darauf, daß die Vereinten Nationen in der Allgemeinen Erklärung der Menschenrechte verkündet haben, daß Kinder Anspruch auf besondere Fürsorge und Unterstützung haben,

überzeugt, daß der Familie als Grundeinheit der Gesellschaft und natürlicher Umgebung für das Wachsen und Gedeihen aller ihrer Mitglieder, insbesondere der Kinder, der erforderliche Schutz und Beistand gewährt werden sollte, damit sie ihre Aufgabe innerhalb der Gemeinschaft voll erfüllen kann,

in der Erkenntnis, daß das Kind zur vollen und harmonischen Entfaltung seiner Persönlichkeit in einer Familie und umgeben von Glück, Liebe und Verständnis aufwachsen sollte,

in der Erwägung, daß das Kind umfassend auf ein individuelles Leben in der Gesellschaft vorbereitet und im Geist der in der Charta der Vereinten Nationen verkündeten Ideale und insbesondere im Geist des Friedens, der Würde, der Toleranz, der Freiheit, der Gleichheit und der Solidarität erzogen werden sollte,

eingedenk dessen, daß die Notwendigkeit, dem Kind besonderen Schutz zu gewähren, in der Genfer Erklärung von 1924 über die Rechte des Kindes und in der von der Generalversammlung am 20. November 1959 angenommenen Erklärung der Rechte des Kindes ausgesprochen und in der Allgemeinen Erklärung der Menschenrechte, im Internationalen Pakt über bürgerliche und politische Rechte (insbesondere in den Artikeln 23 und 24), im Internationalen Pakt über wirtschaftliche, soziale und kulturelle Rechte (insbesondere in Artikel 10) sowie in den Satzungen und den in Betracht kommenden Dokumenten der Sonderorganisationen und anderen internationalen Organisationen, die sich mit dem Wohl des Kindes befassen, anerkannt worden ist, eingedenk dessen, daß, wie in der Erklärung der Rechte des Kindes ausgeführt ist, "das Kind wegen seiner mangelnden körperlichen und geistigen Reife besonderen Schutzes und besonderer Fürsorge, insbesondere eines angemessenen rechtlichen Schutzes vor und nach der Geburt, bedarf",

unter Hinweis auf die Bestimmungen der Erklärung über die sozialen und rechtlichen Grundsätze für den Schutz und das Wohl von Kindern unter besonderer Berücksichtigung der Aufnahme in eine Pflegefamilie und der Adoption auf nationaler und internationaler Ebene, der Regeln der Vereinten Nationen über die Mindestnormen für die Jugendgerichtsbarkeit (Beijing-Regeln) und der Erklärung über den Schutz von Frauen und Kindern im Ausnahmezustand und bei bewaffneten Konflikten,

in der Erkenntnis, daß es in allen Ländern der Welt Kinder gibt, die in außerordentlich schwierigen Verhältnissen leben, und daß diese Kinder der besonderen Berücksichtigung bedürfen,

unter gebührender Beachtung der Bedeutung der Traditionen und kulturellen Werte jedes Volkes für den Schutz und die harmonische Entwicklung des Kindes,

in Anerkennung der Bedeutung der internationalen Zusammenarbeit für die Verbesserung der Lebensbedingungen der Kinder in allen Ländern, insbesondere den Entwicklungsländern -

haben folgendes vereinbart: [An dieser Stelle schließt sich im Text der Konvention unmittelbar Teil I/Artikel 1 an; s.u.!]

Diese dem Übereinkommen vorangestellte Präambel "steckt in zehn Feststellungen die Grundlage für die Inhalte der Konvention ab" [Borsche 1989; 93]. Sie baut dabei sowohl auf der Charta der Vereinten Nationen als auch auf der Allgemeinen Erklärung der Menschenrechte auf, darüber hinaus aber auch auf allen weiteren UN-Dokumenten, welche ihrerseits auf diesen beiden Grundsteinen sämtlicher internationaler Menschenrechtsdokumente beruhen - vor allem aber auf der in II/2 zitierten "Erklärung der Rechte des Kindes" von 1959.

Teil I

Artikel 1

Im Sinne dieses Übereinkommens ist ein Kind jeder Mensch, der das achtzehnte Lebensjahr noch nicht vollendet hat, soweit die Volljährigkeit nach dem auf das Kind anzuwendenden Recht nicht früher eintritt.

Dieser Artikel ist nicht nur für das Übereinkommen selbst, sondern auch für die vorliegende Arbeit von zentraler Bedeutung, da er festschreibt, was hinsichtlich der Rechte des Kindes überhaupt unter einem "Kind" verstanden werden soll: ein "Mensch, der das achtzehnte Lebensjahr noch nicht vollendet hat". Begriffliche Abstufungen (Säugling, Kleinkind, Schulkind, Jugendlicher etc.) werden sowohl im Dokument selbst als auch in der vorliegenden Arbeit nicht vorgenommen. Ausnahmen von der in Artikel 1 festgelegten Definition des Begriffes "Kind" (wie z.B. in Artikel 38 Absatz 2 und 3) werden explizit gekennzeichnet.

Das in Deutschland "auf das Kind anzuwendende Recht", also § 2 BGB, weicht vom Artikel 1 des Übereinkommens darüber hinaus nicht ab; auch hier ist der Eintritt der Volljährigkeit dahingehend festgelegt, daß sie "mit der Vollendung des achtzehnten Lebensjahres" eintritt. Was im Übereinkommen als "Kind" definiert ist, entspricht also in der deutschen Rechtsordnung dem personalrechtlichen Status des Minderjährigen. Im Bereich des Strafrechts gibt es zwar die Unterscheidung zwischen dem "Kind" (dem Minderjährigen unter 14 Jahren) und dem "Jugendlichen" (dem Minderjährigen zwischen seinem 14. und seinem 18. Geburtstag) [vgl. § 176 Absatz 1 StGB sowie § 1 Absatz 2 JGG]; des weiteren nehmen auch das Bürgerliche Gesetzbuch und eine Reihe weiterer Gesetze [vgl. z.B. das JArbSchG, das JÖSchG u.a.] Differenzierungen vor. Und nicht zuletzt das Achte Buch des Sozialgesetzbuches (Kinder und Jugendhilfegesetz) kennt innerhalb der Gruppe der Minderjährigen begriffliche Abstufungen [vgl. § 7 Absatz 1 SGB VIII/KJHG]. Geht es jedoch um den in der vorliegenden Arbeit behandelten Zusammenhang, so gilt auch dort als Kind, "wer noch nicht 18 Jahre alt ist" [§ 7 Absatz 2 SGB VIII/KJHG].

Wann das Kind-Sein e n d e t , nämlich am 18. Geburtstag, ist also durch den Artikel 1 des Übereinkommens über die Rechte des Kindes eindeutig geklärt und bietet auch im innerstaatlichen Recht keinen Freiraum für weitergehende Interpretationen und Spekulationen. Ganz anders verhält es sich jedoch mit der Frage, wann denn das Kind-Sein b e g i n n t ! Hierüber gibt der Artikel 1 der Konvention keinerlei Auskunft - was allerdings kein Zufall ist:

> "Viele der in der Arbeitsgruppe [zur Ausarbeitung des Übereinkommens; R.B.] vertretenen Staaten haben sich gegen die Einbeziehung des ungeborenen Lebens in den Schutz der Konvention erklärt, weil es ihnen nicht möglich erschien, in der schwierigen, meist auch innerstaatlich stark umstrittenen Frage nach der Freigabe des Schwangerschaftsabbruchs oder nach den Grenzen seiner Strafbarkeit eine Einigung herbeizuführen." [BMFJ 1993; 28]

In der Erklärung der Rechte des Kindes vom 20. November 1959 war es noch möglich gewesen, dem Kind "besonderen Schutz [...] vor und nach der Geburt" [Artikel 4] zuzusichern, die Notwendigkeit "eines angemessenen rechtlichen Schutzes vor und nach der Geburt" [Absatz 3 der Präambel] anzuerkennen. Bei der Konvention ging der Konsens innerhalb der Arbeitsgruppe lediglich so weit, dem Kind "ein angeborenes Recht auf Leben" [Artikel 6 Absatz 1] ausdrücklich zuzugestehen, was allerdings impliziert, daß das Kind erst mit seiner Geburt zu leben beginnt und erst ab diesem Augenblick mit Rechten - so auch mit dem auf Leben - ausgestattet zu sein scheint.

Wenn es nun dabei belassen geblieben wäre, hätte dies zur Folge haben können, daß womöglich eine ganze Reihe von Staaten seine Unterschrift unter das Übereinkommen verweigert hätte. Diese Befürchtung führte dazu, "daß die Frage des Schutzes des ungeborenen Lebens aus Anlaß eines von der Delegation der Bundesrepublik Deutschland gestellten Änderungsantrags in der Zweiten Lesung des Entwurfs durch die Arbeitsgruppe nochmals eingehend beraten worden ist" [BMFJ 1993; 29]. Das Ergebnis bestand darin, daß im Absatz 9 der Präambel des Übereinkommens der Präambel-Absatz 3 der Erklärung von 1959 ("vor und nach der Geburt") wörtlich zitiert wurde. Diese Lösung allein hätte nun wieder andere potentielle Unterzeichnerstaaten abschrecken können: Schließlich wäre im Falle der Ratifikation von den entsprechenden innerstaatlichen Interessengruppen eine bindende Verpflichtung abgeleitet worden, den Schutz des ungeborenen Lebens gesetzlich festzuschreiben. Daher ergänzte die Arbeitsgruppe ihren Entwurf durch die folgende Erklärung:

> "Mit der Annahme dieses Präambelabsatzes [9; R.B.] verfolgt die Arbeitsgruppe nicht die Absicht, der Auslegung des Artikels 1 oder einer anderen Übereinkommensbestimmung durch die Vertragsstaaten vorzugreifen." [UNO-Dokument E/CN.4/ 1989/48 vom 2. März 1989; 11 - zit. in BMFJ 1993; 29]

Bereits an dieser Stelle unserer Betrachtung wird deutlich, worin das größte Manko des Übereinkommens über die Rechte des Kindes besteht: Um weltweit, quer durch alle Kulturen, Traditionen, Religionen und Rechtsauffassungen, einen möglichst tragfähigen Konsens, eine möglichst große Zahl von Beitrittsstaaten zu erzielen, wurde so manche interpretatorische Unschärfe, so manche juristische Grauzone billigend in Kauf genommen - was wiederum in nicht wenigen Artikeln dazu führte, daß die erwünschte rechtlich bindende Staatenverpflichtung einer zwar konsensfähigen, aber letztlich eher unverbindlichen Absichtserklärung weichen mußte. Hier begegnet uns jedoch ein Phänomen, das eng mit der Idee einer weltumspannenden Völkergemeinschaft im allgemeinen und mit der konkreten UNO-(Tages-) Politik im besonderen verbunden zu sein scheint.

Es steht einem Beitrittsland selbstverständlich frei, in seinen Rechtsnormen über die Vorgaben des Übereinkommens hinauszugehen [vgl. Artikel 41]. So stellt es auch keinen Widerspruch zu der in dieser Frage sowieso ziemlich undeutlichen UNO-Konvention und speziell zu ihrem Artikel 1 dar, wenn in der Bundesrepublik Deutschland dem Kind bereits v o r seiner Geburt eine Reihe von Rechten gesichert sind. So ist hierzulande - obwohl der Mensch nach § 1 BGB eigentlich erst mit der Vollendung seiner Geburt seine Rechtsfähigkeit erlangt - schon das ungeborene Kind entsprechend § 1923 Absatz 2 BGB erbfähig, es wird durch § 823 Absatz 1 BGB gegen vorgeburtliche Schädigungen geschützt, es sind ihm im Falle der Tötung des Unterhaltspflichtigen nach § 844 Absatz 2 BGB Ersatzansprüche zugesichert, und es kann schließlich bereits der ungeborene Mensch durch Verträge begünstigt werden. Darüber hinaus kann dem Kind zur Wahrung seiner künftigen Rechte laut § 1912 BGB schon vor seiner Geburt ein Pfleger bestellt werden. "Die Notwendigkeit eines angemessenen rechtlichen Schutzes vor [...] der Geburt" des Kindes, wie sie bereits in der Erklärung von 1959 gesehen wurde und wenigstens als Zitat im Präambel-Absatz 9 Eingang in das Übereinkommen von 1989 gefunden hat, ist in der Bundesrepublik Deutschland wenigstens im Bürgerlichen Gesetzbuch anerkannt. Und auch das Bundesverfassungsgericht hat bereits mehrfach - zuletzt in seiner Entscheidung vom 28. Mai 1993 [vgl. BMFSFJ 1994; 11] - daran erinnert, daß auch das ungeborene menschliche Leben unter dem Schutz des Grundgesetzes steht [vgl. Artikel 1 Absatz 1 bzw. Artikel 2 Absatz 2 GG]; darüber hinaus ist auch heute noch vielen Menschen in der Bundesrepublik Deutschland "der qualitative Unterschied zwischen der Kindestötung vor und nach der Geburt bzw. vor und nach einem bestimmten Zeitpunkt nicht einsichtig" [Bock 1984; 24]. Inwieweit der rechtliche Schutz des ungeborenen Kindes durch einen immer weiter ausgehöhlten § 218 StGB - der ja ursprünglich das Lebensrecht des Ungeborenen konkret sichern sollte - noch gegeben ist, ob die hierzulande mittlerweile übliche Praxis des Schwangerschaftsabbruchs mit dem Grundanliegen der UN-Konvention vereinbar ist - all dies kann und soll in der vorliegenden Arbeit nicht zum Thema gemacht werden; das Übereinkommen über die Rechte des Kindes läßt zu dieser Frage schließlich das "Hintertürchen" der subjektiven Auslegung, der unverbindlichen Interpretation offen.

Artikel 2

(1) Die Vertragsstaaten achten die in diesem Übereinkommen festgelegten Rechte und gewährleisten sie jedem ihrer Hoheitsgewalt unterstehenden Kind ohne jede Diskriminierung unabhängig von der Rasse, der Hautfarbe, dem Geschlecht, der Sprache, der Religion, der politischen oder sonstigen Anschauung, der nationalen, ethnischen oder sozialen Herkunft, des Vermögens, einer Behinderung, der Geburt oder des sonstigen Status des Kindes, seiner Eltern oder seines Vormunds.

(2) Die Vertragsstaaten treffen alle geeigneten Maßnahmen, um sicherzustellen, daß das Kind vor allen Formen der Diskriminierung oder Bestrafung wegen des Status, der Tätigkeiten, der Meinungsäußerungen oder Weltanschauung seiner Eltern, seines Vormunds oder seiner Familienangehörigen geschützt wird.

Eine "Nichtdiskriminierungsklausel", wie sie hier vorliegt, "gehört zu den üblichen Bestandteilen internationaler Übereinkommen zum Schutz der Menschenrechte" [BMFJ 1993; 29]. Das Wegweisende an diesem Artikel 2 besteht allerdings darin, daß hier das Diskriminierungsverbot, wie es beispielsweise in Artikel 2 Absatz 1 der Allgemeinen Erklärung der Menschenrechte der Vereinten Nationen allen Menschen zugesichert ist, ganz explizit auch auf Kinder, also auf alle Menschen unter 18 Jahren ausgedehnt wird; und zwar sowohl hinsichtlich der Möglichkeit, wegen seiner selbst diskriminiert zu werden, als auch bezüglich aller Formen der Diskriminierung, die das Kind wegen seiner Eltern, seiner Familie, seines Vormunds etc. zu erleiden vermag.

Für die Bundesrepublik Deutschland kann man diesen Artikel der Konvention im Artikel 3 GG implizit enthalten sehen: Dort werden a l l e Menschen gegen jedwede Diskriminierung in Schutz genommen - also auch jene, die die Volljährigkeit noch nicht erlangt haben. Warum das Lebensalter im Artikel 3 GG jedoch nicht ausdrücklich als potentieller Benachteiligungsgrund genannt wird, ist gerade vor dem Hintergrund des Artikels 2 des Übereinkommens heute nicht mehr ohne weiteres einsichtig. Es gibt daher mittlerweile eine Reihe von Initiativen, welche diesbezüglich bereits konkrete Vorschläge in Richtung auf eine Änderung bzw. Ergänzung des Grundgesetzes vorgelegt haben [vgl. IV/1].

Eine unterschiedliche Bewertung erfährt die Umsetzung dieses Artikels 2 in der Bundesrepublik Deutschland in Zusammenhang mit dem Problem-Komplex "Ausländerkinder". Die Bundesregierung stellt in ihrer Denkschrift fest, daß "eine unterschiedliche Behandlung zwischen Kindern deutscher und fremder Staatsangehörigkeit, die bei ausländerrechtlichen Maßnahmen (z.B. Erteilung der Einreise oder Aufenthaltserlaubnis) unvermeidlich ist, [...]

durch Artikel 2 Abs. 1 nicht ausgeschlossen" wird [BMFJ 1993; 29]. Dies ergebe sich bereits aus der Formulierung, ein Kind dürfe nicht wegen seiner nationalen Herkunft ("national origin") gesondert behandelt werden - was im völkerrechtlichen Sprachgebrauch in der Tat nicht als Synonym von "nationality" verstanden und verwendet wird. Daß ein Staat "Unterscheidungen, Ausschließungen, Beschränkungen oder Bevorzugungen [...] zwischen eigenen und fremden Staatsangehörigen vornimmt" [ebd.], ist demnach nicht als Diskriminierung aufgrund der nationalen Herkunft mißzuverstehen. Diese Unterscheidung zwischen "national origin" und "nationality" kann bereits bei Betrachtung vorangegangener Menschenrechtsdokumente der Vereinten Nationen festgestellt werden; es gibt für die Bundesregierung daher "keinen Anhaltspunkt dafür, daß die mit seiner [= des Übereinkommens; R.B.] Ausarbeitung befaßte Arbeitsgruppe von dem Rahmen hätte abweichen wollen, der in den geltenden Instrumenten zum Schutz der Menschenrechte gezogen ist" [ebd.].

Diese Spannung zwischen dem Verbot der Diskriminierung aufgrund der "national origin" einerseits und der weltweit (und damit nicht zuletzt auch in der Bundesrepublik Deutschland) üblichen Ungleichbehandlung von Menschen fremder "nationality" andererseits ist für den Artikel 2 der Kinderrechtskonvention charakteristisch. Dieser Zwiespalt spiegelt sich auch in den Betrachtungen der Kommentatoren wider. So kommen beispielsweise die Wissenschaftlichen Dienste des Deutschen Bundestages zu dem Schluß, daß sogar "diejenigen Kinder, die sich ohne formelle Aufenthaltsberechtigung im Staatsgebiet befinden, die Rechte des Übereinkommens genießen" - und damit nicht zuletzt auch jene, "deren Status in der Bundesrepublik aufenthaltsrechtlich nicht gesichert ist" [1991; 17]. Eine grundsätzliche juristische Gleichstellung mit deutschen Kindern lasse sich daraus allerdings nicht ableiten; schließlich werde "die Staatsangehörigkeit [...] im Wortlaut des Art. 2 des Übereinkommens nicht als eines der Merkmale aufgeführt, die eine unterschiedliche Behandlung als diskriminierend erscheinen lassen" [a.a.O.; 19]. Auch Ingrid Baer versteht Artikel 2 so, "daß die in diesem Übereinkommen festgelegten Rechte j e d e m der Hoheitsgewalt eines Vertragsstaates unterstehenden Kind zuzubilligen sind" und daß wiederum "alle Kinder, die sich auf dem Gebiet eines Staates befinden, auch dessen Hoheitsgewalt unterstehen" [1990; 192]; andererseits bestätigt sie,

> "daß aus der Konvention nicht ohne weiteres abzulesen ist, daß das ausländische Kind in jeder Beziehung dem inländischen gleichzustellen ist. Die Bundesregierung verweist meines Erachtens mit Recht auf den englischen Vertragswortlaut, worin die 'nationale

> Herkunft' [...] als eines der Merkmale aufgeführt wird, die dem Diskriminierungsverbot unterliegen, nicht aber auch die 'Staatsangehörigkeit' [...] selbst. Dem ist nach allgemeinen Grundsätzen des Völkerrechts zuzustimmen" [Baer 1993; 2211].

Die "National Coalition" (NC) kann diese in der Tat höchst elaboriert anmutende Differenzierung nicht nachvollziehen und äußert in ihrer Stellungnahme zum Erstbericht der Bundesregierung "große Zweifel, ob die rechtliche Stellung von Ausländerkindern, so wie sie in Deutschland in der Praxis besteht, mit den Bestimmungen der Kinderrechtskonvention vereinbar ist" [KoG 1995; VII]. Um das Problem an der Wurzel zu lösen, legt die NC einschlägige Korrekturen des Staatsangehörigkeitsrechts nahe; denkbar sei beispielsweise die Einführung der doppelten Staatsbürgerschaft - zumindest für jene Ausländerkinder, die in der Bundesrepublik Deutschland geboren wurden.

In einer anderen Frage versäumt es der Artikel 2 des Übereinkommens über die Rechte des Kindes, rechtliche Klarstellung - nicht zuletzt als Bezugsrahmen für die innerstaatliche Rechtsprechung - zu gewährleisten; und zwar hinsichtlich der auch hierzulande noch gegebenen Ungleichbehandlung von ehelichen und nichtehelichen Kindern. Während der zehnjährigen Entstehung der Konvention war dieses Problem mehrfach diskutiert, ein entsprechender Zusatz sogar schon formuliert worden;

> "diese Vorschläge erwiesen sich jedoch als nicht konsensfähig. Verschiedene Delegationen erklärten sich gegen die vorgesehene Gleichstellung der nichtehelichen Kinder, weil diese mit dem innerstaatlichen Erbrecht der von ihnen vertretenen Staaten nicht vereinbar sei" [BMFJ 1993; 30].

Auf der anderen Seite wurde Artikel 2 Absatz 1 so verstanden, daß die Formulierung "ohne jede Diskriminierung unabhängig von [...] der Geburt oder des sonstigen Status des Kindes" die Gleichstellung von ehelich und unehelich geborenen Kindern bereits implizit enthalte.

Die Bundesregierung versuchte diese Unklarheit in ihrer Denkschrift dadurch aufzulösen, daß sie zwar einerseits akzeptierte, "daß die von den Vertragsstaaten nach dem Übereinkommen zu ergreifenden Maßnahmen [...] grundsätzlich, insbesondere im Bereich des öffentlichen Rechts, keinen diskriminierenden Unterschied danach machen dürfen, ob sie einem ehelich oder nichtehelich geborenen Kind zugute kommen", aber andererseits jedwede Verpflichtung von sich wies, "die familien- und erbrechtlichen Verhältnisse eines nichtehelichen Kindes so auszugestalten, daß sie denen eines ehelichen Kindes entsprechen" [ebd.]. In der bereits erwähnten Vorbehaltserklärung der Bundesregierung wurde deshalb als juristische Absicherung zu Protokoll gegeben, "daß die Bestimmungen des Übereinkommens [...] die

Vorschriften des innerstaatlichen Rechts [...] über die familien- und erbrechtlichen Verhältnisse nichtehelicher Kinder nicht berühren" [BMFJ 1993; 50].

So manchem Sachverständigen erschien dies dennoch als ein Messen mit zweierlei Maß - und damit als eine dem Geist des Artikels 2 zuwiderlaufende versteckte Diskriminierung des unehelich geborenen Kindes; und nicht zuletzt die Wissenschaftlichen Dienste des Deutschen Bundestages mußten diesbezüglich im innerstaatlichen Recht der Bundesrepublik Deutschland so manche "Unvereinbarkeit mit Art. 2 des Übereinkommens" konstatieren [vgl. 1991; 5-9 (hier: 5)]. Am 17. Dezember 1992 wurde daher von der SPD-Fraktion ein Antrag zur Reform des Kindschaftsrechts [BT-Drs. 12/4024] in den Deutschen Bundestag eingebracht, der - mit ausdrücklichem Hinweis auf die Kinderrechtskonvention - unter anderem die "Beseitigung der Trennung zwischen ehelichen und unehelichen Kindern zugunsten eines einheitlichen Kindschaftsrechts" [a.a.O.; 2, 8 & 13 f.] forderte. Diesem Antrag war zwar kein Erfolg beschieden; der rechtliche Handlungsbedarf v.a. hinsichtlich der erbrechtlichen Gleichstellung von ehelichen und unehelichen Kindern konnte jedoch nicht länger ignoriert werden. Am 9. Juni 1994 war es schließlich die Bundesregierung selbst, die einen Gesetzentwurf "zur erbrechtlichen Gleichstellung nichtehelicher Kinder (Erbrechtsgleichstellungsgesetz - ErbGleichG)" in den Deutschen Bundestag einbrachte [BT-Drs. 12/7819]. Für die SPD-Fraktion war damit die Notwendigkeit einer grundlegenden Reform des Kindschaftsrechts jedoch nicht hinfällig geworden; sie legte ihren Antrag vom 17. Dezember 1992 in leicht modifizierter Form am 21. Juni 1995 erneut dem Deutschen Bundestag vor [BT-Drs. 13/1752]. Zwischenzeitlich hatte das Bundesministerium der Justiz einen eigenen "Entwurf eines Gesetzes zur Reform des Kindschaftsrechts (Kindschaftsrechtsreformgesetz - KindRG)" erarbeitet, der zunächst einmal monatelang "innerhalb der Bundesregierung abgestimmt" wurde [Antwort/BT-Drs. 13/1661; 1], bis die Reform des Kindschaftsrechts schließlich am 28. Februar 1996 vom Bundeskabinett offiziell beschlossen werden konnte. Der genannte Entwurf dieses Kindschaftsrechtsreformgesetzes, der dem Verfasser der vorliegenden Arbeit vom Bundesministerium der Justiz bereits vorab inoffiziell zur Verfügung gestellt wurde [BMJ 1995], beinhaltet unter anderem auch die rechtliche Gleichstellung von ehelichen und unehelichen Kindern, so daß es - auch wenn das UN-Übereinkommen in dieser Frage keine klaren Vorgaben zu bieten hat - in absehbarer Zeit (d.h. voraussichtlich bis 1997) in der Bundesrepublik Deutschland keine rechtliche Benachteiligung unehelich geborener Kinder mehr geben wird. Vorher muß das Reformgesetz allerdings noch von Bundestag und Bundesrat verabschiedet werden.

Abschließend sollte noch darauf hingewiesen werden, daß die in Artikel 2 Absatz 2 des Übereinkommens geächtete Diskriminierung bzw. Bestrafung des Kindes aufgrund von Ansichten, Äußerungen oder Handlungen seiner Eltern oder anderer Dritter in der Bundesrepublik Deutschland de iure und auch wohl de facto (im rechtlich verifizierbaren Bereich) nicht gegeben ist. Das innerstaatliche Recht entspricht hier also ohne jeden Zweifel den Anforderungen der Konvention.

Artikel 3

(1) Bei allen Maßnahmen, die Kinder betreffen, gleichviel ob sie von öffentlichen oder privaten Einrichtungen der sozialen Fürsorge, Gerichten, Verwaltungsbehörden oder Gesetzgebungsorganen getroffen werden, ist das Wohl des Kindes ein Gesichtspunkt, der vorrangig zu berücksichtigen ist.

(2) Die Vertragsstaaten verpflichten sich, dem Kind unter Berücksichtigung der Rechte und Pflichten seiner Eltern, seines Vormunds oder anderer für das Kind gesetzlich verantwortlicher Personen den Schutz und die Fürsorge zu gewährleisten, die zu seinem Wohlergehen notwendig sind; zu diesem Zweck treffen sie alle geeigneten Gesetzgebungs- und Verwaltungsmaßnahmen.

(3) Die Vertragsstaaten stellen sicher, daß die für die Fürsorge für das Kind oder dessen Schutz verantwortlichen Institutionen, Dienste und Einrichtungen den von den zuständigen Behörden festgelegten Normen entsprechen, insbesondere im Bereich der Sicherheit und der Gesundheit sowie hinsichtlich der Zahl und der fachlichen Eignung des Personals und des Bestehens einer ausreichenden Aufsicht.

Das Augenmerk des Gesetzgebers auf dem Wohl des Kindes, auf seinem Schutz und der zu leistenden Fürsorge - einschließlich der Qualität derselben - hat auf deutschem Boden eine vergleichsweise lange Tradition. Nachdem es in Preußen bereits in der ersten Hälfte des 19. Jahrhunderts ein erstes Arbeitsschutzgesetz für Kinder und Jugendliche gegeben hatte [vgl. I/1] und auf diesem Gebiet von da an bescheidene, aber kontinuierliche Fortschritte verzeichnet werden konnten, war das Reichsjugendwohlfahrtsgesetz (RJWG) vom 9. Juli 1922 [RGBl. I; 633] in der Tat ein "Meilenstein" [Eichholz 1993; 72]. Ihm folgte am 11. August 1961 [BGBl. I; 1205] das Gesetz für Jugendwohlfahrt (JWG). Nach einer Reihe von Neufassungen wurde es schließlich am 26. Juni 1990 [BGBl. I; 1163] durch das Kinder- und Jugendhilfegesetz (KJHG) ersetzt, das seit dem 1. Januar 1991 in der gesamten Bundesrepublik Deutschland als das Achte Buch des Sozialgesetzbuches (SGB VIII) volle Gültigkeit hat [vgl. Jugendrecht; XXI f.]. Das KJHG stellt sicher, daß die innerstaatliche Umsetzung des Artikels 3 des Übereinkommens auf allen Gebieten der Kinder- und Jugendhilfe gewährleistet ist; die in Artikel 3 Absatz 2 von den Vertragsstaaten eingeforderte Fürsorge wird für die Bundesrepublik Deutschland in § 1 SGB VIII/KJHG definiert.

Allerdings darf nicht übersehen werden, daß im 2. Absatz des vorliegenden Artikels deutlich auf das "Elternrecht" verwiesen wird, das schließlich noch im Artikel 5 von zentraler Bedeutung sein und auch noch in Artikel 18 betont werden wird. Der Hinweis auf die besondere Verantwortung der Eltern und anderer zur Betreuung des Kindes berufener Personen entspricht dem in der Bundesrepublik Deutschland nach wie vor grundlegend bedeutsamen Prinzip der Subsidiarität des staatlichen Handelns: Vorrang wird dem in Absatz 2 garantierten Elternrecht eingeräumt; der Staat hat lediglich die unterstützende Funktion des Schutzes und der Fürsorge - wozu ihn allerdings Artikel 3 Absatz 2 verbindlich verpflichtet. Dieser Hierarchie entspricht Artikel 6 Absatz 2 GG:

> "Pflege und Erziehung der Kinder sind das natürliche Recht der Eltern und die zuvörderst ihnen obliegende Pflicht. Über ihre Betätigung wacht die staatliche Gemeinschaft."

Dazu paßt wiederum, daß bei allen außerhalb der Familie erfolgenden "Maßnahmen, die Kinder betreffen, [...] das Wohl des Kindes ein Gesichtspunkt [ist], der vorrangig zu berücksichtigen ist" [Artikel 3 Absatz 1 der Konvention], innerhalb der Familie das Wohl des Kindes hingegen das "Grundanliegen" der Eltern bzw. des Vormunds darstellt [Artikel 18 Absatz 1 des Übereinkommens]. Nicht zuletzt mit Hilfe solcher Feinheiten in der Formulierung wird ein Subsidiaritätsprinzip postuliert, das in Deutschland schon lange die Grundstruktur der Gesellschaft vorgibt.

Es gibt jedoch auch hinsichtlich der innerstaatlichen Umsetzung des vorliegenden Artikels 3, der immerhin "ein Kernstück der Konvention" darstellt [Borsche 1993(a); 474], Kritik von verschiedenen Seiten. So bemängelt das "Aktionsbündnis Kinderrechte" bereits die Übersetzung des Artikels aus dem englischsprachigen Original ins Deutsche als fehlerhaft: Beim "Wohl des Kindes" handele es sich um einen "paternalistischen Begriff", wogegen die ursprüngliche Formulierung "best interest of the child" eher "dem neuen Kinderbild" entspreche, wonach "Kinder als Subjekte zu begreifen [sind]; es ist immer vom Interesse der Kinder auszugehen" [Aktionsbündnis 1995; 13]. Da es sich - wie das Aktionsbündnis nahelegt - beim "Wohl" um etwas handelt, was einem als passiv erachteten Objekt mehr oder weniger gnädig gewährt wird, erscheint seinen Vertretern die wortwörtliche Übersetzung ("das beste

Interesse des Kindes") nicht zuletzt auch im Hinblick auf eine dem "Geist der Konvention" [ebd.] optimal entsprechende innerstaatliche Umsetzung des Artikels 3 als dringend geboten.

An dieser Stelle wird deutlich, daß der Begriff vom Kindeswohl "zwei nicht nur unterschiedliche, sondern gegensätzliche Bedeutungen hat, die ihrerseits wiederum an zwei gegensätzlichen Traditionen anknüpfen", und zwar an "der Tradition des Schutzes, die sich auf die Philosophie der Menschenrechte beruft" [Théry 1994; 77] sowie an jenem jüngeren Traditionsstrang, der von den emanzipatorischen "Verfechtern der Selbstbestimmung des Kindes" gepflegt wird [a.a.O.; 78]. Anders ausgedrückt: "Das Kindeswohl kann von einem traditionellen Standpunkt aus betrachtet werden, nach dem das Kind den Status einer geschützten Person hat, oder aber von einem modernen Standpunkt aus, wonach dem Kind der Status einer autonomen Persönlichkeit gebührt." [Jérome Bonnard - zit. a.a.O.; 82] Die Beschäftigung mit den französischen Kritikern des Übereinkommens zeigt, daß diese beiden konträren Auffassungen vom Kindeswohl auch nicht auf dem Wege einer modifizierten deutschen Übersetzung zu harmonisieren sind: Schließlich wird in der französischen Fassung des Artikels 3 der Konvention das Wort "intérêt" verwendet - und dennoch vermuten in Frankreich die emanzipatorischen Skeptiker in diesem Artikel "die Ideologie der neuen Rechte des Kindes", welche "die Sache der Kinder zu ihrer Sache macht und behauptet, deren 'wirkliche' Interessen zu vertreten". Dies sei allerdings nicht mehr als "die postmoderne Form des Paternalismus" [a.a.O.; 96].

Es ist beim Artikel 3 des Übereinkommens - wie auch bei allen anderen Artikeln der Kinderrechtskonvention - letztlich also nicht die abstrakte Begrifflichkeit, der tote Buchstabe, der das (wie auch immer definierte) "Wohl des Kindes" Wirklichkeit werden läßt, sondern eher der vielzitierte, oftmals geradezu beschworene "Geist der Konvention", der die nötigen Impulse dafür geben kann, daß das Übereinkommen doch irgendwann einmal beherzt und handfest umgesetzt und die Situation der Kinder dieser Welt ganz konkret und praktisch verbessert sein wird. Auf diesem Weg ist die rein abstrakte Dialektik von "Kindeswohl und Kindesrecht" [Hattenhauer 1990] ebenso überflüssig wie die entsprechenden Polemiken: gegen "den mit dem Kindeswohlbegriff assoziierten paternalistisch-bevormundenden Schutzcharakter" der bestehenden, in langwierigen historischen Prozessen oft sehr mühsam errungenen gesetzlichen Regelungen und "zugunsten einer stärkeren Anerkennung von Eigen- und Mitbestimmungsrechten des Kindes und Jugendlichen" [Steindorff 1994; 1]. Viel wichtiger wäre es, die bestehenden Begriffe mit neuen Inhalten zu füllen: So ließe sich beispielsweise auch der heute so oft belächelte "Kinderschutz" als ein sehr aktuelles, dem "Kindeswohl" durchaus entsprechendes "Kinderrecht" begreifen, sobald wir ihn zur "Konzeption eines aktiven Kinderschutzes" erweitern, "der nicht mehr reagiert, sondern präventiv arbeitet und sein Wirkungsfeld selbständig absteckt" [Kupffer 1990; 119].

Während also einige Kommentatoren beim Begriff des Kindeswohls die Bedeutung der Sprache so sehr überbewerten, daß vereinzelt schon dessen gänzliche Abschaffung gefordert wird [vgl. Steindorff 1994; 4], entzündet sich bei einer anderen Formulierung des Artikels 3 die Kritik an der scheinbar unzureichenden Verwirklichung dieses Artikels in der Bundesrepublik Deutschland an der unzulänglichen Wahrnehmung einer feinen sprachlichen Differenzierung: Zwar bezeichnet die National Coalition den Artikel 3 nicht zu Unrecht als "Vorrangklausel"; dies bedeutet allerdings nicht, daß "z.B. im Städtebaurecht, wenn gestalterische, wirtschaftliche, ökologische, verkehrsmäßige und soziale Belange miteinander in Konkurrenz stehen" [KoG 1995; IV], das Wohl des Kindes grundsätzlich den o b e r s t e n Vorrang genießt. Diese Formulierung ("paramount consideration") war noch im polnischen Entwurf des Übereinkommens enthalten; angenommen wurde jedoch der Vorschlag der USA ("primary consideration"), der zwar dem Artikel die strenge Verbindlichkeit geraubt ("vorrangig zu berücksichtigen"), aber vielen Staaten neue Probleme erspart hat: Schließlich hätte die ursprüngliche Version beispielsweise einen Schwangerschaftsabbruch aufgrund einer medizinischen Notlage der Mutter unmöglich gemacht [vgl. BMFJ 1993; 30].

Tatsache ist freilich, daß der Vorrang des Kindeswohls bei der innerstaatlichen Umsetzung des Artikels 3 dadurch immer wieder auf schmerzliche Weise relativiert wird; wobei allerdings nie übersehen werden darf, daß diese Möglichkeit der Formulierung von Artikel 3 immanent innewohnt. Trotzdem widerspricht der Sachverhalt, daß "in unserer Gesellschaft die Bedürfnisse von Kindern im Regelfall zurückgestellt werden hinter anderen Interessen wirtschaftlicher oder sonstiger Art" [Baer 1990; 193], dem Geist der Konvention und ihres Artikels 3 in eklatanter Weise. Gerade "in einem Land mit einem sehr hohen Lebensstandard wie der Bundesrepublik Deutschland" wird man hinsichtlich der vorrangigen Berücksichtigung des Kindeswohls in der Tat "wesentlich höhere Ansprüche stellen müssen als in einem armen Land" [ebd.].

Artikel 4

Die Vertragsstaaten treffen alle geeigneten Gesetzgebungs-, Verwaltungs- und sonstigen Maßnahmen zur Verwirklichung der in diesem Übereinkommen anerkannten Rechte. Hinsichtlich der wirtschaftlichen, sozialen und kulturellen Rechte treffen die Vertragsstaaten derartige Maßnahmen unter Ausschöpfung ihrer verfügbaren Mittel und erforderlichenfalls im Rahmen der internationalen Zusammenarbeit.

Dieser Artikel ist als ein Appell zu verstehen - auch wenn er für diesen Zweck auffallend unverbindlich formuliert ist -; als ein Appell, der seine eigene Notwendigkeit aus dem Sachverhalt bezieht, daß - nach jener Interpretation von Artikel 4 Satz 1, welche die Bundesregierung in ihrer "Denkschrift" vornimmt - "das Übereinkommen selbst keine Grundlage für individuelle Rechte ist. Es verpflichtet vielmehr die Vertragsstaaten, die im Übereinkommen anerkannten Rechte [...] innerstaatlich zu verwirklichen" [BMFJ 1993; 31].

Nun gibt es zwei Möglichkeiten: Ist einem Staat die Umsetzung des Übereinkommens über die Rechte des Kindes noch nicht oder nur teilweise gelungen (vgl. hierzu die Berichtspflicht entsprechend Artikel 44), dann können diese entgegen der völkerrechtlichen Verpflichtung noch nicht verwirklichten Rechte innerstaatlich auch noch nicht in Anspruch genommen werden. Das Kind bzw. seine gesetzlichen Vertreter können sich in diesem Fall nicht auf die UN-Konvention berufen, da allein das innerstaatliche Recht die Anspruchsgrundlage darstellt. Letzteres gilt übrigens auch im Falle der zweiten Möglichkeit: Stimmt das innerstaatliche Recht mit der UN-Konvention überein - und das sieht die Bundesregierung für die Bundesrepublik Deutschland als gegeben an -, so findet das Übereinkommen ebenfalls "innerstaatlich keine unmittelbare Anwendung" [Ziffer I der Vorbehaltserklärung der Bundesregierung; vgl. BMFJ 1993; 50], da in diesem Fall das individuelle Recht auf der Basis der innerstaatlichen Rechtsordnung geltend gemacht werden kann.

Es ist also ein ganz wesentlicher Unterschied, ob sich ein Staat zur Verwirklichung von Kinderrechten verpflichtet, oder nur dazu, zur Verwirklichung dieser Rechte "alle geeigneten [...] Maßnahmen" zu treffen. Mit der letztgenannten Formulierung sollte ganz bewußt ausgeschlossen werden, "daß das Kind über dieses 'Recht' in jedem Fall aus eigenem autonomen Willen eine Verfügung treffen oder daß es dieses Recht durch einen Vertreter stets einklagen könnte" [BMFJ 1993; 28]. Mit einem entsprechenden Ratifizierungsvorbehalt [s.o.] hat die Bundesregierung jede andere Interpretation von vornherein ausgeschlossen [vgl. Wissenschaftliche Dienste 1991; 3] - was allerdings als eine höchst überflüssige Vorsichtsmaßnahme erscheinen muß; schließlich steht nach Ansicht der Bundesregierung dem direkten

Klageweg "bereits der Umstand entgegen, daß sich zahlreiche der im Übereinkommen verankerten Kinderrechte ihrer Unbestimmtheit wegen als klageweise durchsetzbare Individualansprüche nicht eignen und darum auch nicht so verstanden werden können" [BMFJ 1993; 28].

Zu Satz 2 sollte noch bemerkt werden, daß dieser nicht die wesentlich existentielleren bürgerlichen und politischen Rechte betrifft, sondern daß hier vielmehr die "wirtschaftlichen, sozialen und kulturellen Rechte" zur Disposition stehen - die "nur mit einem mehr oder weniger großen Kostenaufwand zu verwirklichen sind" [a.a.O.; 31]. Es kann in diesem Zusammenhang also gar nicht mehr übersehen werden, daß Formulierungen wie "unter Ausschöpfung ihrer verfügbaren Mittel" zu Relativierungen dahingehend dienen, welche Mittel innerstaatlich für die Umsetzung der genannten - für das Wohl des Kindes auch nicht eben unbedeutenden - Rechtsbereiche verfügbar g e m a c h t werden können und wollen; und dies gerade in Konkurrenz zu anderen Aufgaben, wie z.B. Verteidigung, Wirtschaftsförderung, Industrialisierung und dergleichen mehr.

Auch in der Bundesrepublik Deutschland besteht der Kernpunkt der Diskussion darin, welche bzw. wie viele Mittel für die Umsetzung der Rechte des Kindes gerade in Zeiten leerer bzw. nicht mehr gar so prall gefüllter öffentlicher Kassen verfügbar gemacht werden können bzw. wollen. So betrifft die Kritik der Kinderrechtsorganisationen in Zusammenhang mit dem vorliegenden Artikel 4 gar nicht einmal so sehr die Behauptung der Bundesregierung, daß das "innerstaatliche Recht [...] den Anforderungen des Übereinkommens entspricht" und sich damit "eine Änderung oder Anpassung innerstaatlicher Rechtsvorschriften erübrigt" [BMFJ 1993; 31]; kritisiert wird vielmehr, daß die bestehenden rechtlichen Möglichkeiten aus finanziellen Erwägungen nicht optimal genutzt werden:

> "Obwohl Deutschland ein wohlhabendes Land ist, stehen Politik und Verwaltung auf den genannten Ebenen [Kommunen, Länder, Bund; R.B.] - gemessen am gesellschaftlich möglichen Niveau - nicht im ausreichenden Maße Mittel zur Verfügung, um die Rechte des Kindes zu verwirklichen" [KoG 1995; III].

Finanzielle Gründe sind es auch oft genug, welche die Umsetzung von Kinderrechten im privaten Bereich erschweren oder ganz verhindern; man denke nur an die Notwendigkeit einer kindgerechten Wohn-Umwelt. Die "strukturelle Rücksichtslosigkeit der Gesellschaft gegenüber Familien mit Kindern", von der der Fünfte Familienbericht der Bundesregierung spricht [zit. ebd.], ist darüber hinaus jedoch auch ein Problem, das im Bewußtsein jedes einzelnen Individuums gelöst werden müßte.

Artikel 5

Die Vertragsstaaten achten die Aufgaben, Rechte und Pflichten der Eltern oder gegebenenfalls, soweit nach Ortsbrauch vorgesehen, der Mitglieder der weiteren Familie oder der Gemeinschaft, des Vormunds oder anderer für das Kind gesetzlich verantwortlicher Personen, das Kind bei der Ausübung der in diesem Übereinkommen anerkannten Rechte in einer seiner Entwicklung entsprechenden Weise angemessen zu leiten und zu führen.

Wie bereits im Kommentar zu Artikel 3 angedeutet werden konnte, ist das "Elternrecht" - und damit auch die Umsetzung des vorliegenden Artikels 5 des Übereinkommens - in der Bundesrepublik Deutschland durch Artikel 6 Absatz 2 GG zweifelsfrei gewährleistet. Der Aufgabenbereich der Eltern ("Pflege und Erziehung der Kinder") ist dort ebenso klar definiert wie das "natürliche Recht", aber zugleich die "ihnen obliegende Pflicht", diesen Aufgaben - nicht zuletzt im Sinne des o.g. Artikels 5 - nachzukommen. Dabei wird - wie nicht zuletzt die konkreten Ausführungsbestimmungen hinsichtlich der "elterlichen Sorge" in den §§ 1626 ff. BGB zeigen - die "Familienautonomie" durchaus geachtet [vgl. Stauner/Schelter o.J.; 44], auch wenn in Artikel 6 Absatz 2 GG - quasi als Schutz-Mechanismus im Falle des Versagens der Eltern - zusätzlich festgeschrieben ist, daß über die elterliche "Betätigung [...] die staatliche Gemeinschaft" wacht.

Festzuhalten wäre noch, daß sich Artikel 6 Absatz 2 GG i.d.R. n i c h t auf die "Mitglieder der weiteren Familie" bzw. die "Gemeinschaft" erstreckt; mit dieser Formulierung wurde im Artikel 5 der Konvention der "Ortsbrauch" in den entsprechenden Kulturen berücksichtigt. Was den "Vormund und andere für das Kind gesetzlich verantwortliche Personen" betrifft, so finden sich die für die Bundesrepublik Deutschland geltenden Regelungen im BGB ab incl. § 1773.

Sowohl in der innerstaatlichen Diskussion seit der Ratifikation des Übereinkommens als auch schon zur Zeit seiner Entstehung bereitete der Artikel 5 mit seiner Betonung des Erziehungsrechts der Eltern "erhebliche Schwierigkeiten. Es wurde insbesondere geltend gemacht, daß ein 'Übereinkommen über die Rechte des Kindes' nicht geeignet sei, Rechte der Eltern zu regeln" [BMFJ 1993; 31]. Es darf jedoch nicht übersehen werden, daß es sich beim Elternrecht (sowohl in der innerstaatlichen Gesetzgebung als auch in der UN-Konvention) als Ausdruck der bereits erwähnten "Familienautonomie" um eine Errungenschaft von hoher rechtshistorischer Bedeutung handelt; schließlich stellt es ein "Abwehrrecht gegenüber der Staatsgewalt" dar [Dietze 1989; 102]. Seine Entstehung kann also durchaus "als Emanzipationsprozeß aufgefaßt werden" [ebd.], der dem Kindeswohl grundsätzlich zugute gekommen ist - auch wenn im Einzelfall die staatliche Intervention mit Blick auf das Wohl des Kindes die einzig und allein richtige Entscheidung sein kann.

Darüber hinaus ist festzuhalten, daß sich das dem Elternrecht innewohnende elterliche Erziehungsrecht - dies wurde bereits von Hegel erkannt und begründet [vgl. Wigger 1993] - aus dem Recht d e s K i n d e s auf Erziehung ableitet. So wird aus dem Elternrecht die Elternverantwortung, die wiederum darin besteht,

> "da zu sein und, soweit nötig, das Kind zu schützen oder auch einen Dritten vor einem Schaden durch das Kind zu bewahren. Elternverantwortung heißt aber zugleich, daß Eltern loslassen können und müssen, wenn die Zeit dafür gekommen ist" [Salgo 1994; 70].

Bis es soweit ist, bedeutet das Recht des Kindes auf Erziehung im Zeitalter mannigfaltiger "Miterzieher" eine Herausforderung, derer sich so manche Eltern gar nicht so recht bewußt sind - weshalb sie in der Tat

> "immer wieder im Hinblick auf diese Verantwortung sensibilisiert werden [müssen]. Denn in dem Maß, in dem Eltern sich ihren Aufgaben entziehen, treten andere - selbsternannte - Instanzen an ihre Stelle, die möglicherweise in erster Linie eigene Interessen verfolgen" [Struck 1990; 80].

Dazu paßt wiederum, daß die beabsichtigte Betonung beim Artikel 5 ganz offensichtlich im letzten Drittel des Satzes liegt: Die "Aufgaben, Rechte und Pflichten der Eltern" werden - hier drängt sich fast auf: "nur dann"! - geachtet, wenn deren Leitung und Führung "der Ausübung der in diesem Übereinkommen anerkannten Rechte" dient. Hier ist eine Vorstellung von Elternschaft impliziert, die Mutter und Vater bzw. gegebenenfalls deren Vertreter als Anwälte und Treuhänder des Kindes versteht; womit letztlich - vor allem angesichts der Tatsache, daß es sich bei der UN-Konvention um ein Gesamtwerk mit eindeutigem Grundanliegen handelt - im Artikel 5 die Gewichte zum Zweck einer ausgeglichenen Balance verschoben sind: vom Elternrecht weg und näher hin zur Elternpflicht, zur vordringlichen Aufgabe der Interessenvertretung, zur Anleitung des Kindes dazu, "die Rechte, die es gegenüber der staatlichen Gemeinschaft nach der Konvention hat, auch auszuüben und davon Gebrauch zu machen" [Baer 1990; 193]. Ingrid Baer versteht Artikel 5 sogar als Aufforderung an die Eltern, ihren Kindern "dabei zu helfen, sich auch im öffentlichen Leben mehr zu beteiligen und sich über Belange, die Kinder betreffen, eine eigene Meinung zu bilden" [ebd.].

In diesem Zusammenhang muß auch noch auf ein weiteres wichtiges Detail im Artikel 5 hingewiesen werden: Die Formulierung "in einer seiner Entwicklung entsprechenden Weise" besagt nämlich zudem, daß dem Kind sukzessive eigene Entscheidungsbereiche übertragen werden sollen. In der Bundesrepublik Deutschland hat diese Auffassung in der Gesetzgebung Tradition: Bereits im Bürgerlichen Gesetzbuch vom 18. August 1896 [RGBl. 195] heißt es im Absatz 2 von § 1626 BGB:

> "Bei der Pflege und Erziehung berücksichtigen die Eltern die wachsende Fähigkeit und das wachsende Bedürfnis des Kindes zu selbständigem verantwortungsbewußtem Handeln."

Diese Rechtsauffassung zeigt sich in den §§ 104 bis 113 BGB ganz konkret, in denen die Geschäftsfähigkeit Minderjähriger entsprechend den entwicklungspsychogischen Gegebenheiten in Abstufungen ausgeweitet wird. Eine fein differenzierte sukzessive Übertragung von Elternrechten zu Kinderrechten findet sich beispielsweise auch im Jugendschutzgesetz (JÖSchG); und bereits im "Gesetz über die religiöse Kindererziehung" (RelKErzG) vom 15. Juli 1921 [RGBl. 939] wird die Entscheidung über das religiöse Bekenntnis des Kindes in zwei Stufen dem Minderjährigen selbst übertragen.

Trotz der im Artikel 5 des Übereinkommens deutlich zutage tretenden Rechtsauffassung, das Elternrecht an eine Pflicht zur Treuhänderschaft zum Wohle des Kindes zu koppeln, trotz der in Deutschland schon lange üblichen schrittweisen Übertragung von einzelnen Entscheidungs- und Verantwortungsbereichen auf den Minderjährigen - es wächst in jüngster Zeit die Zahl derjenigen, die sich mit dem Status quo nicht begnügen wollen: Angesichts der weiter fortschreitenden Akzeleration und der im Medienzeitalter immer häufiger auftretenden Verfrühung entwicklungspsychologischer Abläufe fordern auch hierzulande - wie weiter unten noch detaillierter gezeigt werden kann - mittlerweile nicht nur die in dieser Frage besonders radikalen Antipädagogen, die eigenständige Inanspruchnahme ihrer Rechte durch die Minderjährigen selbst stärker zu forcieren. Da diesbezüglich die UN-Konvention in weiten Kreisen als doch ein wenig arg vorsichtig kritisiert wird, plant inzwischen sogar schon der Europarat, diese mit Hilfe eines Europäischen Übereinkommens über die Ausübung von Kinderrechten zu ergänzen. Wie die Bundesregierung in ihrem Erstbericht an die Vereinten Nationen mitteilt [BMFSFJ 1994; 61], arbeitet sie bereits "an Vorbereitungen für einen Übereinkommensentwurf mit, der durch Verfahrensregelungen dazu beitragen soll, daß Kinder ihre Rechte wirksam durchsetzen können."

Es ist jedoch nicht sehr konstruktiv, wenn man das Elternrecht, das nicht ohne Grund sowohl im vorliegenden Artikel 5 des UN-Übereinkommens als auch in der deutschen Gesetzgebung festgeschrieben ist, gegen das Kinderrecht auszuspielen versucht - was dennoch oft genug vorkommt [vgl. I/2]. Die Konvention "verdeutlicht, daß es sich nicht um konkurrierende Rechte von Eltern und Kindern handelt, sondern um ein Zusammenwirken beider" [Baer 1990; 193] zum Wohle des Kindes; und auch historisch gesehen stellt nicht das Kind, sondern der Staat den Widerpart der Eltern (und deren Autonomie) dar. So gilt aus dieser Sicht in der Tat, daß "eine Stärkung des Elternrechts [...] der Stärkung der Kinderrechte mehr zugute [kommt] als weitere Interventionsrechte für den Staat" [Dietze 1989; 119]. Die umgekehrte Interpretation, nach der "die Förderung des Kindes", wie sie durch die UN-Konvention vorgesehen ist, "in dem Sinne seiner Emanzipation von den Eltern zu verstehen [ist], wobei der Staat in das dadurch entstehende Vakuum eintreten soll" [Wolfrum 1990; 8], ist - so betrachtet - eher kontraproduktiv und kann heute durchaus nicht mehr als sonderlich fortschrittlich gelten; vielmehr mutet eine solche Vision inzwischen fast schon ein wenig gestrig an.

Und schließlich darf nicht ungesagt bleiben, "daß die Zuerkennung von Kindesrechten auch g e g e n die Eltern sich als Danaer-Geschenk erweisen könnte" [Coester/Hansen 1994; 31], weil die Erweiterung von Individualrechten zwangsläufig "mehr Konfrontation" bedeutet; die Balance "zwischen der gebotenen Fürsorge und Schutz für das Kind einerseits" und "der Förderung und Achtung seiner wachsenden Selbstbestimmungsfähigkeit andererseits" [ebd.] wird dadurch empfindlich gestört. Die Idee einer solchen Kinder-Emanzipation läßt unberücksichtigt, daß der ursprüngliche Status der Kindheit "auch ein fundamentales Privileg, einen Schutzraum für Kinder bedeutet" und daß "mit dem Rechtszuwachs nahezu unauflöslich ein Pflichtenzuwachs verbunden" ist [a.a.O.; 32]. Es muß daher bei der weiteren Betrachtung der UN-Konvention davon ausgegangen werden, daß mit ihr keine "unvermittelte Rechtsposition der Kinder unter völliger Ausblendung des elterlichen Schutzes bezweckt" wurde und "daß der Vorbehalt elterlicher Verantwortung in Art. 5 auch die im folgenden statuierten Kindesrechte erfaßt" [ebd.].

So gesehen ist die Erklärung der Bundesregierung, "daß die Bestimmungen des Übereinkommens [...] die Vorschriften des innerstaatlichen Rechts [...] über die gesetzliche Vertretung Minderjähriger bei der Wahrnehmung ihrer Rechte [...] nicht berühren" [BMFJ 1993; 50], eine reine Vorsichtsmaßnahme und hat "nur deklaratorische Bedeutung" [Coester/Hansen 1994; 32]; andererseits weist die Kinderrechtskonvention in der Frage des

Elternrechts tatsächlich eine "unklare Konzeption" auf [ebd.] - weswegen dieser Interpretationsvorbehalt durchaus nicht als überflüssig zu gelten braucht.

Artikel 6

(1) Die Vertragsstaaten erkennen an, daß jedes Kind ein angeborenes Recht auf Leben hat.

(2) Die Vertragsstaaten gewährleisten in größtmöglichem Umfang das Überleben und die Entwicklung des Kindes.

Das "Recht auf Leben" ist in der Bundesrepublik Deutschland durch Artikel 2 Absatz 2 Satz 1 GG gewährleistet, in dem es ausdrücklich heißt, daß es "jeder" habe, also auch das Kind. Wo im GG jedoch offenbleibt, ob bzw. ab welchem Stadium dieses Recht auf Leben auch dem u n g e b o r e n e n Kind garantiert werden müsse, entzieht sich das Übereinkommen der Vereinten Nationen entsprechenden Problemen der Interpretation dadurch, indem es vom a n - g e b o r e n e n Recht auf Leben spricht und damit das menschliche Leben erst ab dem Augenblick der Geburt ausdrücklich unter Schutz stellt. Wie bereits im Kommentar zu Artikel 1 des Übereinkommens angedeutet wurde, konnte der explizit formulierte Schutz des ungeborenen Kindes in der Entwurfsphase der Konvention nicht durchgesetzt werden; schließlich müßte in diesem Fall (analog zum Artikel 4 der UN-Folterkonvention vom 10. Dezember 1984 [vgl. BGBl. 1990 II; 247] und ähnlichen Präzedenzien) der Schwangerschaftsabbruch in allen Beitrittsnationen innerstaatlich unter Strafe gestellt werden - was in vielen Fällen innenpolitische Schwierigkeiten nach sich gezogen hätte. So liegt es lediglich "im Ermessen der Vertragsstaaten, über die innerstaatlichen Voraussetzungen der Strafbarkeit zu bestimmen" [BMFJ 1993; 32], was letztlich den Beitrittsnationen freie Hand läßt, wie sie das Problem des Schwangerschaftsabbruchs in der innerstaatlichen Rechtsprechung behandeln. In der Bundesrepublik Deutschland hat das Bundesverfassungsgericht das im o.g. GG-Artikel festgeschriebene "Recht auf Leben" ausdrücklich auch dem ungeborenen Kind zugeschrieben [vgl. BVerfGE 88/203; 251 - zit. in BMFSFJ 1994; 32] und damit auch die Strafverfolgung im Falle einer entsprechenden Grundrechtsverletzung auf der Basis der §§ 218 ff. StGB grundsätzlich gebilligt; allerdings ist - wie die Bundesregierung in ihrem Erstbericht an dieser Stelle einschränkend darlegt -

> „die Reichweite dieser Schutzpflicht [...] im Hinblick auf die Bedeutung und Schutzbedürftigkeit des ungeborenen Lebens einerseits und mit ihm kollidierende Rechtsgüter andererseits zu bestimmen. Als vom Lebensrecht des Ungeborenen berührte Rechts-

güter kommen dabei - ausgehend vom Anspruch der schwangeren Frau auf Schutz und Achtung ihrer Menschenwürde (Art. 1 Abs. 1 des Grundgesetzes) - vor allem ihr Recht auf Leben und körperliche Unversehrtheit (Art. 2 Abs. 2 des Grundgesetzes) sowie ihr Persönlichkeitsrecht (Art. 2 Abs. 1 des Grundgesetzes) in Betracht" [BMFSFJ 1994; 32].

Diese Grundrechte der Frau reichen zwar nicht so weit, daß ihre "Rechtspflicht zum Austragen des Kindes" [ebd.] grundsätzlich aufgehoben wäre; sie ermöglichen es der Frau jedoch - nicht zuletzt deshalb, weil dem Kindeswohl eben k e i n e "paramount consideration" eingeräumt wird -, sich dieser Rechtspflicht in bestimmten, durch die genannten Grundrechte der Frau begründeten Ausnahmefällen (Indikationen) zu entziehen.

Absatz 2 des vorliegenden Artikels erinnert daran, daß gerade in den Entwicklungsländern immer noch die mangelhafte Umsetzung des Rechtes des (geborenen!) Kindes auf Ü b e r - Leben ein sehr wesentliches Problem darstellt. Der Sorge um eine optimale Entwicklung des Kindes in der Dritten Welt sollte daher für die wohlhabenden Industrienationen - und damit auch für die Bundesrepublik Deutschland - das zentrale Anliegen ihrer (hier im wahrsten Sinne des Wortes:) Entwicklungshilfe gelten. In diesem Zusammenhang macht die Koordinierungsgruppe der National Coalition auf das Problem der Rüstungsexporte und sonstiger Militärhilfen aufmerksam - und auf die mittelbaren und unmittelbaren negativen Auswirkungen, die vor allem die minderjährige Bevölkerung vieler Entwicklungsländer dadurch zu tragen hat. Hier sollte nach dem Willen der NC die Bundesregierung ihren weltweiten Einfluß geltend machen, "damit (Fehl-)Investitionen im unproduktiven Militärbereich nicht steigen, weil die damit verbundene Staatsverschuldung regelmäßig zu Lasten der zivilen Infrastruktur und damit auch zu Lasten von Kindern geht" [KoG 1995; IV]. Darüber hinaus legt die NC der Bundesregierung nahe, eine weltweite Ächtung jener Waffen zu unterstützen, die besonders furchtbare Wirkungen gerade auf Kinder ausüben; hier ist natürlich vor allem an die oft gezielt gegen Kinder eingesetzten Landminen zu denken.

Obwohl die optimale Entwicklung des Kindes in der Bundesrepublik Deutschland lt. Artikel 6 Absatz 2 GG dem Elternrecht untersteht bzw. entsprechend unseren Überlegungen zu Artikel 5 des UN-Übereinkommens sogar eine ausdrückliche Elternpflicht darstellt, hat auch in der Bundesrepublik Deutschland hierzu der Staat seinen Teil beizutragen. Besonders aktuell ist in diesem Zusammenhang hierzulande die Diskussion darüber, welche Möglichkeiten dem Gesetzgeber zur Verfügung stehen, die Beeinträchtigungen der Gesundheit und Entwicklung auch der in Deutschland lebenden Kinder durch das globale Problem mannigfaltiger Umweltbelastungen einzudämmen bzw. zu verhindern. Diese Frage soll jedoch erst im Kommentar zum Artikel 24 des Übereinkommens ausführlich erörtert werden, in dem es ganz speziell um "das Recht des Kindes auf das erreichbare Höchstmaß an Gesundheit" gehen wird.

Artikel 7

(1) Das Kind ist unverzüglich nach seiner Geburt in ein Register einzutragen und hat das Recht auf einen Namen von Geburt an, das Recht, eine Staatsangehörigkeit zu erwerben, und soweit möglich das Recht, seine Eltern zu kennen und von ihnen betreut zu werden.

(2) Die Vertragsstaaten stellen die Verwirklichung dieser Rechte im Einklang mit ihrem innerstaatlichen Recht und mit ihren Verpflichtungen aufgrund der einschlägigen internationalen Übereinkünfte in diesem Bereich sicher, insbesondere für den Fall, daß das Kind sonst staatenlos wäre.

In der Bundesrepublik Deutschland ist dieser Artikel rechtlich auf allen Ebenen abgesichert; z.B. durch das GG (Artikel 16 Absatz 1: Schutz vor Staatenlosigkeit), durch die Länder-Verfassungen (z.B. Artikel 6 Absatz 1 BV: Erwerb der Staatsangehörigkeit durch Geburt) sowie nicht zuletzt durch das Personenstandsgesetz (PStG). Letzteres regelt beispielsweise, daß die Geburt eines Kindes dem Standesamt, in dessen Bezirk es geboren ist, innerhalb einer Woche angezeigt wird [§ 16 PStG] und daß bei einer Niederkunft in einem Krankenhaus oder einer ähnlichen öffentlichen Einrichtung die Geburtsanzeige ausschließlich dem Leiter der Anstalt bzw. einem von diesem ermächtigten Mitarbeiter obliegt [§ 18 Absatz 1 PStG]. Den Kreis jener Personen, die in allen anderen Fällen zur Anzeige der Geburt verpflichtet sind, nennen die §§ 17 ff. PStG; die Verhängung eines Bußgeldes im Falle der Verletzung der Anzeigepflicht ist in § 68 PStG angedroht. Laut § 21 Nr. 4 PStG muß bei der Anzeige eines neugeborenen Kindes auch dessen Vor- und Nachname angegeben werden - womit eine weitere Forderung aus Artikel 7 Absatz 1 der UN-Konvention innerstaatlich erfüllt ist; sollte der Anzeigende jedoch keinen Vornamen nennen können, so muß nach § 22 PStG dieser innerhalb eines Monats nachgemeldet werden. Im Falle von Findelkindern und anderen Neugeborenen, deren Personenstand nicht in Erfahrung gebracht werden kann, werden Vor- und Nachname im Sinne der §§ 25 und 26 PStG vom Standesamt bestimmt. Darüber hinaus regeln in allen Fällen die §§ 1616 und 1617 des Bürgerlichen Gesetzbuches die Vergabe des Familiennamens, den das neugeborene Kind tragen soll.

Zu dem in Artikel 7 Absatz 1 des Übereinkommens genannten Recht des Kindes, eine Staatsangehörigkeit zu erwerben, sei auf die Denkschrift der Bundesregierung verwiesen; dort wird der genannte Passus - bezogen auf die Bundesrepublik Deutschland - durch die Einschränkung relativiert, dieser Anspruch könne lediglich als ein Recht auf Erwerb der

> "deutschen Staatsangehörigkeit ausgelegt werden, weil die Vertragsstaaten des vorliegenden Übereinkommens nach den Grundsätzen des Völkerrechts Regelungen nur für den Erwerb ihrer eigenen Staatsangehörigkeit treffen können. Die deutsche Staatsangehörigkeit wird von einem Kind mit der Geburt erworben, wenn ein Elternteil oder - bei einem nichtehelichen Kind - seine Mutter zur Zeit der Geburt des Kindes deutsche Staatsangehörige sind" [BMFJ 1993; 32].

Alle anderen Fälle betreffen das weite Feld des Ausländerrechts, das jedoch nicht den Gegenstand der vorliegenden Arbeit darstellt. Auf eine vertiefte Betrachtung über die Möglichkeiten von ausländischen Staatsbürgern - ob nun voll- oder minderjährig -, die deutsche Staatsangehörigkeit zu erwerben, kann daher verzichtet werden.

Schließlich ist mit Blick auf den 1. Absatz des vorliegenden Artikels 7 der UN-Konvention noch zu klären, inwieweit das Recht des Kindes, "soweit möglich [...] seine Eltern zu kennen und von ihnen betreut zu werden", in der Bundesrepublik Deutschland verwirklicht ist.

Hierzu ist vorauszuschicken, daß dieses Kinderrecht sozusagen das Gegenstück zu dem durch das Grundgesetz [Artikel 6 Absatz 2 Satz 1 GG] garantierte "Elternrecht" darstellt; im Normalfall kann davon ausgegangen werden, daß diese beiden Rechte übereinstimmen, das Kind bei seinen Eltern aufwächst und somit kein besonderer juristischer oder administrativer Handlungsbedarf besteht. Sollte jedoch der Fall eintreten, daß beispielsweise die Eltern eines Kindes tödlich verunglücken oder daß dem Kind der Verbleib in "seiner familiären Umgebung [...] im eigenen Interesse nicht gestattet werden kann" [Artikel 20 Absatz 1 des Übereinkommens], so wird die Formulierung "soweit möglich" wirksam; der Anspruch auf Betreuung durch die eigenen Eltern entfällt.

Zum "Recht, seine Eltern zu kennen" sollte der Vollständigkeit halber noch erwähnt werden, daß sich der Minderjährige mit Vollendung seines sechzehnten Lebensjahres nach § 61 PStG dadurch Gewißheit über seine Eltern verschaffen kann, indem er selbst Einsicht nimmt in die entsprechenden Personenstandsbücher; "Weitergehendes dürfte auch die UN-Konvention nicht fordern" [Coester/Hansen 1994; 35].

Obwohl dieser Artikel dazu beitragen könnte, gerade in den Entwicklungsländern einschlägige Defizite abzubauen, gibt sein Absatz 2, wie auch die Bundesregierung in ihrer

Denkschrift feststellt, "den Vertragsstaaten bei der Verwirklichung der in Absatz 1 genannten Rechte einen betont weiten Ermessensspielraum" - den allerdings auch die Bundesregierung selbst durchaus zu nutzen bereit ist, wie weiter oben im Falle des erschwerten Zugangs von Ausländern zur deutschen Staatsbürgerschaft angedeutet werden konnte. "Im übrigen", so fährt die Denkschrift an dieser Stelle fort,

> "stellt Absatz 2 klar, daß Absatz 1 keine rechtliche Grundlage für auf diese Bestimmung zu stützende individuelle Ansprüche ist, sondern daß (auch) Artikel 7 lediglich Staatenverpflichtungen zur Konventionskonformität des innerstaatlichen Rechts begründet" [BMFJ 1993; 33].

Dennoch kann kritisiert werden, daß Formulierungen wie "im Einklang mit ihrem innerstaatlichen Recht" nicht deutlich genug auf eine Verbesserung dieses Rechts, auf eine gegebenenfalls notwendige Angleichung einer Rechtsordnung an internationales Niveau drängen, sondern von den Vereinten Nationen sogar explizit zugelassen wird, daß das innerstaatliche Recht noch hinter den Kompromißformeln des Übereinkommens zurückbleiben darf.

Artikel 8

> (1) Die Vertragsstaaten verpflichten sich, das Recht des Kindes zu achten, seine Identität, einschließlich seiner Staatsangehörigkeit, seines Namens und seiner gesetzlich anerkannten Familienbeziehungen, ohne rechtswidrige Eingriffe zu behalten.
>
> (2) Werden einem Kind widerrechtlich einige oder alle Bestandteile seiner Identität genommen, so gewähren die Vertragsstaaten ihm angemessenen Beistand und Schutz mit dem Ziel, seine Identität so schnell wie möglich wiederherzustellen.

Die Bedeutung und Notwendigkeit dieses Artikels erschließt sich erst dann, wenn man den Blick auf jene Entwicklungsländer richtet, die gerade hinsichtlich der Rechtssicherheit seiner Bürger nur sehr unzulänglich organisiert sind; und auf die weitgehend rechtsfreien Situationen, die zwangsläufig mit Kriegen und ähnlichen Krisen und mit den Wirren von Flucht und Vertreibung einhergehen - und nicht zuletzt auch auf die mit all dem verbundenen Schicksale jener Kinder, die von ihren Eltern getrennt worden sind bzw. diese teilweise oder ganz verloren haben. Es liegt allerdings in der Natur der Sache, daß es gerade unter den genannten Umständen besonders problematisch sein wird, diesen Artikel 8 adäquat in die Tat umzusetzen.

In der Bundesrepublik Deutschland ist das Recht des Kindes auf den Schutz seiner Identität zunächst einmal durch eine Reihe von zivilrechtlichen Vorschriften gewährleistet; genannt seien in diesem Zusammenhang beispielhaft die §§ 1591 Absatz 2 Satz 1 BGB, 1600 a BGB sowie 1754 bis 1757 BGB. Darüber hinaus ist der Schutz der Identität des Kindes auf der strafrechtlichen Ebene vor allem durch § 169 StGB abgesichert, wonach mit Strafe bedroht wird, wer ein Kind unterschiebt oder dessen Personenstand gegenüber der zur Führung von Personenstandsbüchern oder zur Feststellung des Personenstands zuständigen Behörde falsch angibt oder unterdrückt. Die Bundesregierung weist in ihrem Erstbericht darauf hin, daß "in solchen Fällen [...] das deutsche Recht auch angemessene Vorkehrungen [trifft], daß der unterdrückte Personenstand ('die Identität des Kindes') schnell wiederhergestellt wird" [BMFSFJ 1994; 20]; dies entspricht der in Absatz 2 des vorliegenden Artikels 8 zum Ausdruck gebrachten Forderung an die Vertragsstaaten, in Fällen rechtswidriger Personenstandsunterdrückung oder -verfälschung dem Kind den entsprechenden Beistand zu leisten. Abgesichert wird die hier dargestellte Umsetzung der UN-Konvention insbesondere durch die einschlägigen Vorschriften des Personenstandsgesetzes über die Berichtigung von Eintragungen [§§ 46 a, 46 b und 47 PStG].

Ob sich nun aus dem Artikel 8 des Übereinkommens zwingend ableiten läßt, daß das "Recht des Kindes auf Achtung seiner Identität [...] als wesentlicher Maßstab zur Bestimmung der Grenzen oder Einschränkungen der Gentechnologie herangezogen werden" sollte [Borsche 1992; 76], ob sich dieser Artikel gar mit dem Themenbereich der künstlichen Befruchtung in Verbindung bringen läßt - all dies ist offensichtlich nur eine Frage der Interpretation. An dieser Stelle sei jedoch lediglich auf die entsprechenden Überlegungen von Joachim Wolf verwiesen [1991; 22-26].

Artikel 9

> (1) Die Vertragsstaaten stellen sicher, daß ein Kind nicht gegen den Willen seiner Eltern von diesen getrennt wird, es sei denn, daß die zuständigen Behörden in einer gerichtlich nachprüfbaren Entscheidung nach den anzuwendenden Rechtsvorschriften und Verfahren bestimmten, daß diese Trennung zum Wohl des Kindes notwendig ist. Eine solche Entscheidung kann im Einzelfall notwendig werden, wie etwa wenn ein Kind durch die Eltern mißhandelt oder vernachlässigt wird oder wenn bei getrennt lebenden Eltern eine Entscheidung über den Aufenthaltsort des Kindes zu treffen ist.
>
> (2) In Verfahren nach Absatz 1 ist allen Beteiligten Gelegenheit zu geben, am Verfahren teilzunehmen und ihre Meinung zu äußern.

(3) Die Vertragsstaaten achten das Recht des Kindes, das von einem oder beiden Elternteilen getrennt ist, regelmäßige persönliche Beziehungen und unmittelbare Kontakte zu beiden Elternteilen zu pflegen, soweit dies nicht dem Wohl des Kindes widerspricht.

(4) Ist die Trennung Folge einer von einem Vertragsstaat eingeleiteten Maßnahme, wie etwa einer Freiheitsentziehung, Freiheitsstrafe, Landesverweisung oder Abschiebung oder des Todes eines oder beider Elternteile oder des Kindes [sic!] (auch eines Todes, der aus irgendeinem Grund eintritt, während der Betreffende sich in staatlichem Gewahrsam befindet), so erteilt der Vertragsstaat auf Antrag den Eltern, dem Kind oder gegebenenfalls einem anderen Familienangehörigen die wesentlichen Auskünfte über den Verbleib des oder der abwesenden Familienangehörigen, sofern dies nicht dem Wohl des Kindes abträglich wäre. Die Vertragsstaaten stellen ferner sicher, daß allein die Stellung eines solchen Antrags keine nachteiligen Folgen für den oder die Betroffenen hat.

Die einzelnen Absätze dieses Artikels sind allesamt durch die deutsche Gesetzgebung abgedeckt - beginnend mit Artikel 6 GG, dessen Absatz 3 dem Absatz 1 des vorliegenden Artikels 9 der Konvention inhaltlich voll entspricht, bis hin zur nachgeordneten Gesetzgebung, die den gesamten Themenkomplex der Trennung des Kindes von seinen Eltern bzw. von einem Elternteil ordnet und regelt [vgl. hierzu v.a. die §§ 1666, 1666 a, 1671 und 1672 BGB]. Die innerstaatliche Umsetzung des Artikels 9 der UN-Konvention soll nachfolgend aber noch ein wenig genauer betrachtet werden.

Charakteristisch für diesen Artikel ist das Spannungsverhältnis zwischen der in Absatz 1 erfolgenden Zusicherung, "daß ein Kind nicht gegen den Willen seiner Eltern von diesen getrennt wird", und der gleich darauf erfolgenden Einschränkung, daß eine solche Trennung durchaus - nach einer entsprechenden "gerichtlich nachprüfbaren Entscheidung" seitens der zuständigen Behörden - erfolgen könne, sofern sie "zum Wohle des Kindes notwendig ist". Dieser scheinbaren Antinomie entspricht allerdings - wie die Bundesregierung in ihrer Denkschrift richtig erkennt - "die innerstaatliche Grundrechtslage, die das in Artikel 6 Abs. 2 Satz 1 GG verbriefte Elternrecht unter das Wächteramt des Staates stellt (Artikel 6 Abs. 2 Satz 2 GG)" [BMFJ 1993; 34]. Der im Absatz 1 des vorliegenden Artikels 9 formulierten Forderung, daß eine Trennung des Kindes von seinen Eltern dann zu erfolgen habe, wenn es beispielsweise von ihnen "mißhandelt oder vernachlässigt wird oder wenn bei getrennt lebenden Eltern eine Entscheidung über den Aufenthaltsort des Kindes zu treffen ist", kommt das innerstaatliche Recht in Gestalt der §§ 1666 und 1666 a BGB nach, in denen die Möglichkeit des Vormundschaftsgerichts festgeschrieben ist, die zum Schutz des Kindes erforderlichen Maßnahmen festzulegen; dazu gehören auch jene, "mit denen eine Trennung des Kindes von der elterlichen Familie verbunden ist". Allerdings sind in den genannten Paragraphen die dafür nötigen Voraussetzungen wesentlich enger gefaßt und detaillierter ausgeführt als dies in Artikel 9 Absatz 1 vorgegeben wäre. In der diesbezüglichen innerstaatlichen Rechtsprechung der Bundesrepublik Deutschland genügt es nicht, daß die Trennung des Kindes von seinen Eltern "zum Wohl des Kindes notwendig ist"; vielmehr ist hierfür entsprechend § 1666 Absatz 1 BGB eine ganze Reihe konkret verifizierbarer Voraussetzungen ausschlaggebend. Darüber hinaus darf hierzulande die Herauslösung des Kindes aus seinem familiären Umfeld nur dann erfolgen, "wenn der Gefahr nicht auf andere Weise, auch nicht durch öffentliche Hilfen, begegnet werden kann" [§ 1666 a Absatz 1 BGB]. Damit macht das innerstaatliche Recht deutlich, daß die Trennung von seinen Eltern - und gegebenenfalls auch noch von seinen Geschwistern - für das Kind eine außerordentlich einschneidende Erfahrung bedeutet, und es stellt zudem klar, daß ein solcher Schritt deshalb lediglich als ultima ratio gesehen werden kann. Die in den §§ 1666 und 1666 a BGB im Vergleich zum Artikel 9 Absatz 1 relativ streng definierten und damit über die UN-Konvention weit hinausgehenden Eingriffsvoraussetzungen sollen auf ihre Weise dem Interesse des Kindes dienen, von seiner Familie nicht getrennt zu werden, solange diesbezüglich keine unvermeidlich zwingenden Gründe bestehen.

Hier entspricht die deutsche Rechtslage durchaus der Vorgabe von Artikel 41 Buchstabe a des Übereinkommens, nach der die durch die UN-Konvention gesetzten Mindeststandards mit Blick auf das Kindeswohl zwar niemals unterschritten, aber jederzeit durch das innerstaatliche Recht übertroffen werden dürfen. Für die innerstaatliche Rechtsprechung der Bundesrepublik Deutschland besteht der Dienst am Wohl des Kindes also offensichtlich in erster Linie darin, es nach Möglichkeit in der (vermeintlichen) Obhut seiner Familie zu bewahren - was im Extremfall so weit führen kann, daß sogar "Kinder, die in suchtkranken Familien aufwachsen [...], in den Familien betreut werden" sollen [Unterrichtung; 8]. Diese Grundhaltung führt allerdings immer wieder dazu, daß Kinder zu lange den Mißhandlungen und Vernachlässigungen durch ihre Eltern ausgesetzt bleiben; eine Gefahr, der das Übereinkommen seinerseits mit Hilfe eher vage formulierter Voraussetzungen für eine Trennung des Kindes von seiner Familie zu begegnen versucht.

Es muß an dieser Stelle noch darauf hingewiesen werden, daß das innerstaatliche Recht jener Forderung der UN-Konvention, die Voraussetzungen der Trennung des Kindes von seiner Familie müßten "gerichtlich nachprüfbar" sein, dadurch entspricht, daß nach § 1666 und § 1666 a BGB der Trennungsbeschluß vom Vormundschaftsgericht gefällt werden muß. Gegen eine solche Entscheidung kann entsprechend der §§ 19 ff. des Gesetzes über Angelegenheiten der Freiwilligen Gerichtsbarkeit (FGG) Beschwerde eingelegt werden, über die schließlich das Landgericht zu entscheiden hat.

Artikel 9 Absatz 1 Satz 2 weist darauf hin, daß ein rechtsgültiger Beschluß über die Trennung des Kindes von einem Elternteil nicht zuletzt dann notwendig werden kann, "wenn bei getrennt lebenden Eltern eine Entscheidung über den Aufenthaltsort des Kindes zu treffen ist". Sollte beispielsweise eine Ehe geschieden werden, entscheidet nach § 1671 BGB das Familiengericht, welchem Elternteil die Sorge für das gemeinsame Kind zugestanden wird und damit indirekt auch, von welchem Elternteil das Kind getrennt werden soll. Nachdem das Bundesverfassungsgericht § 1671 Absatz 4 Satz 1 BGB für nichtig erklärt hat [vgl. BGBl. 1982 I; 1596], kann das Sorgerecht unter speziellen Umständen [vgl. Wissenschaftliche Dienste 1991; 9] auch beiden Eltern zugesprochen werden, wobei auch in einem solchen Einzelfall das Wohl des Kindes die oberste Priorität darstellen muß; nach diesem Gesichtspunkt hat das Gericht die von ihm getroffenen Regelungen grundsätzlich auszurichten [vgl. § 1671 Absatz 2 BGB]. Sobald das Kindschaftsrechtsreformgesetz [vgl. BMJ 1995], welches am 28. Februar 1996 vom Bundeskabinett beschlossen worden ist, nach seiner Verabschiedung durch Bundestag und Bundesrat in Kraft getreten ist, also voraussichtlich 1997, wird sich dieses Verfahren allerdings umkehren: Es wird dann automatisch das gemeinsame Sorgerecht gelten und über eine etwaige Alleinsorge erst auf Antrag entschieden.

Lebt ein Elternpaar auf Dauer voneinander getrennt, ohne aber geschieden zu sein, so kann auf Antrag eines Elternteils in gleicher Weise wie bei geschiedenen Eltern bestimmt werden, daß das elterliche Sorgerecht nur einem Ehegatten allein zusteht; dies ergibt sich aus § 1672 in Verbindung mit § 1671 BGB. Ohne Antrag, sondern von Amts wegen hat das Gericht immer dann die entsprechenden Entscheidungen zu fällen, wenn das Kindeswohl andernfalls gefährdet wäre und die Eltern gemeinsam bzw. einer der beiden Ehegatten nicht willens oder in der Lage sind, Gefährdungen des Kindes abzuwenden. In allen dieser Fälle bedeutet die Zuerkennung des alleinigen Sorgerechts für das gemeinschaftliche Kind nach § 1631 Absatz 1 BGB zugleich, daß dieser Ehegatte auch das Recht darauf innehat, den Aufenthaltsort des Minderjährigen festlegen zu können.

Wenden wir uns nun dem Absatz 2 des hier behandelten Artikels 9 des Übereinkommens über die Rechte des Kindes zu, in dem kurz auf das durch Absatz 1 ermöglichte bzw. notwendig werdende Verfahren hingewiesen und vor allem das Recht auf Gehör betont wird. Hierzu finden wir die innerstaatliche Entsprechung vor allem in Artikel 103 Absatz 1 GG, in dem dieses Recht "grundrechtsgleich" gewährleistet wird. Betrifft ein gerichtliches Verfahren die Personensorge für ein Kind, ist das Recht auf Gehör darüber hinaus im Gesetz über die Angelegenheiten der Freiwilligen Gerichtsbarkeit (FGG) festgeschrieben, und zwar durchaus im Sinne der UN-Konvention: Nach § 50 a Absatz 1 FGG muß das Gericht in Verfahren dieser Art die Eltern - in der Regel persönlich - anhören; in jenen Fällen, welche die §§ 1666 und 1666 a BGB betreffen, muß mit den Eltern zudem persönlich geklärt werden, auf welche Weise Gefährdungen des Kindeswohls abgewendet werden können. Kinder, die das 14. Lebensjahr noch nicht vollendet haben, werden dann persönlich angehört, "wenn die Neigungen, Bindungen oder der Wille des Kindes für die Entscheidung von Bedeutung sind oder wenn es zur Feststellung des Sachverhalts angezeigt erscheint, daß sich das Gericht von dem Kind einen unmittelbaren Eindruck verschafft"; Kinder zwischen dem 14. und dem 18. Geburtstag sind in solchen Verfahren dagegen immer anzuhören; vgl. § 50 b Absatz 1 und 2 FGG.

Absatz 3 des vorliegenden Artikels 9 sichert dem von einem Elternteil oder gar von beiden Eltern getrennten Kind das Recht, "regelmäßige persönliche Beziehungen und unmittelbare Kontakte zu beiden Elternteilen zu pflegen, soweit dies nicht dem Wohl des Kindes widerspricht"; dieser Vorgabe wird innerstaatlich durch § 1634 sowie durch § 1711 BGB entsprochen. Nach § 1634 BGB behält bei ehelichen Kindern jenes Elternteil, dem die Personensorge nicht zusteht - weil ihm das Sorgerecht beispielsweise entsprechend den §§ 1666, 1666 a, 1671 oder 1672 BGB entzogen worden ist -, "die Befugnis zum persönlichen Umgang mit dem Kind", wobei über Umfang und Ausübung dieser Befugnis gegebenenfalls das Familiengericht zu entscheiden hat. Tritt jedoch der soeben aus dem Übereinkommen zitierte Fall ein, daß ein solcher Kontakt "dem Wohl des Kindes widerspricht", kann dies auch nach dem innerstaatlichen Recht der Bundesrepublik Deutschland - und damit also durchaus in Übereinstimmung mit der UN-Konvention - zur Folge haben, daß ausnahmsweise eine Unterbindung des Umgangs angeordnet werden muß, sobald eindeutig nachgewiesen werden kann, daß dieser Umgang im konkreten Einzelfall das Kindeswohl gefährdet. Bei nichtehelichen Kindern bestimmt nach § 1711 Absatz 1 Satz 1 BGB derjenige Elternteil, dem die Personensorge für das Kind zusteht, also in der Regel die Mutter, den Umgang des Kindes mit dem Vater. Wenn der Umgang mit dem Vater dem Wohl des Kindes nicht abträglich ist, kann das Vormundschaftsgericht im Konfliktfall dahingehend eine Entscheidung treffen, daß dem Vater die Befugnis zum persönlichen Umgang zusteht [vgl. § 1711 Absatz 2 Satz 1 BGB].

Zum Absatz 4 des Artikels 9 der UN-Konvention über die Rechte des Kindes wird im Erstbericht der Bundesregierung angemerkt, daß nach der in der Bundesrepublik Deutschland gültigen Rechtsordnung sichergestellt sei, daß die in diesem Absatz dargestellte Situation hierzulande nicht eintreten könne. Wie der Erstbericht in diesem Zusammenhang näher ausführt, ist nach Artikel 104 Absatz 4 GG stets ein Angehöriger oder eine sonstige Vertrauensperson des Festgehaltenen zu benachrichtigen, sobald ein Gericht eine Freiheitsentziehung anordnet. In diesem Sinne ist auch in § 114 b Absatz 1 der Strafprozeßordnung (StPO) eindeutig festgelegt, daß auf Anordnung des zuständigen Richters ein Angehöriger oder eine Person des Vertrauens unverzüglich zu benachrichtigen ist, sobald eine Verhaftung vorgenommen bzw. eine Entscheidung über die Fortdauer der Haft getroffen wird. Darüber hinaus ist dem Verhafteten selbst Gelegenheit zu einer solchen Benachrichtigung zu geben, sofern der Zweck der Untersuchung dadurch nicht gefährdet wird [vgl. § 114 b Absatz 2 StPO]: "Diese Regelung gewährleistet, daß die in Artikel 9 Abs. 4 des Übereinkommens vorgeschriebenen Auskünfte erteilt werden, soweit die Umsetzung dieser Übereinkommensbestimmung für die Bundesrepublik Deutschland praktisch ins Gewicht fällt. Sollte darüber hinaus in einem Einzelfall einmal ein Bedürfnis für die Erteilung einer in Abs. 4 vorgesehenen Auskunft bestehen, kann davon ausgegangen werden, daß die betroffenen innerstaatlichen Behörden die Auskunft erteilen, ohne daß ihnen dies durch innerstaatliche Rechtsnormen förmlich vorgeschrieben sein müßte." [BMFSFJ 1994; 26]

Es wurde bereits darauf hingewiesen, daß nicht nur die SPD-Fraktion im Deutschen Bundestag jahrelang auf eine tiefgreifende Reform des gesamten Kindschaftsrechts gedrängt [vgl. die entsprechenden Anträge in BT-Drs. 12/4024 und 13/1752], sondern daß zur gleichen Zeit die Bundesregierung selbst - wohl unter dem Druck des gesellschaftlichen Wandels - das o.g. Kindschaftsrechtsreformgesetz erarbeitet hatte, das nunmehr seinen Weg durch die Gesetzgebungsinstanzen angetreten hat. Bereits heute ist allerdings abzusehen, daß dieser Reform-Entwurf [vgl. BMJ 1995] hinter einer Reihe von weitergehenden Forderungen der Opposition zurückbleiben wird - was in erster Linie daran liegt, daß der vom GG postulierte Schutz von Ehe und Familie [Artikel 6 Absatz 1 GG] seitens der Regierungsparteien traditionell eher eng gefaßt wird, was bei den Gesetzesinitiativen der Bundesregierung recht deutliche Akzente setzt. Wie auch immer das reformierte Kindschaftsrecht 1997, wenn es sowohl Bundestag und Bundesrat durchlaufen haben wird und in Kraft treten kann, konkret beschaffen sein wird - die meisten der von der National Coalition formulierten Erwartungen hinsichtlich einer optimierten innerstaatlichen Umsetzung des Artikels 9 der UN-Konvention [vgl. KoG 1995; V] werden sich wahrscheinlich dennoch erfüllt haben. Insbesondere jener deutliche und durchaus berechtigte Hinweis darauf, daß sich die Notwendigkeit einer Reform des Kindschaftsrechts nicht zuletzt "aus der einschlägigen Rechtsprechung des Bundesverfassungsgerichts" ergebe, das "in mehreren Entscheidungen die Unvereinbarkeit des geltenden Rechts mit der Verfassung deutlich gemacht" habe [ebd.], wird dann endlich gegenstandslos sein.

Artikel 10

(1) Entsprechend der Verpflichtung der Vertragsstaaten nach Artikel 9 Absatz 1 werden von einem Kind oder seinen Eltern zwecks Familienzusammenführung gestellte Anträge auf Einreise in einen Vertragsstaat oder Ausreise aus einem Vertragsstaat von den Vertragsstaaten wohlwollend, human und beschleunigt bearbeitet. Die Vertragsstaaten stellen ferner sicher, daß die Stellung eines solchen Antrags keine nachteiligen Folgen für die Antragsteller und deren Familienangehörige hat.

(2) Ein Kind, dessen Eltern ihren Aufenthalt in verschiedenen Staaten haben, hat das Recht, regelmäßige persönliche Beziehungen und unmittelbare Kontakte zu beiden Elternteilen zu pflegen, soweit nicht außergewöhnliche Umstände vorliegen. Zu diesem Zweck achten die Vertragsstaaten entsprechend ihrer Verpflichtung nach Artikel 9 Absatz 1 das Recht des Kindes und seiner Eltern, aus jedem Land einschließlich ihres eigenen auszureisen und in ihr eigenes Land einzureisen. Das Recht auf Ausreise aus einem Land unterliegt nur den gesetzlich vorgesehenen Beschränkungen, die zum Schutz der nationalen Sicherheit, der öffentlichen Ordnung (ordre public), der Volksgesundheit, der öffentlichen Sittlichkeit oder der Rechte und Freiheiten anderer notwendig und mit den anderen in diesem Übereinkommen anerkannten Rechten vereinbar sind.

In der Bundesrepublik Deutschland begegnet uns das Problem der Familienzusammenführung in erster Linie in der alltäglichen Praxis der Ausländerbehörden; und zwar vor allem in der Weise, daß in Deutschland lebende Ausländer ihre Kinder aus dem Herkunftsland zu sich holen wollen. In diesen Fällen schafft das deutsche Ausländerrecht eine bundeseinheitliche gesetzliche Grundlage. Die §§ 17, 20 und 21 des Ausländergesetzes legen im Hinblick auf den hier behandelten Zusammenhang fest, daß der in Deutschland lebende Elternteil selbst eine Aufenthaltserlaubnis besitzen, den Lebensunterhalt für die nachziehenden Familienangehörigen aus eigener Erwerbstätigkeit, aus eigenem Vermögen oder aus sonstigen eigenen Mitteln bestreiten und über ausreichenden Wohnraum für die Unterbringung seiner Familie verfügen muß. Der Gesetzgeber sieht zudem vor, daß das Aufenthaltsrecht eines Ausländers, der auf dem Wege des Familiennachzugs eingereist ist oder im Bundesgebiet geboren wird, zunächst vom Aufenthaltsrecht des bereits hier lebenden Ausländers abhängt. Unter bestimmten Umständen erhält der nachgereiste oder hier geborene Ausländer schließlich ein eigenständiges Aufenthaltsrecht; darüber hinaus sichert § 16 des Ausländergesetzes Minderjährigen ein "Recht auf Wiederkehr".

Im Zusammenhang mit dem soeben erfolgten Hinweis auf die einschlägigen Vorschriften des deutschen Ausländerrechts muß allerdings angemerkt werden, daß der vorliegende Artikel 10 des UN-Übereinkommens in der innerstaatlichen Rechtsordnung der Bundesrepublik Deutschland nicht zum Tragen kommt; schließlich geht dieser im Grunde nicht über die Vorgaben des Artikels 12 des Internationalen Paktes über bürgerliche und politische Rechte vom 19. Dezember 1966 hinaus [IPbürgR; vgl. BGBl. 1973 II; 1534], in dem letztlich nicht mehr garantiert wird, als daß ein Staatsbürger sein Herkunftsland verlassen und auch wieder in dieses einreisen darf. Es kann der Bundesregierung daher nicht widersprochen werden, wenn diese in ihrer Denkschrift feststellt, daß "ein Recht auf Freizügigkeit in dem Sinne, daß jedermann nach eigenem Belieben in ein fremdes Land einreisen darf, [...] nicht anerkannt und nicht möglich" ist. Daher muß - und darf - auch in Fragen der Familienzusammenführung jeder Staat selbst "darüber entscheiden, ob und inwieweit er fremde Staatsangehörige einreisen läßt und ihnen den Aufenthalt erlaubt" [BMFJ 1993; 35], weshalb aus Artikel 10 Absatz 1 der Konvention auch keinerlei Ansprüche dahingehend abgeleitet werden können, einem Kind oder - im umgekehrten Fall - seinen Eltern müsse die Einreise in die und der Aufenthalt in der Bundesrepublik Deutschland zwangsläufig gestattet werden. Richtig ist vielmehr, daß die Vertragsstaaten des Übereinkommens sich selbst die Verpflichtung auferlegen, Anträge auf Familienzusammenführung "wohlwollend, human und beschleunigt" zu bearbeiten - ohne diesen jedoch stattgeben zu müssen. In Sinne von Satz 1 des vorliegenden Artikels 10 ist es allerdings wünschenswert, daß der Aspekt der Familienzusammenführung von der zuständigen Behörde im Rahmen des innerstaatlichen Rechts berücksichtigt wird. Während solcherlei Bemühungen in der Praxis nur schwer zu verifizieren sein werden, können die Anforderungen von Satz 2 des Artikels 10 problemlos als "innerstaatlich erfüllt" eingestuft und damit dem Erstbericht der Bundesregierung in diesem Punkt zugestimmt werden: "Abgesehen davon, daß ein solcher Antrag erfolglos bleiben kann, sind irgendwelche nachteiligen Folgen im innerstaatlichen Recht mit der Antragstellung als solcher nicht verbunden." [BMFSFJ 1994; 27]

Absatz 2 des vorliegenden Artikels 10 der UN-Konvention sichert das Recht eines Kindes, "dessen Eltern ihren Aufenthalt in verschiedenen Staaten haben, [...] regelmäßige persönliche Beziehungen und unmittelbare Kontakte zu beiden Elternteile zu pflegen". Die Bundesregierung bemerkt hierzu in ihrem Erstbericht, dieses Prinzip ließe sich "im Gegensatz zur Familienzusammenführung (Abs. 1) dadurch verwirklichen, daß sich Kinder und (oder) Eltern regelmäßig als Touristen im anderen Land besuchen" [BMFSFJ 1994; 27]. Allerdings sei auch in diesem Fall zu beachten, daß bezüglich der Erteilung einer Aufenthaltserlaubnis stets das innerstaatliche Recht maßgeblich ist; dies sei auch mit dem o.g. Artikel 12 IPbürgR zu vereinbaren. Sicherheitshalber hat die Delegation der Bundesrepublik Deutschland jedoch zudem am 23. Februar 1989 in Genf die nachfolgend zitierte Erklärung abgegeben, die schließlich auch noch - als Bekräftigung - unter Ziffer IV in jene Vorbehaltserklärung aufgenommen wurde, die der Ratifikationsurkunde bei ihrer Hinterlegung hinzugefügt wurde:

> "Nichts in dem Übereinkommen kann dahin ausgelegt werden, daß die widerrechtliche Einreise eines Ausländers in das Gebiet der Bundesrepublik Deutschland oder dessen widerrechtlicher Aufenthalt dort erlaubt ist; auch kann keine Bestimmung dahin ausgelegt werden, daß sie das Recht der Bundesrepublik Deutschland beschränkt, Gesetze und Verordnungen über die Einreise von Ausländern und die Bedingungen ihres Aufenthalts zu erlassen oder Unterschiede zwischen Inländern und Ausländern zu machen." [BMFJ 1993; 51]

Vor allem macht die Bundesregierung keinen Unterschied dahingehend, ob es sich bei dem einreisenden Ausländer um einen Erwachsenen oder um einen Minderjährigen - um ein "Kind" im Sinne des UN-Übereinkommens - handelt. Da diese offizielle Position nicht nur einen rechtstheoretischen Grundsatz markiert, sondern darüber hinaus - was zahlreiche aktuelle Beispiele belegen - eine ganz konkrete Handlungsnorm in der täglichen Verfahrenspraxis der Exekutive darstellt, hat die Umsetzung dieses Artikels 10 der Kinderrechtskonvention in der Bundesrepublik Deutschland eine äußerst kontroverse Diskussion nach sich gezogen, deren Ergebnis heute allerdings noch kaum abschließend beurteilt werden kann. Tatsache ist einerseits, daß "Ausländern weder nach allgemeinem Völkerrecht noch nach dieser Konvention ein Anspruch auf Einreise gewährt wird und daher die staatliche Gewährung der Einreise den Rechten aus der Kinderkonvention vorausgeht" [Joachim Wolf - zit. in Borsche 1992; 73], weswegen es sich bei der o.g. Passage aus der Vorbehaltserklärung in der Tat um eine "überflüssige Erläuterung" handelt [Borsche 1992; 73]. Andererseits stimmt auch, daß es "da, wo der Aufenthalt von ausländischen Kindern [...] geduldet wird, [...] dem Diskriminierungsverbot nach Artikel 2 widersprechen [würde], ihnen beispielsweise den Zugang zu öffentlichen Schulen, anderen Bildungseinrichtungen oder Förderleistungen aus dem Bereich der Jugendhilfe zu versagen" [ebd.].

Artikel 11

(1) Die Vertragsstaaten treffen Maßnahmen, um das rechtswidrige Verbringen von Kindern ins Ausland und ihre rechtswidrige Nichtrückgabe zu bekämpfen.

(2) Zu diesem Zweck fördern die Vertragsstaaten den Abschluß zwei- oder mehrseitiger Übereinkünfte oder den Beitritt zu bestehenden Übereinkünften.

Der in Absatz 1 genannte Tatbestand, der "insbesondere dann auftaucht, wenn beide Eltern das Sorgerecht für sich beanspruchen" [Baer 1990; 194], wird in der Bundesrepublik Deutschland unter der Bezeichnung "Kindesentziehung" strafrechtlich verfolgt. Nach § 235 StGB wird bestraft, "wer eine Person unter achtzehn Jahren durch List, Drohung oder Gewalt ihren Eltern, ihrem Vormund oder ihrem Pfleger entzieht"; dabei ist es übrigens unerheblich, ob der oder die Minderjährige ins Ausland verbracht wird oder im Inland verbleibt. Darüber hinaus eröffnet § 1632 Absatz 1 BGB bzw. § 1705 Satz 2 BGB einem personensorgeberechtigten Elternteil auch zivilrechtliche Möglichkeiten, die Herausgabe des Kindes zu verlangen, wenn es ihm nachweisbar widerrechtlich vorenthalten wird.

Wie in Absatz 2 des vorliegenden Artikels 11 angedeutet wird, ist es zur Bekämpfung von Kindesentziehungen notwendig, daß die hier genannten Übereinkünfte möglichst lückenlos mit allen Staaten getroffen werden und auf diesem Gebiet eine sehr enge Zusammenarbeit erfolgt. Nur so kann die rechtswidrige Verbringung von Kindern ins Ausland unterbunden bzw. die Rückführung verschleppter Kinder gewährleistet werden. Die Bundesrepublik Deutschland hat daher sowohl das Europäische Übereinkommen vom 20. Mai 1980 über die Anerkennung und Vollstreckung von Entscheidungen über das Sorgerecht für Kinder als auch das Haager Übereinkommen vom 25. Oktober 1980 über die zivilrechtlichen Aspekte internationaler Kindesentführung ratifiziert [vgl. BMFSFJ 1994; 29].

Artikel 12

(1) Die Vertragsstaaten sichern dem Kind, das fähig ist, sich eine eigene Meinung zu bilden, das Recht zu, diese Meinung in allen das Kind berührenden Angelegenheiten frei zu äußern, und berücksichtigen die Meinung des Kindes angemessen und entsprechend seinem Alter und seiner Reife.

(2) Zu diesem Zweck wird dem Kind insbesondere Gelegenheit gegeben, in allen das Kind berührenden Gerichts- oder Verwaltungsverfahren entweder unmittelbar oder durch einen Vertreter oder eine geeignete Stelle im Einklang mit den innerstaatlichen Verfahrensvorschriften gehört zu werden.

Das Grundrecht, sich eine eigene Meinung zu bilden und diese auch frei äußern zu dürfen, ist in der Bundesrepublik Deutschland durch Artikel 5 Absatz 1 GG garantiert - vorbehaltlich der Einschränkungen in Absatz 2. Da dieses Recht ausdrücklich "jedem" zugesichert ist, darf davon ausgegangen werden, daß es automatisch auch Kindern zusteht. Das Problem der konkreten Berücksichtigung der Meinung des Kindes - vor allem im Rahmen der politischen Willensbildung - ist allerdings auch hierzulande noch lange nicht gelöst; dies hängt nicht zuletzt damit zusammen, daß Kinder aufgrund des fehlenden Wahlrechts - und sei es auch nur "die treuhänderische Vergabe einer Wahlstimme für jedes Kind an die Eltern" [Hurrelmann 1993; 34] - keinen Machtfaktor darstellen. Vor dem Hintergrund des Artikels 12 Absatz 1 erhalten die Forderungen nach einem Kinderwahlrecht wieder neue Aktualität, die unter anderem von so unterschiedlichen Persönlichkeiten wie dem eher konservativ ausgerichteten Politologen Konrad Löw [vgl. 1993] und dem Antipädagogen Hubertus von Schoenebeck [vgl. 1990] formuliert worden sind. Beachtenswert ist in diesem Zusammenhang auch die durchaus plausible Argumentation von Klaus Hurrelmann [1993; 33-36].

Im Übereinkommen über die Rechte des Kindes gibt es wohl kaum einen Artikel, über dessen innerstaatliche Umsetzung in der Bundesrepublik Deutschland die Meinungen so weit auseinandergehen und der zu solch eklatanten Mißverständnisse Anlaß gibt, wie dies beim vorliegenden Artikel 12 der Fall ist. Obwohl dieser Artikel etwas unverbindlich angelegt wurde und sich gerade wegen seiner "äußerst zurückhaltenden Formulierung [...] Änderungspflichten [...] für den deutschen Gesetzgeber [...] wohl kaum ergeben" [Coester/Hansen 1994; 36], obwohl er nicht einmal den Ansatz eines praktischen Modells vorgibt, wie die Meinung von Kindern in Angelegenheiten, die diese unmittelbar betreffen - etwa im kommunalen Bereich - aufgegriffen und konstruktiv umgesetzt werden könnte, werden an ihm sämtliche Forderungen nach "Partizipation" festgemacht; und dies völlig losgelöst von dem schlichten Faktum, daß das

UN-Übereinkommen hier bestimmt "nicht so weit auszulegen" ist [ebd.]. In dieser Frage geht es aber ganz offensichtlich kaum mehr um die nüchterne Interpretation eines Konventionsartikels, sondern zum Teil fast schon um die Projektion irrationaler Erlösungshoffnungen auf das Kind. Es bleibt nicht bei der noch vergleichsweise nachvollziehbaren These, daß Kinder und Jugendliche "darunter leiden, nicht genug gefragt und berücksichtigt zu werden", und daß dies - "wenn sie sich nicht einmischen, mitgestalten und mitbestimmen können" - "zu sehr problematischen, nicht selten destruktiven Verhaltensweisen führen" könne [Wilken 1994; 49]; aus der Bevormundung wird Erwartungsdruck: Nach Ansicht so mancher Propagandisten der Kinder-Partizipation ist diese schließlich "ein Instrument zur Umsetzung der Konvention" [Aktionsbündnis 1995; 13] - was immerhin heißt: die Kinder müssen die Bürde ihrer Verwirklichung mittragen. Letztlich liegt also nicht nur "die Wahrung des Kindeswohls [...] (auch) in den Händen der Kinder selbst" [Plewig 1994; 19], sondern nichts Geringeres als "die Zukunft der Kinder und Jugendlichen hängt davon ab, inwieweit ihnen Teilhabechancen zugestanden werden" [a.a.O.; 15]. Doch nicht nur für ihre eigene Zukunft werden die Kinder heute schon mitverantwortlich gemacht, sondern nicht zuletzt auch für die der Demokratie ("Weitreichende Beteiligungsrechte [...] und die praktizierte Beteiligung von Kindern sind entscheidende Bestandteile der weiteren demokratischen Entwicklung unserer Gesellschaft." [Wilken 1994; 48]) und schließlich sogar für die Zukunft der Gesellschaft selbst, in der "vieles [...] anders aussähe, wenn Kinder ein Mitwirkungsrecht hätten" [Niehuis 1994; 69]; wobei stets ganz selbstverständlich unterstellt wird, daß vieles mit Hilfe der Kinder b e s s e r aussähe.

Hier wird aus ideologischen Gründen - immerhin gehören "Begriffe wie [...] Partizipation, Emanzipation" zur "Achtundsechziger-Erbschaft" [Maier 1995; 81] - den Kindern ein übergeordnetes Recht in wahrhaft "paternalistischer" Manier entzogen, nämlich das "Recht darauf, anders zu sein" [Salgo 1994; 69]; und "anders" meint hier nicht zuletzt auch: in einer eigenen Welt zu Hause, in der man von den mit den Erwachsenen-Rechten verbundenen Erwachsenen-Pflichten noch nichts wissen will und auch noch nichts zu wissen braucht. Wir erweisen also "Kindern und Jugendlichen einen schlechten Dienst [...], wenn wir ihnen in allen Bereichen dieselben Rechte einräumen und Pflichten auferlegen [...] wie Erwachsenen"; denn schließlich werden sie "damit ihrer Privilegien und eines nur ihnen zustehenden Schutz- und Schonraumes beraubt" [a.a.O.; 68]. Bei den konträren Interpretationen dieses Artikels 12 der UN-Konvention geht es also letztlich um zwei sich diametral gegenüberstehende Grundkonzeptionen: Partizipationspflicht vs. Schutzprivileg.

Da jedoch die Bundesregierung in ihrem Erstbericht im Zusammenhang mit Artikel 12 das Thema der Partizipation - allerdings ohne diesen Begriff zu verwenden - selbst zum Gegenstand macht und auf "Kinderparlamente, Kindersprechstunden der Verwaltungen und Kinderbeiräte bei konkreten Projekten" sowie auf kommunale "Kinderinteressenvertretungen (Kinderbeauftragte, Referentinnen/Referenten für Kinderfragen, Kinderbüros)" verweist [BMFSFJ 1994; 12], bereitet sie einer dementsprechenden (Fehl-?)Interpretation dieses Artikels den Boden - und provoziert gleichzeitig die zwangsläufige Klage über vermeintliche Unzulänglichkeiten, verbunden mit der Forderung, die "im Erstbericht genannten Beispiele noch quantitativ und qualitativ zu ergänzen" [KoG 1995; V]. Sobald nämlich der Artikel 12 so interpretiert wird, daß er die politische Partizipation von Kindern begründet, läßt sich in der Tat eine Reihe von Mängeln hinsichtlich seiner innerstaatlichen Umsetzung ableiten:

> "Auf Bundes-, Landes- und kommunaler Ebene gibt es keinerlei gesetzliche Vorgaben, wie Mitwirkung von Kindern organisiert werden kann, z.B. durch Kinderbeiräte, sprechstunden, -parlamente, und -büros oder Einsetzung von Kinderbeauftragten. Eine aktive Unterstützung solcher Initiativen durch die Bundespolitik läßt sich nicht erkennen." [Aktionsbündnis 1995; 12]

Diese Bestandsaufnahme vermeintlicher Versäumnisse zieht nun wiederum eine ganze Reihe von Forderungen nach sich, so etwa jene, "Kinderinteressen in Planungs- und Verwaltungsprozesse einzubringen" [KoG 1995; V], verbunden mit der entsprechenden "Festschreibung eines eigenen Antrags- und Vertretungsrechtes für Kinder in allen behördlichen und gerichtlichen Verfahren" [Aktionsbündnis 1995; 13]; darüber hinaus sollten nach dem Willen interessierter Kreise die gesetzlichen Voraussetzungen dafür geschaffen werden, daß die politische Partizipation von Kindern letztlich auf sämtlichen Ebenen Realität wird. Bislang sind vor allem hinsichtlich konkreter Mitbestimmungsmöglichkeiten im kommunalen Umfeld praktisch umsetzbare Konzepte erarbeitet worden; vgl. beispielsweise Beck/Kronshage 1993, Arbeitskreis Kinderforen 1993, Stiftung MITARBEIT 1993, Schröder 1995 und Frädrich/Jerger-Bachmann 1995 (jeweils mit teils sehr umfangreichen Bibliographien weiterführender Literatur zu diesem speziellen Thema).

Auch wenn weder die Historizität der politischen Partizipation junger Menschen [vgl. Eppe 1993] noch ihre juristische Begründbarkeit [vgl. Merk 1993 & 1994] angezweifelt werden kann, so bleibt der Versuch ihrer Ableitung aus dem vorliegenden Artikel 12 der UN-Konvention über die Rechte des Kindes zumindest fraglich; schließlich kann aus einem Recht auf Meinungsäußerung und auf Anhörung noch lange kein politisches Mitwirkungsrecht gefolgert werden. Darüber hinaus muß überlegt werden, ob mit der Kinder-Partizipation nicht etwa dem "Verschwinden der Kindheit" [Postman 1983] Vorschub geleistet wird. Zwar fallen die einschlägigen erziehungswissenschaftlichen [vgl. Baacke 1993] und entwicklungspsychologischen [vgl. Oerter 1992] Gutachten erstaunlich positiv aus; die Befürchtung einer unverantwortlichen Verfrühung infolge einer nicht kindgemäßen Einbindung des jungen Menschen in die zweck-rationalistischen Strukturen der Erwachsenenwelt und der daraus resultierenden Überforderung des Kindes sind aus pädagogischer Sicht dennoch nicht so einfach von der Hand zu weisen [vgl. diesbzgl. auch die entsprechenden literarischen Zeugnisse: Janusz Korczak 1971 und William Golding 1963; zu letzterem auch noch die Interpretationen von Hartmut von Hentig 1967 und Lothar Bily 1994].

Bei besonnener Betrachtung von Artikel 12 Absatz 1 fällt zudem auf, daß er zwei wesentliche Einschränkungen enthält: Das Recht auf freie Meinungsäußerung wird lediglich demjenigen Kind zugestanden, "das fähig ist, sich eine eigene Meinung zu bilden"; und auch nur in solchen Angelegenheiten, die das Kind selbst betreffen. Da im nachfolgenden Artikel 13 Absatz 1 dem Kind das Recht auf freie Meinungsäußerung ohne jede Einschränkung eingeräumt wird, scheint beim vorliegenden Artikel 12 Absatz 1 die zentrale Aussage darin zu bestehen, daß die vom Kind geäußerte Meinung - wenn auch im Rahmen der genannten Einschränkungen - B e r ü c k s i c h t i g u n g finden soll. Wie dem auch sei: Tatsache ist, daß der vorliegende Text äußerst weit und unverbindlich gefaßt ist und der dadurch gegebene Ermessensspielraum von den Vertragsstaaten also durchaus auch restriktiv ausgelegt werden kann. Der Verdacht des Aktionsbündnisses Kinderrechte, daß auch in der Bundesrepublik Deutschland hinsichtlich der Meinungsäußerung von Kindern und deren Berücksichtigung "nach Möglichkeiten der Einschränkung gesucht wird" [Aktionsbündnis 1995; 12], kann jedoch gerade angesichts der geringen konkreten Aussagekraft von Artikel 12 des Übereinkommens nicht erhärtet werden.

Eine praktisch umsetzbare Entsprechung in der deutschen Gesetzgebung findet er beispielsweise in § 8 SGB VIII/KJHG, der ganz explizit die "Beteiligung von Kindern und Jugendlichen" zum Gegenstand hat, aber nicht zuletzt auch in § 1671 BGB, wo jene Maßstäbe gesetzt werden, nach denen im Scheidungsfall darüber zu bestimmen ist, welchem Elternteil das Sorgerecht für das gemeinsame Kind zugesprochen werden soll. Dabei ist nach § 1671 Absatz 3 Satz 1 BGB grundsätzlich ein übereinstimmender Vorschlag der Eltern vorgesehen, von dem das Gericht nur dann abweicht, wenn die ihm vorgeschlagenen Lösung seiner Ansicht nicht dem Wohl des Kindes entspricht; wobei hier v.a. an die speziellen Bindungen des Kindes zu denken ist. Hat der oder die betreffende Minderjährige allerdings das 14. Lebensjahr bereits vollendet, so entbindet ein abweichender Vorschlag des Kindes das Gericht nach § 1671 Absatz 3 Satz 2 BGB vom Vorschlag der Eltern und gilt als direkter Ausdruck dessen, was dem Wohle des Kindes am meisten förderlich und damit für das Gericht das höchste Kriterium ist [vgl. § 1671 Absatz 2 BGB].

Wie nicht anders zu erwarten, gibt es allerdings auch zu diesem im Erstbericht der Bundesregierung [vgl. BMFSFJ 1994; 12] erwähnten Beispiel eine kritische Anmerkung seitens des Aktionsbündnisses Kinderrechte: Die Anhörung von Kindern in Sorgerechtsverfahren sei durchaus nicht gang und gäbe; vielmehr würden "diese Anhörungen durch Richter - insbesondere bei Kindern unter 14 Jahren - oft nicht durchgeführt, obwohl sie im Gesetz vorgesehen sind" [Aktionsbündnis 1995; 9]. Darüber hinaus sei die Ausbildung der Richter für diese Anhörungen völlig unzureichend. Auch Klaus Hurrelmann fordert "eine bessere Absicherung von Partizipationsmöglichkeiten von Kindern im Trennungs- und Scheidungsprozeß" [1991; 56] - wohingegen aber hermeneutisch geschulte Juristen "sorgsam abzuwägen haben, was ein 'das Kind berührendes Gerichts- oder Verwaltungsverfahren' im Sinne der Konvention ist: Sicherlich alle Kindschaftssachen im weitesten Sinne, aber doch wohl nicht mehr der Ehescheidungsstreit der Eltern" [Coester/Hansen 1994; 36].

Über das oben genannte Beispiel hinaus ist die im Artikel 12 Absatz 2 geforderte Anhörung von Kindern vor Gericht in der Bundesrepublik Deutschland bereits in einer der Konvention entsprechenden Weise gesetzlich geregelt. So sieht beispielsweise § 50 b FGG die persönliche Anhörung des Kindes vor; § 51 ZPO räumt ihm das Recht ein, sich durch einen gesetzlichen Vertreter zu äußern, wenn es zu einer Partei oder zu einem auf andere Weise Beteiligten eines Gerichts- oder Verwaltungsverfahrens werden sollte; im Kinder- und Jugendhilfegesetz wird schließlich die "Mitwirkung von Kindern und Jugendlichen in gerichtlichen Verfahren" in einem eigenen Abschnitt behandelt - vgl. die §§ 50 bis 52 SGB VIII/KJHG -; und nicht zuletzt im Jugendgerichtsgesetz (JGG) vom 11. Dezember 1974 [BGBl. I; 3427] ist ausführlich dargestellt, wie das von Artikel 12 Absatz 2 postulierte Recht des Kindes auf Gehör im deutschen Verfahrensrecht seine Verwirklichung findet.

Ob nun dennoch "das Verfahrensrecht in der Bundesrepublik sorgfältig überprüft und in vielfacher Weise ergänzt werden müßte" [Baer 1990; 195] oder ob lediglich "eine Durchforstung des [...] deutschen Verfahrensrechts im Hinblick auf die Rechte des Kindes [...] angebracht" ist [Coester/Hansen 1994; 36] - diese Frage kann im Rahmen der vorliegenden Studie wohl kaum abschließend beantwortet werden.

Artikel 13

(1) Das Kind hat das Recht auf freie Meinungsäußerung; dieses Recht schließt die Freiheit ein, ungeachtet der Staatsgrenzen Informationen und Gedankengut jeder Art in Wort, Schrift oder Druck, durch Kunstwerke oder andere vom Kind gewählte Mittel sich zu beschaffen, zu empfangen und weiterzugeben.

(2) Die Ausübung dieses Rechts kann bestimmten, gesetzlich vorgesehenen Einschränkungen unterworfen werden, die erforderlich sind

a) für die Achtung der Rechte oder des Rufes anderer oder

b) für den Schutz der nationalen Sicherheit, der öffentlichen Ordnung (ordre public), der Volksgesundheit oder der öffentlichen Sittlichkeit.

Dieser Artikel ist Artikel 19 Absatz 2 und 3 des Internationalen Paktes über bürgerliche und politische Rechte (IPbürgR) vom 19. Dezember 1966 nachgebildet, der auch in der Bundesrepublik Deutschland gesetzliche Bindungswirkung besitzt [vgl. BGBl. 1973 II; 1534]. Darüber hinaus ist der Artikel 13 der UN-Konvention über die Rechte des Kindes hierzulande durch Artikel 5 GG voll abgedeckt, in dem - ähnlich der Formulierung in Artikel 19 IPbürgR ("jedermann") - die Grundrechte der freien Meinungsäußerung und der Informationsfreiheit "jedem" zugestanden werden; also ganz offensichtlich auch Menschen vor Vollendung ihres 18. Lebensjahres. Die Bundesregierung beeilt sich allerdings in ihrem Erstbericht zu versichern, daß der vorliegende Artikel 13 durch die in Artikel 5 des Übereinkommens "festgelegte Verpflichtung der Eltern, das Kind in einer seiner Entwicklung entsprechenden Weise angemessen zu leiten und zu führen, ergänzt wird" [BMFSFJ 1994; 20]. Andererseits verweist Ingrid Baer mit Nachdruck darauf, "daß den Eltern oder sonstigen Erziehungsberechtigten nicht das Recht eingeräumt wird, in dieses Grundrecht des Kindes einzugreifen oder ihm Beschränkungen aufzuerlegen". Schließlich sei - wie auch hier eben schon angedeutet wurde - "das Recht der freien Meinungsäußerung ein selbstverständliches Grundrecht [...], das nicht auf die Altersgruppe der Erwachsenen beschränkt ist" [Baer 1990; 195].

Artikel 14

(1) Die Vertragsstaaten achten das Recht des Kindes auf Gedanken-, Gewissens- und Religionsfreiheit.

(2) Die Vertragsstaaten achten die Rechte und Pflichten der Eltern und gegebenenfalls des Vormunds, das Kind bei der Ausübung dieses Rechts in einer seiner Entwicklung entsprechenden Weise zu leiten.

(3) Die Freiheit, seine Religion oder Weltanschauung zu bekunden, darf nur den gesetzlich vorgesehenen Einschränkungen unterworfen werden, die zum Schutz der öffentlichen Sicherheit, Ordnung, Gesundheit oder Sittlichkeit oder der Grundrechte und -freiheiten anderer erforderlich sind.

Absatz 1 des Artikels 14 entspricht dem Absatz 1 des Artikels 4 GG; dort sind allerdings einmal mehr die Kinder nicht gesondert erwähnt. Artikel 14 Absatz 1 der UN-Konvention könnte daher einen wichtigen Impuls darstellen, Artikel 4 Absatz 1 GG entsprechend zugunsten des Kindes zu ergänzen.

Es darf jedoch nicht übersehen werden, daß der vorliegende Artikel 14 im Vergleich mit den ähnlich strukturierten Artikeln 12 f. und 15 ff. eine Besonderheit aufweist. Es ist so, daß die Artikel 12 bis 17 "einen Grundrechtskatalog für Kinder" enthalten, "der weitgehend den üblichen Grundrechten für Erwachsene in einer freiheitlichen Verfassung nachgebildet ist". Dabei "scheinen diese Rechte dem Kind unmittelbar und ohne Rücksicht auf die elterliche Sorge zugeordnet zu sein". Die einzige Ausnahme besteht darin, daß sich "ein Hinweis auf den elterlichen Bestimmungsprimat [...] nur im Zusammenhang mit der Religionsfreiheit" findet [Coester/Hansen 1994; 31]; und tatsächlich nimmt Artikel 14 Absatz 2 - anders als die anderen der genannten Artikel - sehr eindeutig und ausdrücklich auf das in Artikel 5 verbürgte "Elternrecht" Bezug. Dies geschieht "aufgrund der großen Sensibilität, mit der insbesondere das Recht auf Religionsfreiheit in einem internationalen Abkommen zu behandeln ist" [Borsche 1991; 49]; man darf wohl ergänzen: nicht nur, aber nicht zuletzt auch mit Blick auf die islamischen Staaten.

Aber auch in der Bundesrepublik Deutschland ist - nun auch mit Billigung der Kinderrechtskonvention - die Religionsfreiheit des Kindes zugunsten des Erziehungsrechts der Eltern stark eingeschränkt. So haben nach Artikel 7 Absatz 2 GG "die Erziehungsberechtigten [...] das Recht, über die Teilnahme des Kindes am Religionsunterricht zu bestimmen" - und nicht das Kind selbst. Wie stark in Deutschland das Recht (und die Pflicht) der Eltern betont wird, das Kind bei der Ausübung seines Rechts auf Religionsfreiheit "in einer seiner Entwicklung entsprechenden Weise zu leiten", verdeutlicht das "Gesetz über die religiöse Kindererziehung" (RelKErzG) vom 15. Juli 1921 [RGBl. 939] - in dem aber nicht zuletzt auch das "Entscheidungsrecht des Kindes" festgeschrieben ist:

"Nach der Vollendung des vierzehnten Lebensjahrs steht dem Kinde die Entscheidung darüber zu, zu welchem religiösen Bekenntnis es sich halten will. Hat das Kind das zwölfte Lebensjahr vollendet, so kann es nicht gegen seinen Willen in einem anderen Bekenntnis als bisher erzogen werden." [§ 5 RelKErzG]

Während hier also Teilmündigkeiten festgeschrieben sind, die über Artikel 14 der Kinderrechtskonvention hinausgehen und dem Übereinkommen daher (als "besser geeignete Bestimmung") vorzuziehen sind [vgl. Artikel 41], legt andererseits Artikel 137 Absatz 1 der Bayerischen Verfassung fest, daß bis zum Erreichen der Volljährigkeit "die Teilnahme am Religionsunterricht und an kirchlichen Handlungen und Feierlichkeiten [...] der Willenserklärung der Erziehungsberechtigten" unterworfen und erst "vom vollendeten 18. Lebensjahr ab der Willenserklärung der Schüler überlassen" ist. Die Bayerische Verfassung bleibt hier also ganz offensichtlich hinter den vergleichsweise liberalen Vorgaben des § 5 RelKErzG zurück; Artikel 14 des Übereinkommens könnte hier konkrete Impulse dahingehend vermitteln, daß die Bayerische Verfassung in diesem Punkt künftig zumindest den Vorgaben der Kinderrechtskonvention entspricht.

Abschließend muß noch darauf hingewiesen werden, daß von einzelnen Kommentatoren an der innerstaatlichen Umsetzung des Artikels 14 aufgrund der angeblich unzureichenden Berücksichtigung der nichtchristlichen Kinder Kritik geübt wird. In diesem Zusammenhang könne teilweise sogar von Verstößen gegen das Diskriminierungsverbot [vgl. Artikel 2] gesprochen werden, "wenn beispielsweise in den öffentlichen Schulen Religionsunterricht für Kinder christlichen Glaubens, nicht aber für Kinder anderer Religionszugehörigkeit angeboten wird" [Wolf 1991; 21]; auf jeden Fall aber bestünden aus der Sicht des Artikels 14 gewisse "Unvereinbarkeiten mit der deutschen Rechtslage hinsichtlich der Religionsfreiheit und der Religionsausübungsfreiheit" [a.a.O.; 20]. Auch wenn an dieser Stelle ungeklärt bleiben muß, ob eine entsprechende Auslegung der Kinderrechtskonvention in diesem Zusammenhang zulässig ist, so kann dennoch nicht geleugnet werden, daß etwaige Defizite im deutschen Schulwesen allein schon aus innenpolitischen Erwägungen auf diesem sensiblen Sektor umgehend beseitigt werden sollten.

Artikel 15

(1) Die Vertragsstaaten erkennen das Recht des Kindes an, sich frei mit anderen zusammenzuschließen und sich friedlich zu versammeln.

(2) Die Ausübung dieses Rechts darf keinen anderen als den gesetzlich vorgesehenen Einschränkungen unterworfen werden, die in einer demokratischen Gesellschaft im Interesse der nationalen oder der öffentlichen Sicherheit, der öffentlichen Ordnung

(ordre public), zum Schutz der Volksgesundheit oder der öffentlichen Sittlichkeit oder zum Schutz der Rechte und Freiheiten anderer notwendig sind.

Dieser Artikel der UN-Konvention ist in der Bundesrepublik Deutschland durch die Artikel 9 GG (Vereinigungsfreiheit) und 8 GG (Versammlungsfreiheit) abgesichert. Eine gesonderte Erwähnung des Kindes erfolgt auch in diesen beiden Artikeln des Grundgesetzes nicht; es darf jedoch auch hier uneingeschränkt als in der Formulierung "alle Deutschen" enthalten betrachtet werden. Ausländern - und damit wohl auch ausländischen Minderjährigen - "stehen entsprechende Rechte nach Maßgabe der Vorschriften des Versammlungsgesetzes sowie des Vereinsgesetzes zu" [BMFSFJ 1994; 21].

Bemerkenswert am o.g. Artikel 15 ist, daß in ihm - wie bereits im Artikel 13, aber im Gegensatz zu Artikel 14 - "kein Vorbehalt für Einschränkungen durch den Erziehungsberechtigten gemacht" ist [Baer 1990; 195]. Ob hier im Konfliktfall das in Artikel 5 festgeschriebene Elternrecht vorgeht oder ob auch Artikel 15 so zu interpretieren ist, "daß den Eltern [...] nicht das Recht eingeräumt wird, in dieses Grundrecht des Kindes einzugreifen" [ebd.], ist aus der Konvention nicht zweifelsfrei abzuleiten. Darüber, wie diese Rechtsgüter-Abwägung in den Familien konkret entschieden wird, sind allerdings eindeutige Vermutungen möglich.

Artikel 16

(1) Kein Kind darf willkürlichen und rechtswidrigen Eingriffen in sein Privatleben, seine Familie, seine Wohnung oder seinen Schriftverkehr oder rechtswidrigen Beeinträchtigungen seiner Ehre und seines Rufes ausgesetzt werden.

(2) Das Kind hat Anspruch auf rechtlichen Schutz gegen solche Eingriffe oder Beeinträchtigungen.

Wie die Bundesregierung in ihrem Erstbericht - bislang unwidersprochen - vermerkt hat, ist "aus Artikel 1 i.V.m. Artikel 2 Abs. 1 des Grundgesetzes abzuleiten, daß [in der Bundesrepublik Deutschland; R.B.] jedem Menschen ein autonomer Bereich privater Lebensgestaltung zusteht" [BMFSFJ 1994; 22]; jedem Menschen - also auch dem Kind. Darüber hinaus steht die Familie gemäß Artikel 6 Absatz 1 GG "unter dem besonderen Schutz der staatlichen Ordnung"; innerhalb der Familie wiederum - davon sollte ausgegangen werden - erstreckt sich der Schutz der Persönlichkeitsrechte auch auf das Kind: Im Sinne des vorliegenden Artikels 16 der UN-Konvention gilt beispielsweise auch im Hinblick auf das Kind die Unverletzlichkeit der Wohnung [Artikel 13 GG], das Post- und Fernmeldegeheimnis [Artikel

10 GG] und das Recht der persönlichen Ehre [Artikel 5 Absatz 2 GG]. Verstöße gegen solcherlei Grundrechte unterliegen - da "alle Menschen [...] vor dem Gesetz gleich" sind [Artikel 3 Absatz 1 GG] - auch dann, wenn sie sich gegen Kinder richten, der Strafverfolgung entsprechend der einschlägigen Paragraphen des StGB [vgl. hier v.a. die §§ 201 bis 203, 354, 123 f. sowie 185 ff. StGB]. Auch das in Artikel 5 des Übereinkommens verbürgte Elternrecht kann diese wesentlichen Grundrechte des Kindes nicht außer Kraft setzen; im Gegenteil: Wie im entsprechenden Kommentar [siehe dort] herausgearbeitet werden konnte, darf das Elternrecht nicht von der Pflicht der Eltern getrennt werden, die Umsetzung der Rechte des Kindes gewährleisten zu helfen.

De facto ist es allerdings nach wie vor die Regel, daß das Kind innerhalb der vom Grundgesetz geschützten Privatsphäre der Familie kein Recht auf ein eigenes, ganz persönliches Privatleben geltend machen kann. "Das Kind hat letztlich auch kein Eigentum. Wir räumen sein Zimmer auf und werfen weg, was wir für Plunder halten, obwohl es dem Kind vielleicht sehr wertvoll ist" [Bock 1984; 26]. Hier ist jedoch ein Bereich berührt, der eben - glücklicherweise - vor unerwünschten Eingriffen geschützt ist und daher auch nicht - das ist die Kehrseite - hinsichtlich der Umsetzung von Kinderrechten überprüft werden kann. Um so mehr ist hier (wie auch in ähnlichen Zusammenhängen) das individuelle Bewußtsein jener Erwachsenen gefordert, denen ein Kind anvertraut ist.

Wir erkennen also bereits an dieser Stelle, daß die Umsetzung des Übereinkommens der Vereinten Nationen über die Rechte des Kindes in der Bundesrepublik Deutschland nicht allein eine Aufgabe des Staates als Abstraktum darstellt, sondern darüber hinaus eine persönliche Herausforderung an jeden einzelnen seiner Bürger.

Artikel 17

Die Vertragsstaaten erkennen die wichtige Rolle der Massenmedien an und stellen sicher, daß das Kind Zugang hat zu Informationen und Material aus einer Vielfalt nationaler und internationaler Quellen, insbesondere derjenigen, welche die Förderung seines sozialen, seelischen und sittlichen Wohlergehens sowie seiner körperlichen und geistigen Gesundheit zum Ziel haben. Zu diesem Zweck werden die Vertragsstaaten

a) die Massenmedien ermutigen, Informationen und Material zu verbreiten, die für das Kind von sozialem und kulturellem Nutzen sind und dem Geist des Artikels 29 entsprechen;

b) die internationale Zusammenarbeit bei der Herstellung, beim Austausch und bei der Verbreitung dieser Informationen und dieses Materials aus einer Vielfalt nationaler und internationaler kultureller Quellen fördern;

c) die Herstellung und Verbreitung von Kinderbüchern fördern;

d) die Massenmedien ermutigen, den sprachlichen Bedürfnissen eines Kindes, das einer Minderheit angehört oder Ureinwohner ist, besonders Rechnung zu tragen;

e) die Erarbeitung geeigneter Richtlinien zum Schutz des Kindes vor Informationen und Material, die sein Wohlergehen beeinträchtigen, fördern, wobei die Artikel 13 und 18 zu berücksichtigen sind.

Die durch Artikel 5 Absatz 1 GG gewährleistete "Pressefreiheit und die Freiheit der Berichterstattung durch Rundfunk und Film" hat in der Bundesrepublik Deutschland - gefördert durch das freie Spiel der Kräfte in einer freien Marktwirtschaft - dazu geführt, daß auch für Kinder ein breites und vielfältiges Medienangebot zur Verfügung steht. Damit die im Artikel 17 des UN-Übereinkommens ausgeführten qualitativen Vorgaben auch erreicht werden, sind - abgesehen von der wirtschaftlichen Macht bewußter Eltern - gewisse staatliche Einflußmöglichkeiten gegeben, wie z.B. über das öffentlich-rechtliche Fernsehen [vgl. z.B. Aktionsbündnis 1995; 9], durch Fördermaßnahmen [vgl. z.B. in "Unterrichtung": Maßnahme Nr. 14], Medienpreise etc.; wobei allerdings beachtet werden muß, daß gerade aufgrund des o.g. Artikels 5 Absatz 1 GG ("Eine Zensur findet nicht statt") "staatliche Eingriffe und Einflußnahmen in den durch Presse- und Rundfunkfreiheit geschützten Bereich grundsätzlich ausgeschlossen sind" [BMFSFJ 1994; 20]. Der in Artikel 17 Buchstabe e angemahnte "Schutz des Kindes vor Informationen und Material, die sein Wohlergehen beeinträchtigen" kann allerdings dennoch im Einklang mit Artikel 5 Absatz 2 GG durch das Gesetz über die Verbreitung jugendgefährdender Schriften/GjS (in der Fassung vom 12. Juli 1985 [BGBl. I; 1502]), aber auch durch das Gesetz zum Schutze der Jugend in der Öffentlichkeit/JÖSchG (in der Fassung vom 25. Februar 1985 [BGBl. I; 425]) gewährleistet werden. In Fällen extremer Gewaltdarstellungen [§ 131 StGB] und der Verbreitung von Pornographie [§ 184 StGB] ist sogar die strafrechtliche Verfolgung vorgesehen. In diesem Kontext muß heute allerdings stets beachtet werden, daß "die Anwendung neuer Technologien sowie die Internationalisierung der Medien und des Informationsaustausches [...] auch neue Wege der internationalen Zusammenarbeit" erfordern [KoG 1995; V].

Probleme bereiten heute allerdings vor allem jene Angebote aus dem Bereich der elektronischen Medien, die weit unterhalb jener strafrechtlich relevanten Schmerzgrenze von

Gewaltverherrlichung und Pornographie angesiedelt sind, die aber dennoch durch "ungehemmte[n] Konsum [...] die Entwicklung und Entfaltung von Kindern stark beeinträchtigen" können. Es war Klaus Hurrelmann, der es erstmals gewagt hatte, "die nun auch bei uns eingetretene 'Amerikanisierung'" der Massenmedien und die damit verbundene "soziale Umweltverschmutzung" anzuprangern - und dies nicht ohne Grund; schließlich wird auch in der Bundesrepublik Deutschland Tag für Tag "in teilweise unwürdiger Form mit den Bedürfnissen von Kindern und Jugendlichen auf [sic] Neugier und Spannung umgegangen". Es ist daher in der Tat "dringend an der Zeit, die Rechte auf unversehrte Persönlichkeitsentwicklung von Kindern auch in diesem Bereich einzuklagen" [Hurrelmann 1993; 25].

Dieses "Einklagen" kann jedoch in unserer liberalen Rechts- und Wirtschaftsordnung lediglich appellativ und nur im Ausnahmefall auf dem juristischen Klageweg erfolgen. Obwohl durchaus fraglich ist, "ob der Schutz der Kinder durch die im Erstbericht angesprochene freiwillige Selbstkontrolle der Medien tatsächlich wirksam ist" [KoG 1995; V], obwohl bekannt ist, daß "insbesondere Werbung und Gewaltdarstellungen in den Medien negativ belastende Wirkungen für Kinder vor allem im Kontext sonstiger belastender Lebensumstände entfalten" [ebd.] - bis hin zur Schädigung der psychischen Gesundheit [vgl. hierzu auch Artikel 24] -, ist der wirtschaftlichen Macht der Werbung (und letztlich ist die Medienwelt heute nur noch deren Wurmfortsatz) kaum mehr wirksam zu begegnen. Erschwert wird die Situation dadurch, daß mittlerweile "die werbetreibende Wirtschaft die Kinderrechte für sich entdeckt [hat] und [...] das 'Recht auf Konsum' nach ihrem wirtschaftlichen Interesse aus[legt]" [Aktionsbündnis 1995; 10f]. Ob es angesichts dieser Übermacht noch möglich ist, daß "Ansätze in den Medien, im Sinne der UN-Konvention über die Rechte des Kindes zu arbeiten, [...] finanziell gefördert werden, um ein positives Gegengewicht gegen die Überflutung mit Gewalt und Werbung zu setzen" [a.a.O.; 10], muß zunehmend bezweifelt werden. Eine Chance besteht vielleicht noch darin, "Alternativen zu den elektronischen Medien zu erhalten" [a.a.O.; 11], weswegen z.B. die Forderungen dahingehend, sämtliche "Sparmaßnahmen bei den öffentlichen Bibliotheken sofort ein[zu]stellen" [ebd.], mit allem Nachdruck zu unterstützen sind. Wichtig ist heute aber vor allem die medienpädagogische Aufklärung: "Es genügt nicht, den Kindern den 'Zugang' zu den Medien zu garantieren, ohne ihnen gleichzeitig Hilfen zur sinnvollen Nutzung an die Hand zu geben." [ebd.]

Es sollte an dieser Stelle jedoch noch darauf hingewiesen werden, daß durch das Recht des Kindes auf Medienkonsum, wie es im hier behandelten Artikel 17 des Übereinkommens festgeschrieben ist, sowie durch sein Recht, sich "Informationen und Gedankengut jeder Art

[...] zu beschaffen" [vgl. Artikel 13 Absatz 1 der UN-Konvention], das Prinzip der Familien-Autonomie und des Elternrechts [vgl. Artikel 5] in dieser Frage zwar nicht ausdrücklich erwähnt [vgl. Coester/Hansen 1994; 31], so aber doch nicht außer Kraft gesetzt ist [vgl. Baer 1990; 195]. Neben den o.g. staatlichen Schutzmaßnahmen, wie beispielsweise dem GjS und dem JÖSchG, ist "zum Schutz des Kindes vor Informationen und Material, die sein Wohlergehen beeinträchtigen" deshalb nicht zuletzt das elterliche Beispiel von entscheidender Bedeutung. § 14 SGB VIII/KJHG gewährleistet hierbei wiederum die entsprechenden flankierenden Maßnahmen in Gestalt des erzieherischen Kinder- und Jugendschutzes.

Artikel 18

(1) Die Vertragsstaaten bemühen sich nach besten Kräften, die Anerkennung des Grundsatzes sicherzustellen, daß beide Elternteile gemeinsam für die Erziehung und Entwicklung des Kindes verantwortlich sind. Für die Erziehung und Entwicklung des Kindes sind in erster Linie die Eltern oder gegebenenfalls der Vormund verantwortlich. Dabei ist das Wohl des Kindes ihr Grundanliegen.

(2) Zur Gewährleistung und Förderung der in diesem Übereinkommen festgelegten Rechte unterstützen die Vertragsstaaten die Eltern und den Vormund in angemessener Weise bei der Erfüllung ihrer Aufgabe, das Kind zu erziehen, und sorgen für den Ausbau von Institutionen, Einrichtungen und Diensten für die Betreuung von Kindern.

(3) Die Vertragsstaaten treffen alle geeigneten Maßnahmen, um sicherzustellen, daß Kinder berufstätiger Eltern das Recht haben, die für sie in Betracht kommenden Kinderbetreuungsdienste und -einrichtungen zu nutzen.

Für die Umsetzung des Artikels 18 der Konvention stellt der Artikel 6 GG in der Bundesrepublik Deutschland eine wesentliche Grundlage dar. Die konkrete rechtliche Umsetzung erfährt Artikel 18 durch die §§ 1626 bis 1698 b BGB ("Elterliche Sorge über eheliche Kinder"), 1705 bis 1711 BGB ("Elterliche Sorge für nichteheliche Kinder") sowie 1773 bis 1915 BGB ("Vormundschaft über Minderjährige"). Mit dem Kinder- und Jugendhilfegesetz (KJHG) vom 26. Juni 1990 [BGBl. I; 1163], das seit dem 1. Januar 1991 das Achte Buch des Sozialgesetzbuches (SGB VIII) darstellt, ist zudem sowohl die "Förderung der Erziehung in der Familie" [§§ 16 bis 21 SGB VIII/KJHG] als auch die "Förderung von Kindern in Tageseinrichtungen und in Tagespflege" [§§ 22 bis 26 SGB VIII/KJHG] in der Bundesrepublik Deutschland gesetzlich geregelt.

Ein Problem erkannte die Bundesregierung lediglich im Absatz 1 des vorliegenden Artikels; schließlich kann "nach Überzeugung der Regierung der Bundesrepublik Deutschland [...] der Grundsatz der gemeinsamen Elternverantwortung uneingeschränkt nur für die intakte Ehe verwirklicht werden" [BMFSFJ 1994; 23 f.]. Unter Ziffer II jener Vorbehaltserklärung, welche die Bundesregierung ihrer Ratifikationsurkunde beigefügt hat, bekräftigt sie daher ihre

> "Auffassung, daß aus Artikel 18 Abs. 1 des Übereinkommens nicht abgeleitet werden kann, mit dem Inkrafttreten dieser Bestimmung stehe das elterliche Sorgerecht auch bei Kindern, deren Eltern keine Ehe eingegangen sind, die als verheiratete Eltern dauernd getrennt leben oder geschieden sind, automatisch [...] beiden Eltern zu" [BMFJ 1993; 50].

Da hier also ganz offensichtlich ein Widerspruch zwischen dem innerstaatlichen Recht der Bundesrepublik Deutschland und der etwas weiter gefaßten Formulierung von Artikel 18 Absatz 1 besteht, stellte die Bundesregierung das gesamte Sorgerecht kurzerhand "in das Ermessen des innerstaatlichen Gesetzgebers" [ebd.].

Die Umsetzung jener Vorgabe des vorliegenden Artikels 18 der Konvention, daß grundsätzlich "beide Elternteile gemeinsam für die Erziehung und Entwicklung des Kindes verantwortlich sind" - und das auch und gerade dann, wenn die Eltern getrennt leben -, kann sich auf diese Weise allerdings nicht mehr lange aufschieben lassen; schließlich bildet die Bundesrepublik Deutschland in dieser Frage derzeit "das Schlußlicht im Kreise moderner Staaten" [Coester/Hansen 1994; 33], da bereits "die meisten europäischen, aber auch außereuropäischen Länder eine grundsätzliche Bevorzugung eines Elternteils beim Sorgerecht [...] nicht oder nicht mehr vornehmen" [Baer 1990; 195]. Darüber hinaus ist "die Vorschrift des § 1671 Abs. 4 Satz 1 BGB, wonach die elterliche Sorge grundsätzlich einem Elternteil allein zu übertragen ist, [...] vom Bundesverfassungsgericht für verfassungswidrig erklärt worden" [Wissenschaftliche Dienste 1991; 9]. Das Kindschaftsrechtsreformgesetz [vgl. BMJ 1995], welches am 28. Februar 1996 vom Bundeskabinett verabschiedet worden ist und nach seiner Billigung durch Bundestag und Bundesrat voraussichtlich 1997 in Kraft treten wird, reagiert daher - indem künftig nach einer Scheidung automatisch das gemeinsame Sorgerecht gelten soll und über eine Alleinsorge nur noch auf Antrag entschieden wird - mit mehrjähriger Verspätung auf die entsprechenden Vorgaben des Bundesverfassungsgerichts und gleicht zudem das deutsche Kindschaftsrecht endlich dem europäischen Standard an. Vor allem aber wird damit schließlich auch den Anforderungen von Artikel 18 Absatz 1 des UN-Übereinkommens entsprochen, der das Recht des Kindes auf beide Elternteile eindeutig festschreibt; ein Recht, das auch dann gilt, wenn die Eltern unverheiratet oder geschieden sind - und das künftig erst dann eingeschränkt werden kann, wenn der Umgang mit einem Elternteil dem Wohl des Kindes abträglich wäre.

Zum Absatz 3 des vorliegenden Artikels 18 des Übereinkommens sollte noch bemerkt werden, daß - de iure - seit dem 1. Januar 1996 entsprechend den Vorgaben des Schwangeren- und Familienhilfegesetzes "Kinder vom vollendeten 3. Lebensjahres an bis zum Schuleintritt einen Rechtsanspruch auf einen Platz im Kindergarten" anmelden können [BMFSFJ 1994; 68]. Tatsache ist allerdings auch, "daß eine Verwirklichung dieses Anspruchs in Ländern und Gemeinden auf erhebliche Schwierigkeiten stößt" [KoG 1995; VI] - weswegen das Recht auf einen Kindergartenplatz de facto erst ab dem Jahr 1999 ohne Einschränkungen geltend gemacht werden kann. Bis dahin ist eine Übergangsregelung wirksam, die eine durch verschiedene Stichtage gestaffelte Aufnahmegarantie vorsieht.

Unabhängig davon, wie die Realität des Jahres 1999 aussehen wird, ist in diesem Zusammenhang auf zwei weitere, ineinander verschränkte Problemkreise hinzuweisen, deren künftige Handhabung heute ebenfalls noch nicht abgesehen werden kann. So werden sich - erstens - "die Befürworter eines solchen Rechtsanspruchs nicht damit zufrieden geben können, daß die Kinderkonvention dieses Recht nur für Kinder berufstätiger Eltern vorsieht" [Borsche 1991; 49 f.], was zwangsläufig zu weitergehenden Forderungen führen muß. Dies wird jedoch - zweitens - bewirken, "daß Elternbeiträge zum Teil drastisch erhöht werden" [Aktionsbündnis 1995; 8]; was nun wiederum nicht dazu führen darf,

> "daß Kinder aus einkommensschwächeren Familien keinen Kindergarten besuchen können. Im Gegenteil sollten Kindergartenplätze generell kostenlos sein. Schließlich erachtet man es heute als selbstverständlich, daß für staatliche Schulen kein Schulgeld gezahlt werden muß" [ebd.].

Klaus Hurrelmann stellt hinsichtlich der außerfamilialen Betreuung von Kindern in der Bundesrepublik Deutschland Überlegungen ganz grundsätzlicher Natur an [1993; 25-28] - und kommt zu dem vernichtenden Ergebnis, daß "die Bundesrepublik Deutschland [...] inzwischen das einzige Industrieland der Welt [ist], das Familien bei der Kinderbetreuung ohne ein Netz von öffentlicher Unterstützung läßt" [a.a.O.; 26]. Die "kleingewordene und sozial krisenanfällige Familie" [a.a.O.; 25], die "hohe Scheidungsziffer", das "Anwachsen der Zahl alleinerziehender Eltern" sowie die Zunahme jener "Familien mit Kindern, in denen sowohl Väter als auch Mütter einer außerhäuslichen Erwerbstätigkeit nachgehen" sorgen jedoch für einen immer größer werdenden "Bedarf an Kinderkrippen, Tagespflegestellen, Tagesmüttern, Kindergärten,

Horten und Ganztagesschulen" [a.a.O.; 26]. Dies mache verstärkte Bemühungen des Staates notwendig, aber auch "ein Netz von nachbarschaftlichen Bezügen, von Selbsthilfekontakten, von Haushaltshilfen" [a.a.O.; 25] - vor allem aber ein gewandeltes Bewußtsein: "Es wird höchste Zeit, Kindererziehung als eine öffentliche Angelegenheit zu verstehen, als die wichtigste Investition unserer Gesellschaft in die Zukunft." [a.a. O.; 26]

Artikel 19

(1) Die Vertragsstaaten treffen alle geeigneten Gesetzgebungs-, Verwaltungs-, Sozial- und Bildungsmaßnahmen, um das Kind vor jeder Form körperlicher und geistiger Gewaltanwendung, Schadenszufügung oder Mißhandlung, vor Verwahrlosung oder Vernachlässigung, vor schlechter Behandlung oder Ausbeutung einschließlich des sexuellen Mißbrauchs zu schützen, solange es sich in der Obhut der Eltern oder eines Elternteils, eines Vormunds oder anderen gesetzlichen Vertreters oder einer anderen Person befindet, die das Kind betreut.

(2) Diese Schutzmaßnahmen sollen je nach den Gegebenheiten wirksame Verfahren zur Aufstellung von Sozialprogrammen enthalten, die dem Kind und denen, die es betreuen, die erforderliche Unterstützung gewähren und andere Formen der Vorbeugung vorsehen sowie Maßnahmen zur Aufdeckung, Meldung, Weiterverweisung, Untersuchung, Behandlung und Nachbetreuung in den in Absatz 1 beschriebenen Fällen schlechter Behandlung von Kindern und gegebenenfalls für das Einschreiten der Gerichte.

Zahlreiche der in Absatz 1 angedeuteten Formen der Vernachlässigung, des Mißbrauchs, der Mißhandlung etc. von Kindern werden in der Bundesrepublik Deutschland von jeher strafrechtlich verfolgt; vgl. beispielsweise § 170 d StGB (Verletzung der Fürsorge- oder Erziehungspflicht), § 173 StGB (Beischlaf zwischen Verwandten), § 174 StGB (Sexueller Mißbrauch von Schutzbefohlenen), § 176 StGB (Sexueller Mißbrauch von Kindern), § 180 StGB (Förderung sexueller Handlungen Minderjähriger), § 182 StGB (Sexueller Mißbrauch von Jugendlichen), § 221 StGB (Aussetzung) oder § 223 b StGB (Mißhandlung von Schutzbefohlenen). Darüber hinaus bestehen in der Bundesrepublik Deutschland bereits die "geeigneten Gesetzgebungsmaßnahmen" - vor allem in Gestalt einschlägiger Paragraphen des Gesetzes zum Schutz der Jugend in der Öffentlichkeit (JÖSchG) und des Gesetzes über die Verbreitung jugendgefährdender Schriften (GjS) -, um das Kind nicht zuletzt auch vor geistiger Gewaltanwendung zu bewahren.

Eine ganze Reihe weiterer Maßnahmen gegen die in Artikel 19 Absatz 1 genannten Verletzungen der kindlichen Integritätsrechte, zudem aber noch zahlreiche Möglichkeiten der in Absatz 2 angemahnten Prävention werden im Kinder- und Jugendhilfegesetz dargelegt. Im Fall eines akuten Konflikts erlaubt beispielsweise § 8 Absatz 3 SGB VIII/KJHG die Beratung von Kindern und Jugendlichen auch ohne Kenntnis des Personensorgeberechtigten; der Vorbeugung dienen hingegen die einschlägigen Paragraphen zur Erziehungshilfe [§§ 27 bis 35 SGB VIII/KJHG] und die gesetzlichen Regelungen im Hinblick auf "Vorläufige Maßnahmen zum Schutz von Kindern und Jugendlichen" [§§ 42 und 43 SGB VIII/KJHG]. Sollte das mit dem SGB VIII/KJHG zur Verfügung stehende Instrumentarium nicht ausreichen und die Beschränkung bzw. der Entzug der Personensorge notwendig werden, "so ist das Vormundschaftsgericht anzurufen, das die notwendigen Maßnahmen nach § 1666 BGB zu treffen hat" [BMFJ 1993; 40].

Nun hat es das sehr komplexe Thema der Gewalt gegen Kinder an sich, daß es mit den Instrumenten unserer Rechtsordnung nur sehr unzulänglich erfaßt werden kann. Die Schwierigkeiten beginnen bei diesem Gegenstand bereits mit der Begriffsdefinition [vgl. hierzu exemplarisch Galtung 1975; 9] - und erweisen sich letztlich auch bei der Fragestellung, wie das Kind vor Gewalt zu schützen sei, als äußerst vielschichtig [vgl. Hurrelmann 1993 (28-32) und Wilken 1994]. Vor allem das problematische Verhältnis zwischen Gewalt und Erziehung kann in diesem Zusammenhang nicht ausgespart bleiben - weswegen hinsichtlich der innerstaatlichen Verwirklichung des Artikels 19 in der Bundesrepublik Deutschland nicht zuletzt auch dahingehend Uneinigkeit besteht, ob und inwieweit dieser Artikel mit dem elterlichen Erziehungsrecht [vgl. Artikel 6 Absatz 2 GG bzw. § 1631 BGB] kollidiert. In ihrer Denkschrift hatte die Bundesregierung noch die Ansicht vertreten, die in Absatz 1 postulierte Forderung, "das Kind vor jeder Form körperlicher [...] Gewaltanwendung [...] zu schützen", bedeute nicht, "daß die Vertragsstaaten gehalten wären, jede, auch maßvolle körperliche Züchtigung als Erziehungsmittel zu verbieten" [BMFJ 1993; 39]; dies ergebe sich aus der Analyse des im englischen Urtext verwendeten Begriffs "violence", der nach Aussage des Oxford Dictionary of Current English "unlawful use of force", also die r e c h t s w i d r i g e Gewaltanwendung umschreibe. Die Denkschrift legt nahe, daß es sich bei der "maßvollen körperlichen Züchtigung als Erziehungsmittel" um keine solche "rechtswidrige Gewaltanwendung" handelt und somit der Artikel 19 nicht auf diese anzuwenden ist; darüber hinaus "obliegt es [...] den Vertragsstaaten, den Inhalt des Gewaltbegriffs näher zu bestimmen" [ebd.].

Wohl aufgrund der zunehmenden Sensibilisierung der Öffentlichkeit und eines fortschreitenden Bewußtseinswandels innerhalb weiter Kreise der Bevölkerung, hat die Bundesregierung in ihrem Erstbericht schließlich auf die im vorhergehenden Absatz zitierte Formulierung verzichtet und statt dessen auf § 1631 Absatz 2 BGB verwiesen ("Entwürdigende Erziehungsmaßnahmen sind unzulässig") - sowie darauf, daß "diese Vorschrift [...] nach einem zur Zeit in der parlamentarischen Beratung befindlichen Gesetzentwurf im Sinne einer klareren Unterscheidung zwischen erlaubten und verbotenen Maßnahmen [...] präzisiert werden" soll [BMFSFJ 1994; 30]. Dieser

> "Referentenentwurf [...] bezog sich jedoch nur auf Mißhandlungen ('Mißhandlungsverbotsgesetz'). Trotz des Protests der Verbände wurde der Referentenentwurf zum Regierungsentwurf, ging in die Erste Lesung im Bundestag, wurde aber in der alten [d.h. zwölften; R.B.] Legislaturperiode [1991-1994; R.B.] nicht mehr verabschiedet. Nach den Bundestagswahlen [im Oktober 1994; R.B.] ist das gesamte Gesetzgebungsverfahren verfallen" [Aktionsbündnis 1995; 7].

Der eben erwähnte "Protest der Verbände" bezieht sich darauf, daß bislang sämtliche weitergehenden Gesetzgebungsinitiativen von der Bundesregierung bzw. von den die Regierung tragenden Bundestagsfraktionen blockiert worden sind. Nachdem die Fraktion der GRÜNEN auf Anregung des Deutschen Kinderschutzbundes (DKSB) bereits in der 11. Wahlperiode einen Gesetzentwurf in den Bundestag eingebracht hatte, der die "Unzulässigkeit von Züchtigungen jedweder Art" festschreiben sollte [BT-Drs. 11/7135 - zit. in BT-Drs. 12/5359 (s.u.); 5], war es zuletzt der Abgeordnete Konrad Weiß (Berlin), der am 30. Juni 1993 gemeinsam mit der BT-Gruppe BÜNDNIS 90/DIE GRÜNEN den "Entwurf eines Gesetzes zur gewaltfreien Erziehung von Kindern (Züchtigungsverbotsgesetz)" in den Bundestag eingebracht hatte [vgl. Gesetzentwurf in BT-Drs. 12/5359]. Diese Vorlage hätte im Falle ihrer Annahme als Gesetz die nachfolgend genannte Neuformulierung von § 1631 Absatz 2 BGB zur Folge gehabt: "Kinder sind gewaltlos zu erziehen. Entwürdigende Erziehungsmaßnahmen, insbesondere körperlich und seelisch verletzende Strafen, sind unzulässig." [a.a.O.; 3]

Für den DKSB ist nur eine solche Formulierung akzeptabel, denn "gewaltfreie Erziehung ist die Basis, um auch Mißhandlungen verhindern zu können". Schließlich sei empirisch nachgewiesen, "daß es einen direkten Zusammenhang zwischen anfänglich [sic] körperlichen Strafen und späteren schweren Mißhandlungen gibt". Darüber hinaus müsse "der Gesetzgeber [...] deutlich machen, daß gewaltfreie Erziehung die Norm für Erziehungsverhalten sein soll". Zur Untermauerung seines Standpunktes berichtet der DKSB von einer Umfrage, die ergeben habe, daß über 60 Prozent der 20- bis 35jährigen ein gesetzliches Gewaltverbot befürworten. "Die Rechtsprechung hinkt somit dem Bewußtsein der Bevölkerung hinterher." [Aktionsbündnis 1995; 7]

Seitens der deutschen Kinderschutz-Organisationen wird übrigens noch zu einer Reihe weiterer Teilaspekte Kritik an der innerstaatlichen Umsetzung des Artikels 19 der UN-Konvention geäußert. So sei beispielsweise in der Bundesrepublik Deutschland bislang das von Artikel 19 Absatz 2 des Übereinkommens vorgesehene "Aufstellen von Sozialprogrammen zur Unterstützung von Eltern bei einer gewaltlosen Erziehung", die "Unterstützung von Einrichtungen, die präventiv und betreuend gegen familiale Gewalt arbeiten" und auch eine "präventiv wirkende Aufklärung über die Wirkungen körperlicher und seelisch verletzender Strafen" unterblieben [a.a.O.; 13 f.]; der Erstbericht der Bundesregierung beinhalte keine "Konzeption und Strategien staatlicher Stellen, wie der Gewalt gegen Kinder begegnet werden kann", und zudem fehlten "ausreichende finanzielle Ressourcen" zur Umsetzung adäquater Maßnahmen [KoG 1995; V f.]. Der Vollständigkeit halber sollte jedoch noch kurz darauf hingewiesen werden, daß die Bundesregierung hinsichtlich der Umsetzung des Artikels 19 in ihrem Erstbericht durchaus auch Erfolge nennen kann: So sei es nach "der Wiederherstellung der staatlichen und nationalen Einheit" gelungen, "den strafrechtlichen Schutz Jugendlicher vor sexuellem Mißbrauch innerhalb der Bundesrepublik Deutschland" zu vereinheitlichen [BMFSFJ 1994; 63]; mit Blick auf die "strafrechtliche Verfolgung von Sexualdelikten, die an Kindern begangen werden," arbeite man daran, "den Eintritt der strafrechtlichen Verfolgungsverjährung für bestimmte gravierende Sexualstraftaten zum Nachteil von Kindern derart hinauszuschieben, daß für die Opfer eine Möglichkeit zur Anzeigeerstattung noch nach Eintritt der Volljährigkeit besteht" [a.a.O.; 62]; und schließlich habe "die vom Bundesministerium für Frauen und Jugend trotz angespannter Haushaltslage für die Jahre 1992 und 1993 mit Mitteln von jeweils 1 Mio. DM geförderte Aufklärungs- und Informationskampagne ‘Keine Gewalt gegen Kinder’ [...] ein großes Echo in den Medien und der Öffentlichkeit gefunden"; sie werde daher "voraussichtlich fortgeführt" [a.a.O.; 67].

Zweifellos wirken die soeben aus dem Erstbericht der Bundesregierung zitierten Maßnahmen zur innerstaatlichen Umsetzung des Artikels 19 der UN-Konvention ein wenig bescheiden angesichts des Leides, das auch in der Bundesrepublik Deutschland viele Kinder tagtäglich zu erdulden haben; und sicherlich mahnen die genannten Kritiker nicht zu Unrecht weiterreichende Bemühungen seitens der Bundesregierung an, dieses Leid lindern zu helfen. Es darf aber nie übersehen werden,

- daß Gewalt gegen Kinder - und damit auch der Verzicht auf Gewalt gegen Kinder - eine Frage des individuellen Bewußtseins darstellt, welches nur in einem sehr begrenzten Maße den Einflußmöglichkeiten des Staates unterliegt. Dies gilt auch für so traurige Sachverhalte wie beispielsweise dem, daß - was "Studien belegen" - "ein mißhandeltes Kind bis zu sieben Erwachsene ansprechen muß, bevor ihm einer glaubt" [Merkel 1993; 486];
- daß zudem das Spannungsverhältnis zwischen "Kindesmißhandlung und Kindesrechte" [Zenz 1979] sowohl in seiner familienrechtlichen als auch in seiner familienpsychologischen Dimension, nicht zuletzt aber auch aufgrund gewisser pädagogischer Traditionen und anderer historischer Aspekte eine außerordentliche Komplexität aufweist; und
- daß schließlich der gesamte Themenbereich der Kindesmißhandlungen für die Welt der Medien eine hohe Attraktivität aufweist - was nun erstaunlicherweise kaum zu einer Klärung der Situation in der Bundesrepublik Deutschland beiträgt, sondern vielmehr - ganz im Gegenteil - den Blick auf die wahren Verhältnisse vernebelt; was wiederum den tatsächlich notwendigen Handlungsbedarf bzgl. Intervention und Prävention zu einer Frage der Interpretation werden läßt. Darüber hinaus ist gerade der sexuelle Mißbrauch von Kindern in jüngster Zeit zunehmend im Sinne einschlägiger Interessen (z.B. in Scheidungsverfahren) instrumentalisiert und damit selbst in unverantwortlicher Weise mißbraucht worden [vgl. z.B. GEP 1995].

All dies erschwert die innerstaatliche Umsetzung des Artikels 19 der UN-Kinderrechtskonvention ganz erheblich.

Artikel 20

(1) Das Kind, das vorübergehend oder dauernd aus seiner familiären Umgebung herausgelöst wird oder dem der Verbleib in dieser Umgebung im eigenen Interesse nicht gestattet werden kann, hat Anspruch auf den besonderen Schutz und Beistand des Staates.

(2) Die Vertragsstaaten stellen nach Maßgabe ihres innerstaatlichen Rechts andere Formen der Betreuung eines solchen Kindes sicher.

(3) Als andere Form der Betreuung kommt unter anderem die Aufnahme in eine Pflegefamilie, die Kafala nach islamischem Recht, die Adoption oder, falls erforderlich, die Unterbringung in einer geeigneten Kinderbetreuungseinrichtung in Betracht. Bei der Wahl zwischen diesen Lösungen sind die erwünschte Kontinuität in der Erziehung des

Kindes sowie die ethnische, religiöse, kulturelle und sprachliche Herkunft des Kindes gebührend zu berücksichtigen.

Auch dieser Artikel der UN-Konvention findet in der Bundesrepublik Deutschland vor allem durch das Kinder- und Jugendhilfegesetz (SGB VIII/KJHG) seine innerstaatliche Verwirklichung. Im entsprechenden Fall ist diesem auch noch das Adoptionsvermittlungsgesetz (AdVermiG) vom 27. November 1989 [BGBl. I; 2017] zur Seite zu stellen.

Der in Artikel 20 Absatz 1 formulierte "Anspruch auf den besonderen Schutz und Beistand des Staates", der einem Kind zusteht, "das vorübergehend oder dauernd aus seiner familiären Umgebung herausgelöst wird", erfährt in der Bundesrepublik Deutschland darüber hinaus vor allem durch die Jugendämter und Vormundschaftsgerichte seine ganz konkrete Umsetzung; diese beiden Institutionen sorgen übrigens auch dafür, daß diese Herauslösung des Kindes aus seiner familiären Umgebung aktiv eingeleitet wird, sobald dies aufgrund der besonderen Schutzwürdigkeit des Kindes erforderlich werden sollte. Als Alternativen zur Familie bieten sich in der Bundesrepublik Deutschland mit Ausnahme der Kafala nach islamischem Recht sämtliche in Artikel 20 Absatz 3 genannten Formen der Betreuung an: die Unterbringung in einer Pflegefamilie [vgl. § 33 SGB VIII/KJHG], die Heimerziehung [vgl. § 34 SGB VIII/ KJHG] sowie die Adoption [vgl. §§ 1741 ff. BGB].

Ingrid Baer betont mit Recht die in Artikel 20 Absatz 3 angemahnte Kontinuität, der bei der Auswahl der Betreuungsform im Hinblick auf die Erziehung des Kindes das besondere Augenmerk gelten muß. Sie unterstreicht, "daß man sich bemühen sollte, Pflege- und Adoptivfamilien des gleichen ethnischen, religiösen oder sprachlichen Hintergrundes zu finden" [Baer 1990; 196]. Allerdings müsse stets im Einzelfall entschieden werden, ob dies "in Anbetracht der beschränkten Auswahl von Familien" überhaupt möglich bzw. "im Interesse des Kindes sinnvoll ist" [ebd.].

Artikel 21

Die Vertragsstaaten, die das System der Adoption anerkennen oder zulassen, gewährleisten, daß dem Wohl des Kindes bei der Adoption die höchste Bedeutung zugemessen wird; die Vertragsstaaten

a) stellen sicher, daß die Adoption eines Kindes nur durch die zuständigen Behörden bewilligt wird, die nach den anzuwendenden Rechtsvorschriften und Verfahren und auf der Grundlage aller verläßlichen einschlägigen Informationen entscheiden, daß die Adoption angesichts des Status des Kindes in bezug auf Eltern, Verwandte und einen Vormund zulässig ist und daß, soweit dies erforderlich ist, die betroffenen Personen in Kenntnis der Sachlage und auf der Grundlage einer gegebenenfalls erforderlichen Beratung der Adoption zugestimmt haben;

b) erkennen an, daß die internationale Adoption als andere Form der Betreuung angesehen werden kann, wenn das Kind nicht in seinem Heimatland in einer Pflege- oder Adoptionsfamilie untergebracht oder wenn es dort nicht in geeigneter Weise betreut werden kann;

c) stellen sicher, daß das Kind im Fall einer internationalen Adoption in den Genuß der für nationale Adoptionen geltenden Schutzvorschriften und Normen kommt;

d) treffen alle geeigneten Maßnahmen, um sicherzustellen, daß bei internationaler Adoption für die Beteiligten keine unstatthaften Vermögensvorteile entstehen;

e) fördern die Ziele dieses Artikels gegebenenfalls durch den Abschluß zwei- oder mehrseitiger Übereinkünfte und bemühen sich in diesem Rahmen sicherzustellen, daß die Unterbringung des Kindes in einem anderen Land durch die zuständigen Behörden oder Stellen durchgeführt wird.

Der gesamte Bereich der Adoption ist in der Bundesrepublik Deutschland durch die §§ 1741 bis 1772 BGB sowie durch das im Kommentar zu Artikel 20 der Konvention bereits erwähnte Adoptionsvermittlungsgesetz (AdVermiG) vom 2. Juli 1976 [BGBl. I; 1762] geregelt. Nachfolgend sollen die innerstaatlichen Bestimmungen jedoch noch ein wenig genauer betrachtet werden.

Der Artikel 21 des UN-Übereinkommens über die Rechte des Kindes betrifft - wie bei genauerer Betrachtung seines ersten Satzes deutlich wird - eigentlich nur jene Staaten, "die das System der Adoption anerkennen oder zulassen". Ihnen - und damit auch der Bundesrepublik Deutschland - gibt der Artikel 21 gewisse Mindest-Anforderungen vor, denen das deutsche Adoptionsrecht allerdings (soviel kann bereits an dieser Stelle vorweggenommen werden) voll entspricht.

Nach § 1741 Absatz 1 BGB ist die Adoption - also die "Annahme als Kind" - nur dann zulässig, "wenn sie dem Wohl des Kindes dient und zu erwarten ist, daß zwischen dem Annehmenden und dem Kind ein Eltern-Kind-Verhältnis entsteht". Damit wird - ganz im Sinne des Artikels 21 - sichergestellt, "daß dem Wohl des Kindes bei der Adoption die höchste Bedeutung zugemessen wird".

Die innerstaatliche Umsetzung der unter Buchstabe a genannten Vorgaben gewährleisten in der Bundesrepublik Deutschland § 2 AdVermiG, wonach Adoptionsvermittlungen nur durch die Jugendbehörden und die Fachstellen freier Träger der Jugendhilfe durchgeführt werden dürfen - und durch letztere auch nur dann, wenn sie als Adoptionsvermittlungsstellen anerkannt worden sind -, § 3 AdVermiG, wonach mit der Adoptionsvermittlung nur Fachkräfte betraut werden dürfen, die auf diesem Gebiet besondere Erfahrungen haben, sowie 1752 BGB, wonach die Adoption auf Antrag des Annehmenden vom Vormundschaftsgericht zugesprochen werden muß. Zuvor hat das Vormundschaftsgericht jedoch zu prüfen, ob die Voraussetzungen für die Annahme eines Kindes überhaupt gegeben sind - zu denen nicht zuletzt die erforderlichen Einwilligungen gehören; und zwar sowohl die des Kindes [vgl. § 1746 BGB] als auch die der Eltern des Kindes und die des Ehegatten des Annehmenden [vgl. §§ 1747 bis 1749]. Nach § 1750 Absatz 1 Satz 2 BGB sind die Einwilligungserklärungen notariell zu beurkunden - womit entsprechend § 17 Absatz 1 des Beurkundungsgesetzes vom 28. August 1969 [BGBl. I; 1513] gewährleistet ist, daß die einwilligenden Personen über die rechtliche Tragweite ihrer Erklärung belehrt werden.

Der Buchstabe b des vorliegenden Artikels 21 der UN-Konvention soll - auch wenn dies aufgrund der etwas verklausulierten Sprache nicht gleich auf den ersten Blick ersichtlich ist - "dem Handel mit Kindern zu Adoptionszwecken entgegenwirken" [BMFJ 1993; 40]. Bei der Erfüllung dieser Aufgabe könnte unter Umständen der Artikel 23 EGBGB vorbeugend mithelfen; abgesehen davon, daß durch die §§ 14 und 14 a der Neufassung des Adoptionsvermittlungsgesetzes vom 27. November 1989 [BGBl. I; 2016] der Kinderhandel sogar mit einer empfindlichen Strafe bedroht wird. Das in Artikel 21 Buchstabe b umschriebene Ziel läßt sich allerdings nicht allein auf dem Wege einer entsprechenden innerstaatlichen Gesetzgebung der Bundesrepublik Deutschland, sondern viel effizienter "im Rahmen internationaler Übereinkünfte erreichen, zu deren Abschluß die Vertragsstaaten in Buchstabe e angehalten werden" [BMFJ 1993; 40].

Die Umsetzung von Artikel 21 Buchstabe c obliegt dagegen wiederum jedem einzelnen Vertragsstaat selbst - was für die Bundesrepublik Deutschland jedoch schon erledigt zu sein scheint; schließlich hatte die Bundesregierung bereits in ihrer Denkschrift betont, "daß das dem Schutz des anzunehmenden Kindes besonders förderliche Verfahren mit Prüfung der Adoptionsvoraussetzungen von Amts wegen durch das Vormundschaftsgericht einheitlich auch für internationale Adoptionen in der Bundesrepublik Deutschland gilt" [BMFJ 1993; 40]. Juristisch belegt werden kann diese Formulierung - die später auch in den Erstbericht übernommen wurde [vgl. BMFSFJ 1994; 29] - vor allem durch Artikel 23 EGBGB [vgl. hier insbesondere Satz 2] in Verbindung mit § 1746 Absatz 1 Satz 4 BGB.

Dem unter Buchstabe d zum Ausdruck gebrachten Anliegen des Übereinkommens, "daß bei internationalen Adoptionen für die Beteiligten keine unstatthaften Vermögensvorteile entstehen", wird im deutschen Recht vor allem durch § 14 a AdVermiG (in der oben erwähnten Neufassung) entsprochen.

Dem unter Buchstabe e formulierten Appell an die Vertragsstaaten, zur Förderung der in Artikel 21 festgeschriebenen Ziele durch den Abschluß internationaler Pakte beizutragen, hat die Bundesrepublik Deutschland in der Vergangenheit bereits dadurch entsprochen, daß sie das Europäische Übereinkommen vom 24. April 1967 über die Adoption von Kindern ratifiziert hatte [vgl. BGBl. 1980 II; 1093]; darüber hinaus hat sich die Bundesregierung - wie ihrem Erstbericht zu entnehmen ist - aufgrund ihres Anliegens,

> "internationalen Adoptionen [...] verläßliche Rechtsgrundlagen zu geben und Mißbräuche zu verhindern [...], an der Vorbereitung eines Übereinkommens mit dieser Zielrichtung beteiligt: Am 29. Mai 1993 hat die XVII. Tagung der Haager Konferenz für Internationales Privatrecht das Übereinkommen über den Schutz von Kindern und die Zusammenarbeit auf dem Gebiet der internationalen Adoption vorgelegt" [BMFSFJ 1994; 29].

Diese Konvention "sieht die Einrichtung eines Systems nationaler Zentralstellen vor, die zum Schutz der Kinder und zur Verhinderung von Mißbräuchen bei der internationalen Adoptionsvermittlung zusammenarbeiten werden" [BMFSFJ 1994; 61]. Bislang hat die Bundesrepublik Deutschland - trotz des genannten Engagements in seiner Entstehungsphase - dieses Übereinkommen allerdings noch nicht ratifiziert.

So gelungen die innerstaatliche Umsetzung des hier behandelten Artikels 21 angesichts der diesbezüglichen deutschen Rechtslage auch erscheinen mag, so mangelhaft und verbesserungsbedürftig stellt sich nach Darstellung des Aktionsbündnisses Kinderrechte die einschlägige juristische Praxis dar. So hätten die Vormundschaftsrichter gerade bei internationalen Adoptionen keine Möglichkeit, eine wirklich effektive Kontrolle auszuüben. Daher sei es "dringend erforderlich, daß die Bundesregierung in ihrer Gesetzgebung vorschreibt, welche offiziellen Stellen von den Vormundschaftsgerichten kontaktiert werden müssen". Die bisher bestehenden internationalen Abkommen allein könnten hier keine Abhilfe schaffen - vor allem angesichts der Tatsache, daß die Bundesregierung die an sich durchaus brauchbare Haager Konvention bislang noch nicht einmal ratifiziert habe. "Die Vormundschaftsrichter wissen derzeit nicht, nach welchen Verfahrensvorschriften sie vorgehen sollen" - was in dem hier behandelten hochsensiblen Bereich fatale Folgen nach sich ziehen kann; schließlich müsse man sich "vergegenwärtigen, daß Adoptionen in der ersten Instanz entschieden werden und danach unanfechtbar sind" [Aktionsbündnis 1995; 11]. Aus diesem Blickwinkel betrachtet, scheint bei der innerstaatlichen Umsetzung des Artikels 21 der UN-Konvention also durchaus noch Nachbesserungsbedarf zu bestehen.

Artikel 22

(1) Die Vertragsstaaten treffen geeignete Maßnahmen, um sicherzustellen, daß ein Kind, das die Rechtsstellung eines Flüchtlings begehrt oder nach Maßgabe der anzuwendenden Regeln und Verfahren des Völkerrechts oder des innerstaatlichen Rechts als Flüchtling angesehen wird, angemessenen Schutz und humanitäre Hilfe bei der Wahrnehmung der Rechte erhält, die in diesem Übereinkommen oder in anderen internationalen Übereinkünften über Menschenrechte oder über humanitäre Fragen, denen die genannten Staaten als Vertragsparteien angehören, festgelegt sind, und zwar unabhängig davon, ob es sich Begleitung seiner Eltern oder einer anderen Person befindet oder nicht.

(2) Zu diesem Zweck wirken die Vertragsstaaten in der ihnen angemessen erscheinenden Weise bei allen Bemühungen mit, welche die Vereinten Nationen und andere zuständige zwischenstaatliche oder nichtstaatliche Organisationen, die mit den Vereinten Nationen zusammenarbeiten, unternehmen, um ein solches Kind zu schützen, um ihm zu helfen und um die Eltern oder andere Familienangehörige eines Flüchtlingskinds ausfindig zu machen mit dem Ziel, die für eine Familienzusammenführung notwendigen Informationen zu erlangen. Können die Eltern oder andere Familienangehörige nicht ausfindig gemacht werden, so ist dem Kind im Einklang mit den in diesem Übereinkommen enthaltenen Grundsätzen derselbe Schutz zu gewähren wie jedem anderen Kind, das aus irgendeinem Grund dauernd oder vorübergehend aus seiner familiären Umgebung herausgelöst ist.

In diesem Artikel finden wir jene Grundsätze auf Kinder übertragen, die bereits im Genfer Abkommen vom 28. Juli 1951 über die Rechtsstellung von Flüchtlingen [vgl. Simma/ Fastenrath o.J.; 144-160] sowie im dazu vereinbarten Protokoll vom 31. Januar 1967 [vgl. a.a.O. 161-164] enthalten sind. Da diese beiden UN-Dokumente in der Bundesrepublik Deutschland - wie ja auch das Übereinkommen der Vereinten Nationen über die Rechte des Kindes - den Rang eines innerstaatlichen Gesetzes erlangt haben [vgl. BGBl. 1953 II; 559 bzw. BGBl. 1969 II; 1293], können die im o.g. Artikel 22 Flüchtlingskindern zugesicherten Maßnahmen und Bemühungen von diesen hierzulande auch rechtsgültig in Anspruch genommen werden. So wird in der Denkschrift der Bundesregierung dargelegt, daß Flüchtlingskinder beispielsweise

> „nach Artikel 23 des Genfer Abkommens in die öffentliche Fürsorge einbezogen [sind]; sie genießen insoweit wie auch beim Empfang sonstiger Hilfeleistungen grundsätzlich die gleiche Behandlung wie Staatsangehörige des Aufnahmestaates. [...] Wenn ein Flüchtlingskind unbegleitet eingereist ist oder wenn es aus anderen Gründen durch keinen Elternteil oder sonst Sorgeberechtigten betreut wird [...] ist es Aufgabe der Jugendbehörden und des Vormundschaftsgerichts, die zur Abwendung von Gefahren für das Kind gebotenen Maßnahmen zu treffen. Diese können z.B. darin bestehen, daß das Kind in einer Familie oder in einem Heim untergebracht wird"[BMFJ 1993;41].

Die rechtliche Grundlage für diesen letztgenannten Fall ist durch § 1666 BGB gegeben, der zudem vorsieht, daß dem Kind dann auch ein Vormund bestellt werden kann. Darüber hinaus ergibt sich die internationale Zuständigkeit bei einer solchen Maßnahme aus Artikel 9 des Haager Minderjährigenschutzübereinkommens [vgl. BGBl. 1971 II; 217].

Allerdings erkennt die Bundesrepublik Deutschland bezüglich ihrer Verpflichtung zur innerstaatlichen Umsetzung des Artikels 22 der UN-Konvention auch gewisse Grenzen. So weist die Bundesregierung in ihrem Erstbericht z.B. jegliche Notwendigkeit von sich,

> "Kindern, die unbegleitet einreisen wollen, um [...] die Rechtstellung [sic] eines Flüchtlings zu begehren, die Einreise zu erleichtern oder zu ermöglichen, da Artikel 22 Abs. 1 die innerstaatlichen Vorschriften über die Einreise und den Aufenthalt von Ausländern unberührt läßt und somit insbesondere auch nicht der Geltung eines Sichtvermerkszwang für Kinder entgegensteht" [BMFSFJ 1994; 39].

Um diesen Standpunkt unmißverständlich zu dokumentieren, hatte die Bundesregierung auch hierzu bereits eine entsprechende Klarstellung in ihre Vorbehaltserklärung [vgl. BMFJ 1993; 50 f.] aufgenommen.

Die eben referierte begrenzte Akzeptanz des Artikels 22 der UN-Konvention über die Rechte des Kindes seitens der Bundesregierung, wie sie in der Vorbehaltserklärung und schließlich auch im Erstbericht zum Ausdruck kommt, vor allem aber die reale Situation unbegleiteter minderjähriger Flüchtlinge hat nicht nur die Opposition im Deutschen Bundestag in jüngster Zeit schon des öfteren zu kritischen Anfragen veranlaßt [vgl. diesbzgl. z.B. die Antwort der Bundesregierung in BT-Drs. 13/1076 sowie die Kleine Anfrage der SPD-Fraktion in BT-Drs. 13/1655], sondern auch die deutschen Kinderschutz-Organisationen alarmiert. Während in einer Reihe von juristischen Gutachten der Standpunkt der Bundesregierung durchaus nachvollzogen werden kann [vgl. z.B. Baer 1990 (197), Wissenschaftliche Dienste 1991 (19), Baer 1993 (2211)], steht nach Auffassung der Kinderschützer "die derzeitige Praxis in Deutschland im klaren Widerspruch zu den Anliegen der Kinderrechtskonvention" [KoG 1995; VII]. So gibt es nach Darstellung der National Coalition für Flüchtlingskinder de facto nur dann einen gewissen Schutz vor sofortiger Ausweisung, wenn sie einen Asylantrag stellen; aber "wegen ihres Alters können diese Kinder die im Rahmen des deutschen Asylverfahrens geforderte individuelle Verfolgung [...] nur selten nachweisen" [ebd.]. Die NC fordert daher allein schon aus humanitären Gründen ein befristetes Aufenthaltsrecht für Flüchtlingskinder: "Dieses müßte unabhängig vom schwer belastenden Asylverfahren eine vertrauensvolle und kindgerechte Betreuung, Bildung und gesundheitliche Versorgung sicherstellen sowie die Entwicklung einer persönlichen Lebensperspektive ermöglichen." [ebd.]

Der eben angedeutete Sachverhalt, daß Flüchtlingskinder zum Schutz vor sofortiger Ausweisung einen Asylantrag zu stellen haben, wirft noch ein weiteres Problem auf: "Um einen Asylantrag zu stellen, brauchen diese Kinder im Alter bis zu 15 Jahren einen amtlich bestellten Vormund oder Pfleger." Dies sei allerdings schon allein deshalb schwierig, "weil in der Praxis die Amtsvormundschaften überlastet und faktisch nicht in der Lage sind, ihre für das Asylverfahren der Minderjährigen entscheidende Aufgabe angemessen wahrzunehmen" [ebd.]. Für Flüchtlingskinder über 15 Jahre wird dagegen "nur noch selten eine Vormundschaft beantragt", sie "werden praktisch wie Erwachsene behandelt". Daraus folgt die praktische Konsequenz, daß diese etwas älteren Flüchtlingskinder bereits "in Erwachsenenunterkünften untergebracht" werden; "eine jugendgerechte Betreuung findet nicht statt" [ebd.]. Unabhängig von den mannigfaltigen, auf diese Weise erst möglich werdenden Jugendgefährdungen, erwächst hieraus das in deutschen Großstädten bereits registrierte Phänomen obdachloser minderjähriger Flüchtlinge, die womöglich zeitweise bei Landsleuten untergekommen waren und schließlich auf der Straße landeten.

Es gibt noch einige weitere Aspekte des innerstaatlichen Umgangs mit Flüchtlingskindern, die in der Bundesrepublik Deutschland auf die Kritik der Jugendschutz-Organisationen stoßen. Dazu gehört beipielsweise die "Drittstaatenregelung", "wonach die Grenzbehörden einen Antrag auf Asyl ohne Prüfung zurückweisen können, wenn der Antragsteller aus einem 'sicheren Drittland' kommt". Dieses Vorgehen widerspreche "dem Geist des Art. 22 und ist aus Sicht von Kindern unzumutbar" [ebd] Oder die "Flughafenregelung", nach der "Asylbegehrende auf den Flughäfen interniert und [...] Schnellprüfungsverfahren durchgeführt" werden und die sofortige Abschiebung erfolgt, wenn sich ein Antrag als "offensichtlich unbegründet" erweist oder der Flug über ein "sicheres Drittland" geführt hat. "Bei diesem Verfahren werden die besonderen Schutzbedürfnisse von Kindern und Jugendlichen nicht berücksichtigt." [ebd.] In Frage gestellt wird schließlich auch die sowohl in der Denkschrift als auch im Erstbericht mit Blick auf die innerstaatliche Umsetzung des Artikels 22 in der Bundesrepublik Deutschland formulierte Zusicherung der Bundesregierung, Flüchtlingskinder genössen "grundsätzlich die gleiche Behandlung wie Staatsangehörige des Aufnahmestaates" [BMFSFJ 1994; 39]. Richtig sei vielmehr, daß "Flüchtlinge gegenüber deutschen Staatsangehörigen ungleich behandelt [werden]. Insbesondere die Bereiche schulische Ausbildung, gesundheitliche Versorgung und sonstige Betreuungsleistungen sind mit den entsprechenden Angeboten für deutsche Kinder nicht vergleichbar" [KoG 1995; VII].

Aufgrund all dieser Teilaspekte, in denen die praktische innerstaatliche Umsetzung des hier untersuchten Artikels 22 der UN-Konvention in der Bundesrepublik Deutschland sowohl hinter den Vorgaben des Übereinkommens selbst als auch - zumindest teilweise - sogar hinter der eigenen Berichterstattung an die Vereinten Nationen zurückzubleiben scheint, kommt das Aktionsbündnis Kinderrechte, das die eben referierte Kritik der National Coalition nicht nur teilt, sondern in der Regel noch wesentlich drastischer formuliert, zu einem vernichtenden Ergebnis [1995; 12]:

> "Im Unterschied zu anderen Bereichen, wo es Mängel gibt, weigert sich die Bundesregierung in bezug auf Flüchtlingskinder generell, die Kinderrechte anzuerkennen. Damit zeigt sie in diesem Bereich eine aktive Einstellung gegen Kinderrechte."

In Anbetracht der Tatsache, "daß es sich bei der UN-Konvention über die Rechte des Kindes um ein verbindliches Menschenrechtsdokument handelt", mache sich die Bundesregierung bei der Behandlung der Flüchtlingskinder somit eines Vergehens schuldig, für welches dem Aktionsbündnis nur noch ein Wort bleibt: "Menschenrechtsverletzung" [ebd.].

Artikel 23

> (1) Die Vertragsstaaten erkennen an, daß ein geistig oder körperlich behindertes Kind ein erfülltes und menschenwürdiges Leben unter Bedingungen führen soll, welche die Würde des Kindes wahren, seine Selbständigkeit fördern und seine aktive Teilnahme am Leben der Gemeinschaft erleichtern.
>
> (2) Die Vertragsstaaten erkennen das Recht des behinderten Kindes auf besondere Betreuung an und treten dafür ein und stellen sicher, daß dem behinderten Kind und

den für seine Betreuung Verantwortlichen im Rahmen der verfügbaren Mittel auf Antrag die Unterstützung zuteil wird, die dem Zustand des Kindes sowie den Lebensumständen der Eltern oder anderer Personen, die das Kind betreuen, angemessen ist.

(3) In Anerkennung der besonderen Bedürfnisse eines behinderten Kindes ist die nach Absatz 2 gewährte Unterstützung soweit irgend möglich und unter Berücksichtigung der finanziellen Mittel der Eltern oder anderer Personen, die das Kind betreuen, unentgeltlich zu leisten und so zu gestalten, daß sichergestellt ist, daß Erziehung, Ausbildung, Gesundheitsdienste, Rehabilitationsdienste, Vorbereitung auf das Berufsleben und Erholungsmöglichkeiten dem behinderten Kind tatsächlich in einer Weise zugänglich sind, die der möglichst vollständigen sozialen Integration und individuellen Entfaltung des Kindes einschließlich seiner kulturellen und geistigen Entwicklung förderlich ist.

(4) Die Vertragsstaaten fördern im Geist der internationalen Zusammenarbeit den Austausch sachdienlicher Informationen im Bereich der Gesundheitsvorsorge und der medizinischen, psychologischen und funktionellen Behandlung behinderter Kinder einschließlich der Verbreitung von Informationen über Methoden der Rehabilitation, der Erziehung und der Berufsausbildung und des Zugangs zu solchen Informationen, um es den Vertragsstaaten zu ermöglichen, in diesen Bereichen ihre Fähigkeiten und ihr Fachwissen zu verbessern und weitere Erfahrungen zu sammeln. Dabei sind die Bedürfnisse der Entwicklungsländer besonders zu berücksichtigen.

Die Bundesregierung weist in ihrer Denkschrift mit Recht darauf hin, daß der Gedanke, behinderten Kindern besondere Hilfen zuteil werden zu lassen, in den internationalen Kinderrechtsdokumenten eine gewisse Tradition aufweist:

> "Der Gedanke, daß gerade dem behinderten Kind solche Hilfen zugewendet werden müssen, findet sich [...] andeutungsweise schon in der Genfer Erklärung von 1924 (Nr. II) und vor allem in Artikel 5 der Erklärung der Rechte des Kindes von 1959, wo gesagt wird, daß das körperlich, geistig und sozial behinderte Kind 'die besondere Behandlung, Erziehung und Fürsorge (erhält), die seine besondere Lage erfordert'." [BMFJ 1993; 41]

In der Bundesrepublik Deutschland gelten für behinderte Kinder die selben hohen rechtlichen Standards, die - gerade hinsichtlich ihrer Gleichstellung, Integration etc. - auch für erwachsene Behinderte gelten. Grundlage für die innerstaatliche Umsetzung des Artikels 23 der UN-Konvention über die Rechte des Kindes ist somit § 10 SGB I, in dem die Eingliederung

Behinderter - ohne jedwede Einschränkung hinsichtlich des Alters des betroffenen Menschen - durch die folgende Formulierung gewährleistet wird:

> "Wer körperlich, geistig oder seelisch behindert ist oder wem eine solche Behinderung droht, hat unabhängig von der Ursache der Behinderung ein Recht auf die Hilfe, die notwendig ist, um
>
> 1. die Behinderung abzuwenden, zu beseitigen, zu bessern, ihre Verschlimmerung zu verhüten oder ihre Folgen zu mildern,
>
> 2. ihm einen seinen Neigungen und Fähigkeiten entsprechenden Platz in der Gemeinschaft, insbesondere im Arbeitsleben, zu sichern."

Die konkreten Leistungen, die behinderten Kindern und Erwachsenen zur Erfüllung der in § 10 SGB I genannten Vorgaben zugesprochen sind, finden sich (in einer allgemeinen Übersicht) in § 29 SGB I sowie (detaillierter ausgeführt) in den §§ 39 ff. des Bundessozialhilfegesetzes (BSHG); vor allem aber in den einzelnen Bestimmungen des Schwerbehindertengesetzes (SchwbG). Für behinderte Kinder gelten zudem spezielle Regelungen über den Besuch einer Sonderschule [in Bayern beispielsweise der Artikel 9 des Gesetzes über das Erziehungs- und Unterrichtswesen (BayEUG)]; darüber hinaus sieht § 2 des Bundeskindergeldgesetzes (BKGG) entsprechende Kindergeld-Modalitäten vor, falls für die Eltern eines Behinderten außergewöhnliche Belastungen entstehen sollten. Schließlich sind im Kinder- und Jugendhilfegesetz einige Paragraphen enthalten, die sich ausschließlich mit der Situation s e e l i s c h behinderter Kinder und Jugendlicher, die im Artikel 23 leider "begrifflich nicht erwähnt" werden [Borsche 1991; 50], befassen; und zwar die §§ 35 a bis 40 SGB VIII/KJHG.

Angesichts dieses engmaschigen Netzes von Hilfestellungen, die das deutsche Rechtssystem für Behinderte - und damit, wie schon gesagt, ohne Einschränkungen auch für behinderte Kinder - vorsieht, ist es nicht überraschend, daß selbst kritische Kommentatoren feststellen müssen, in der Bundesrepublik Deutschland gäbe es "für Behinderte relativ gut entwickelte Förderungsmöglichkeiten" [Baer 1990; 197]. Naturgemäß bliebe dabei allerdings noch einiges zu tun, "was in den Anfängen steckt und weiterentwickelt werden könnte"; zum Beispiel "die schulische Förderung von behinderten Kindern zusammen mit nichtbehinderten [...], mit entsprechender Verbesserung der personellen und sächlichen [sic!] Ausstattung der betreffenden Schulen" [ebd.]. Grund zur Hoffnung gibt nicht zuletzt das Übereinkommen der Vereinten Nationen über die Rechte des Kindes; schließlich könnte diese Konvention "als Hilfe dienen, um Entwicklungen, die bisher noch nicht genügend vorangetrieben werden konnten, zu fördern" [ebd.].

Artikel 24

(1) Die Vertragsstaaten erkennen das Recht des Kindes auf das erreichbare Höchstmaß an Gesundheit an sowie auf Inanspruchnahme von Einrichtungen zur Behandlung von Krankheiten und zur Wiederherstellung von Gesundheit. Die Vertragsstaaten bemühen sich sicherzustellen, daß keinem Kind das Recht auf Zugang zu derartigen Gesundheitsdiensten vorenthalten wird.

(2) Die Vertragsstaaten bemühen sich, die volle Verwirklichung dieses Rechts sicherzustellen, und treffen insbesondere geeignete Maßnahmen, um

a) die Säuglings- und Kindersterblichkeit zu verringern;
b) sicherzustellen, daß alle Kinder die notwendige ärztliche Hilfe und Gesundheitsfürsorge erhalten, wobei besonderer Nachdruck auf den Ausbau der gesundheitlichen Grundversorgung gelegt wird;
c) Krankheiten sowie Unter- und Fehlernährung auch im Rahmen der gesundheitlichen Grundversorgung zu bekämpfen, unter anderem durch den Einsatz leicht zugänglicher Technik und durch die Bereitstellung ausreichender vollwertiger Nahrungsmittel und sauberen Trinkwassers, wobei die Gefahren und Risiken der Umweltverschmutzung zu berücksichtigen sind;
d) eine angemessene Gesundheitsfürsorge für Mütter vor und nach der Entbindung sicherzustellen;
e) sicherzustellen, daß allen Teilen der Gesellschaft, insbesondere Eltern und Kindern, Grundkenntnisse über die Gesundheit und Ernährung des Kindes, die Vorteile des Stillens, die Hygiene und die Sauberhaltung der Umwelt sowie die Unfallverhütung vermittelt werden, daß sie Zugang zu der entsprechenden Schulung haben und daß sie bei der Anwendung dieser Grundkenntnisse Unterstützung erhalten;
f) die Gesundheitsvorsorge, die Elternberatung sowie die Aufklärung und die Dienste auf dem Gebiet der Familienplanung auszubauen.

(3) Die Vertragsstaaten treffen alle wirksamen und geeigneten Maßnahmen, um überlieferte Bräuche, die für die Gesundheit der Kinder schädlich sind, abzuschaffen.

(4) Die Vertragsstaaten verpflichten sich, die internationale Zusammenarbeit zu unterstützen und zu fördern, um fortschreitend die volle Verwirklichung des in diesem Artikel anerkannten Rechts zu erreichen. Dabei sind die Bedürfnisse der Entwicklungsländer besonders zu berücksichtigen.

Wie schon der vorhergehende, so ist auch dieser Artikel vor allem für die Entwicklungsländer von besonderer Bedeutung und Brisanz: Dort vor allem gilt es, den Geist dieses Übereinkommens Wirklichkeit werden zu lassen und das Wohl der Kinder - und das heißt in diesem Kontext vor allem: ihre Gesundheit - zu fördern. Entsprechend der in Absatz 4 festgeschriebenen Verpflichtung zur internationalen Zusammenarbeit könnte allerdings seitens der Industrieländer noch "sehr viel getan werden, um die Voraussetzungen für das Überleben dieser Kinder zu verbessern" [Baer 1990; 197]. Auch im Erstbericht der Bundesregierung wird die Notwendigkeit einer international koordinierten "Hilfeleistung für Entwicklungsländer" erkannt [BMFSFJ 1994; 33].

In der Bundesrepublik Deutschland sind auch die Kinder durch das dichte Netz eines höchst elaborierten Gesundheitswesens gesichert; bedenkliche Fehlentwicklungen hinsichtlich der Gesundheit unserer Kinder beruhen daher wohl kaum auf Versäumnissen von staatlicher Seite, sondern vielmehr auf einem Mangel an Gesundheitsbewußtsein in den Familien bzw. auf dem ungenügenden Beispiel seitens der Eltern. Allerdings kann auch kaum übersehen werden, daß die gesamten Lebensumstände, denen ein Kind in der Bundesrepublik Deutschland unterworfen ist, an sich schon eine immense Belastung für den jungen Menschen darstellt, welche immer häufiger nicht zuletzt auch in psychischen Gesundheitsstörungen ihren sichtbaren Ausdruck findet - von der Verhaltensauffälligkeit bis hin zur psychosomatischen Symptomatik [vgl. hierzu Hurrelmann 1993; 23-25].

Bemerkenswert ist am Artikel 24 der UN-Konvention übrigens, daß bei ihm wohl verschiedene Seiten "Kröten schlucken" mußten: "die Aufklärung und die Dienste auf dem Gebiet der Familienplanung" sind für traditionell katholische Staaten gewiß ebenso ein Entgegenkommen wie es das Versprechen, für das Kind schädliche Bräuche abzuschaffen, für so manches Entwicklungsland darstellt. Daß "die Gefahren und Risiken der Umweltverschmutzung zu berücksichtigen sind", ist hingegen ein Stachel im Fleisch sämtlicher Industriestaaten; allerdings ist diesbezüglich eine eher schwache Formulierung gewählt worden. Tatsache ist, daß eine gesunde Umwelt d a s Grundrecht schlechthin für jedes Kind dieser Erde darstellen müßte: weil sie eine wesentliche Basis für seine Gesundheit wäre, weil nur sie seine Zukunft garantieren könnte.

Die Verwirklichung der sogenannten "Ökologischen Kinderrechte" [vgl. Deutsche Wanderjugend 1994 und Pass-Weingartz 1994] ist es denn auch, was in der Bundesrepublik Deutschland im Hinblick auf den Artikel 24 der Konvention den Hauptgegenstand der Diskussion darstellt. Dies spiegelt sich nicht nur im Bundestag in Form von Großen Anfragen und Anträgen [vgl. z.B. BT-Drs. 13/1968] aus den Reihen der Opposition zum Themenkomplex Kindergesundheit/Umweltbelastungen und den entsprechenden Antworten der Bundesregierung [vgl. z.B. BT-Drs. 12/4626 und 12/4817] wider, sondern auch im Bedauern seitens der deutschen Kinderschutz-Organisationen über "die weitgehende Ausklammerung des Umweltschutzes" [Aktionsbündnis 1995; 10] aus dem Übereinkommen selbst. Für den letztgenannten Tatbestand werden allerdings auch Gründe gefunden: Erstens handele es sich beim Umweltschutz genaugenommen um ein allgemeines Menschenrecht und nicht allein um ein Kinderrecht; es seien aber bei der Abfassung des Übereinkommens "die Kinderrechte der Schwerpunkt des Interesses gewesen". Zweitens "waren die Regierungsdelegationen, die an der Ausarbeitung mitwirkten, nicht bereit und in der Lage, den nachfolgenden Generationen eine reine Umwelt zu garantieren" [ebd.].

Die Kritik aus den Reihen der deutschen Kinderschützer trifft auch in bezug auf den Artikel 24 der Konvention einmal mehr den Erstbericht der Bundesregierung. Dieser verschweige, "daß die toxische Überlastung der Umwelt in der Bundesrepublik - wie in anderen Industrienationen - längst ein Ausmaß erreicht hat, dessen physische sowie psychosoziale Folgen für die Bevölkerung und insbesondere für Kinder bereits jetzt alarmierend sind" [ebd.]. Die National Coalition weist in diesem Zusammenhang darauf hin, daß diese "die Kinder gefährdenden oder ihnen nicht zumutbaren Umweltbelastungen [die] Zunahme von sog. Umweltkrankheiten (z.B. Allergien, Pseudokrupp, Asthma, Hautreizungen)" zur Folge hätten; diskutiert werden müsse daher nicht zuletzt die "Problematik von Grenzwerten gesundheitsgefährdender Stoffe sowie des schädlichen Ausstoßes von Kohlendioxyd in die Luft, an dem Deutschland maßgeblich beteiligt ist" [KoG 1995; VI].

Im Hinblick auf die weitere Berichterstattung der Bundesregierung an die Vereinten Nationen über die innerstaatliche Umsetzung der Kinderrechtskonvention (gemäß Artikel 44 des Übereinkommens), mahnt die National Coalition an, zu den oben genannten

> "Entwicklungen entsprechendes Zahlenmaterial zur Verfügung zu stellen. Darüber hinaus sollte berichtet werden, welche Bemühungen Bund, Länder und Gemeinden unternehmen, um die Lebenswelten von Kindern jetzt und für ihre Zukunft so zu gestalten, damit für Kinder keine Gefahren in bezug auf ihre Gesundheit entstehen. Dabei sollte auch die Wirksamkeit dieser Bemühungen und die Anwendung kindgerechter Meßverfahren dargelegt werden" [ebd.].

Um kein falsches Gesamtbild entstehen zu lassen, erfolgt an dieser Stelle noch ein Hinweis darauf, daß die Bundesregierung bereits in ihrer Unterrichtung vom 21. Januar 1993 eine

Vielzahl von Maßnahmen aufführt, die in der Tat allesamt - im weitesten Sinne - die innerstaatliche Umsetzung des Artikels 24 der UN-Konvention betreffen. Verwiesen sei in dem hier behandelten Zusammenhang auf den Bericht des Bundesministeriums für Umwelt, Naturschutz und Reaktorsicherheit über die Novellierung der Strahlenschutzverordnung [vgl. Unterrichtung; 8], vor allem aber auf die umfangreiche Auflistung des Bundesministeriums für Forschung und Technologie über die "mit Bundesmitteln geförderten Vorhaben auf dem Gebiet der kinder- und jugendrelevanten Forschung [...] im Bereich der Medizin" [a.a.O.; 8 ff.].

Eine wesentliche Problematik hinsichtlich der Gewährleistung der optimalen Gesundheit junger Menschen - die bislang nicht einmal von den deutschen Kinderschutz-Organisationen erkannt worden ist - stellt das Selbstbestimmungsrecht Minderjähriger bei medizinischen Eingriffen dar. Es kann an dieser Stelle nicht geklärt werden, ob ein solches Recht der Gesundheit des Minderjährigen eher dienlich oder abträglich wäre oder ob es unabhängig davon allein schon aus Gründen eines altersunabhängigen Persönlichkeitsrechts geboten sein müßte; zur Beantwortung dieser Fragen sei statt dessen auf die entsprechende Untersuchung von Detlev W. Belling et al. [1994] verwiesen. Konsens sollte allerdings mittlerweile dahingehend bestehen, daß sich wenigstens die ärztliche Schweigepflicht auch auf den minderjährigen Patienten zu erstrecken hat. So gehört wohl die folgende Passage aus einem Erziehungsratgeber des Jahres 1972 endgültig der Vergangenheit an, in der sich der Autor - selbst Mediziner - eindeutig dafür ausspricht, daß der Arzt angesichts der Bitte eines "15jährigen Mädchen[s,] ohne Einverständnis der Eltern die Anti-Baby-Pille [zu] verschreiben [...] seine Schweigepflicht brechen und sich im Interesse der Erziehung über das Selbstbestimmungsrecht des Kindes hinwegsetzen kann und muß" [Müller-Küppers 1972; 145].

Abschließend noch ein wichtiger Hinweis des Aktionsbündnisses Kinderrechte, der durchaus dem hier behandelten Artikel 24 zuzuordnen ist: "Die Überschwemmung der Kinder und Jugendlichen mit Gewaltdarstellungen" seitens der elektronischen Medien gefährde "deren psychische Gesundheit [...]. Ähnliches gilt auch für die immer aggressiver werdende Werbung". Der Schutz durch die freiwillige Selbstkontrolle der Medien funktioniere nicht [Aktionsbündnis 1995; 10]. In der Tat: Hier wäre hinsichtlich der innerstaatlichen Umsetzung des Artikels 24 der UN-Konvention noch ein ergiebiges Feld zu bearbeiten.

Artikel 25

Die Vertragsstaaten erkennen an, daß ein Kind, das von den zuständigen Behörden wegen einer körperlichen oder geistigen Erkrankung zur Betreuung, zum Schutz der Gesundheit oder zur Behandlung untergebracht worden ist, das Recht hat auf eine regelmäßige Überprüfung der dem Kind gewährten Behandlung sowie aller anderen Umstände, die für seine Unterbringung von Belang sind.

Dieser Artikel erfährt in der Bundesrepublik Deutschland die innerstaatliche Umsetzung vor allem durch das Achte Buch des Sozialgesetzbuches/Kinder- und Jugendhilfegesetz. Es sieht beispielsweise vor, daß "das Jugendamt [...] den Erfordernissen des Einzelfalls entsprechend an Ort und Stelle überprüfen [soll], ob die Pflegeperson eine dem Wohl des Kindes oder des Jugendlichen förderliche Erziehung gewährleistet" [§ 37 Absatz 3 SGB VIII/KJHG]. Detaillierte Bestimmungen hinsichtlich des Rechts - aber auch der Pflicht - der jeweils zuständigen Behörde, zum "Schutz von Kindern und Jugendlichen in Familienpflege und in Einrichtungen" regelmäßige Kontrollen durchzuführen, finden sich zudem in den §§ 44 bis 48 SGB VIII/KJHG.

Artikel 26

(1) Die Vertragsstaaten erkennen das Recht jedes Kindes auf Leistungen der sozialen Sicherheit einschließlich der Sozialversicherung an und treffen die erforderlichen Maßnahmen, um die volle Verwirklichung dieses Rechts in Übereinstimmung mit dem innerstaatlichen Recht sicherzustellen.

(2) Die Leistungen sollen gegebenenfalls unter Berücksichtigung der wirtschaftlichen Verhältnisse und der sonstigen Umstände des Kindes und der Unterhaltspflichtigen sowie anderer für die Beantragung von Leistungen durch das Kind oder im Namen des Kindes maßgeblicher Gesichtspunkte gewährt werden.

Nach § 4 Absatz 1 SGB I hat "jeder [...] ein Recht auf Zugang zur Sozialversicherung" - also auch Kinder; wobei diese in der Regel über ihre Eltern bzw. über ihren Vormund mitversichert sind, bis sie selbst die allgemeinen Voraussetzungen der Versicherungspflicht erfüllen, also in einem Ausbildungs- oder Arbeitsverhältnis stehen. Gegebenenfalls kann - nach den entsprechenden Bestimmungen des Bundessozialhilfegesetzes (BSHG) - für Kinder zudem Sozialhilfe beantragt werden [vgl. hierzu auch § 10 SGB VIII/KJHG]. Darüber hinaus erhalten Kinder beim Tod der Eltern oder eines Elternteils eine Waisenrente aus der gesetzlichen Rentenversicherung. Bei Unfällen, die während des Besuchs von Kindergärten und allgemeinbildenden Schulen eintreten, stehen Kinder unter dem Schutz der gesetzlichen Unfallversicherung; im Krankheitsfall genießen sie als Familienangehörige eines Mitglieds den Schutz einer gesetzlichen Krankenversicherung [vgl. BMFSFJ 1994; 33 f.]. Die innerstaatliche Umsetzung des Artikel 26 der UN-Konvention ist also gegeben, da auch im Hinblick auf Kinder die "Leistungen der sozialen Sicherheit [...] in der Bundesrepublik - im Vergleich zu anderen Ländern - in hohem Maße sichergestellt sind" [Baer 1990; 197].

Dennoch werden in der Bundesrepublik Deutschland auch weiterhin Verbesserungen des Systems der sozialen Sicherheit vorgenommen, um nicht zuletzt auch die innerstaatliche Umsetzung des Artikels 26 der UN-Konvention über die Rechte des Kindes zu optimieren. Verwiesen sei an dieser Stelle auf den Erstbericht der Bundesregierung, der in diesem Zusammenhang zum einen die Neufassung von § 45 SGB V zum 1. Januar 1992 nennt, welcher wiederum im Falle einer Erkrankung des Kindes den Eltern einen Anspruch auf Arbeitsfreistellung zusichert [vgl. BMFSFJ 1994; 70] bzw. bei Arbeitslosigkeit in Verbindung mit § 105 b Absatz 1 Satz 2 und 3 AFG die Fortzahlung des Arbeitslosengeldes vorsieht [vgl. a.a.O. 65], und zum anderen die Vierte Verordnung über die Anpassung und Erhöhung von Unterhaltsrenten für Minderjährige vom 19. März 1992 [BGBl. I; 535], die eine Erhöhung dieser Leistung der Sozialversicherung von 16 Prozent (mit Wirkung vom 1. Juli 1992) zur Folge hatte.

Trotz all dieser positiven Aspekte sind auch bezüglich der innerstaatlichen Umsetzung des vorliegenden Artikels 26 kritische Stimmen laut geworden. Diese sollen allerdings erst im nachfolgenden Kommentar zum Artikel 27 der UN-Konvention zitiert werden, da sich jener Artikel 27 mit einem verwandten Thema beschäftigt: mit dem Recht des Kindes auf einen angemessenen Lebensstandard.

Artikel 27

(1) Die Vertragsstaaten erkennen das Recht jedes Kindes auf einen seiner körperlichen, geistigen, seelischen, sittlichen und sozialen Entwicklung angemessenen Lebensstandard an.

(2) Es ist in erster Linie Aufgabe der Eltern oder anderer für das Kind verantwortlicher Personen, im Rahmen ihrer Fähigkeiten und finanziellen Möglichkeiten die für die Entwicklung des Kindes notwendigen Lebensbedingungen sicherzustellen.

(3) Die Vertragsstaaten treffen gemäß ihren innerstaatlichen Verhältnissen und im Rahmen ihrer Mittel geeignete Maßnahmen, um den Eltern und anderen für das Kind

verantwortlichen Personen bei der Verwirklichung dieses Rechts zu helfen, und sehen bei Bedürftigkeit materielle Hilfs- und Unterstützungsprogramme insbesondere im Hinblick auf Ernährung, Bekleidung und Wohnung vor.

(4) Die Vertragsstaaten treffen alle geeigneten Maßnahmen, um die Geltendmachung von Unterhaltsansprüchen des Kindes gegenüber den Eltern oder anderen finanziell für das Kind verantwortlichen Personen sowohl innerhalb des Vertragsstaats als auch im Ausland sicherzustellen. Insbesondere fördern die Vertragsstaaten, wenn die für das Kind finanziell verantwortliche Person in einem anderen Staat lebt als das Kind, den Beitritt zu internationalen Übereinkünften oder den Abschluß solcher Übereinkünfte sowie andere geeignete Regelungen.

Die in Artikel 27 Absatz 2 als wesentliche Aufgabe der Eltern definierte Sicherstellung der "für die Entwicklung des Kindes notwendigen Lebensbedingungen" ist in der Bundesrepublik Deutschland implizit im Artikel 6 Absatz 2 GG gefordert, wo nicht zuletzt die "Pflege [...] der Kinder" zur "zuvörderst ihnen [also eben den Eltern; R.B.] obliegende Pflicht" erklärt wird. Diese durchaus auch auf der materiellen Ebene zu erfolgende Pflege wird durch die innerstaatliche Gesetzgebung auf allen nachgeordneten Ebenen eingefordert; man denke beispielsweise an die entsprechenden Regelungen zur elterlichen Unterhaltspflicht gegenüber ihren Kindern, die in den §§ 1601 ff. BGB bzw. - bei nichtehelichen Kindern - in den §§ 1615 a ff. BGB zu finden sind.

In Artikel 6 Absatz 2 GG ist aber auch das "Wächteramt des Staates" festgeschrieben, was bedeutet, daß über die in den Familien stattfindende "Pflege und Erziehung der Kinder [...] die staatliche Gemeinschaft" wacht. Im vorliegenden Zusammenhang hat dies die Konsequenz, daß in der Bundesrepublik Deutschland - ganz im Einklang mit Artikel 27 Absatz 3 der Konvention - entsprechend den "innerstaatlichen Verhältnissen und im Rahmen ihrer Mittel [...] materielle Hilfs- und Unterstützungsprogramme" vorgesehen sind, sobald die Eltern oder andere Unterhaltspflichtige nicht mehr oder nur noch teilweise in der Lage sind, ihre in Artikel 27 Absatz 2 genannte Aufgabe zu erfüllen. In diesem Kontext ist "vor allem auf die [...] Sozialhilfe zu verweisen, die eingreift, wenn anders der Bedarf des Kindes nicht gedeckt werden kann" [BMFSFJ 1994; 35]. Es kann also davon ausgegangen werden, daß in der Bundesrepublik Deutschland jene Netze der Sozialversicherung, der Sozialhilfe etc., die auch in Notlagen die materielle Grundversorgung des Kindes gewährleisten können, in ausreichender Dichte vorhanden sind.

Darüber hinaus wird die im Absatz 4 genannte "Geltendmachung von Unterhaltsansprüchen des Kindes" durch die §§ 1601 bis 1615 BGB sowie mit Hilfe der Regelunterhalt-Verordnung (RegelUnterhV) vom 27. Juni 1970 [BGBl I; 1010] und das Unterhaltsvorschußgesetz (UnterhVorschG) i.d.F. vom 19. Januar 1994 [BGBl. I; 165] wirksam unterstützt; letzteres stellt den Unterhalt von Kindern alleinstehender Mütter oder Väter unter bestimmten Voraussetzungen bis zu 72 Monaten sicher. Die Verletzung der Unterhaltspflicht wird zudem strafrechtlich verfolgt und - sofern "der Lebensbedarf des Unterhaltsberechtigten gefährdet ist oder ohne die Hilfe anderer gefährdet wäre" - "mit Freiheitsstrafe bis zu drei Jahren oder mit Geldstrafe bestraft" [§ 170b StGB]. Dabei kommt die Rechtsordnung der Bundesrepublik Deutschland ihrer Verpflichtung, die Geltendmachung und gerichtliche Durchsetzung der Unterhaltsansprüche von Kindern zu erleichtern, in der Weise nach, daß dem auf Unterhalt klagendem Kind Prozeßkostenhilfe gewährt wird und daß seine Unterhaltsansprüche in bestimmten Abständen den veränderten Lebenshaltungskosten angepaßt werden [vgl. hierzu insbesondere die o.g. Regelunterhalt-Verordnung]. Und nicht zuletzt steht die Bundesrepublik Deutschland "der Eingehung internationaler Verpflichtungen zu den in Absatz 4 genannten Zwecken [...] aufgeschlossen gegenüber, wie sich z. B. daraus ergibt, daß sie Vertragsstaat des New Yorker Übereinkommens vom 20. Juni 1956 über die Geltendmachung von Unterhaltsansprüchen im Ausland" ist [BMFSFJ 1994; 28 - vgl. hierzu auch BGBl. 1959 II; 149].

Auch diese weitgehende innerstaatliche Umsetzung des Artikel 27 der UN-Konvention über die Rechte des Kindes wird vom Gesetzgeber fortlaufend optimiert. Als Beispiele seien an dieser Stelle die Anpassung und Erhöhung der Unterhaltsrenten für Minderjährige [vgl. BMFSFJ 1994; 60 f.], die Verbesserung des Unterhaltsvorschußrechts [vgl. a.a.O. 69] sowie die Weiterentwicklung des Familienlastenausgleichs, des Erziehungsgeldes und des Erziehungsurlaubs [vgl. a.a.O. 69 f.] genannt.

Dennoch wird sowohl von den Wohlfahrtsverbänden [vgl z.B. Heidrich/Martens/Struck 1994] als auch von den Kinderschutz-Organisationen an der besorgniserregenden wirtschaftlichen Situation vieler in der Bundesrepublik Deutschland lebender Kinder und damit zugleich an der innerstaatlichen Umsetzung des Artikels 27 der UN-Konvention teils sehr heftige Kritik geübt. Diese Kritik entzündet sich nicht zuletzt am Erstbericht der Bundesregierung selbst, der nicht verschweigt, daß "der Anteil von Kindern und Jugendlichen in Familien, die Sozialhilfeempfänger sind, [...] in den letzten Jahren - bedingt durch die schwierige wirtschaftliche Entwicklung - gestiegen" ist [BMFSFJ 1994; 49]. Die National Coalition liefert hierzu konkrete Zahlen:

"Nach der Definition von Armut durch die EU (weniger als 50 % des durchschnittlich verfügbaren Einkommens) müssen in den neuen Bundesländern 21,9 % und in den alten Bundesländern 11, 8 % der Kinder als arm gelten. Insgesamt sind hiervon 2,2 Millionen Kinder betroffen, wobei 1 Million Kinder von Sozialhilfe leben. Mit Stand von 1993 leben 500.000 Kinder in Obdachlosensiedlungen. In Deutschland haben sich Einkommen und Vermögen insbesondere zu Lasten Alleinerziehender und von Familien mit Kindern verschoben." [KoG 1995; VI]

Als eine zwingend notwendige Konsequenz dieser Entwicklung hat "das Bundesverfassungsgericht [...] unter Berufung auf den verfassungsmäßigen Schutz der Familie (Art. 6 GG) und den Gleichheitsgrundsatz (Art. 3 GG) festgestellt, daß der Teil des Einkommens, der zur Sicherung des soziokulturellen Existenzminimums von Kindern benötigt wird, nicht besteuert werden darf" [ebd.] (Die legislative Umsetzung dieser Vorgabe ist derzeit in Arbeit.) Damit "Kinder [...] für Familien der mittleren und unteren Einkommensbereiche nicht weiter ein Armutsrisiko bilden" [ebd.], wurde darüber hinaus mit dem Jahressteuergesetz 1996 trotz angespannter Haushaltslage das Kindergeld (bzw. alternativ dazu der Kinderfreibetrag) deutlich erhöht und die allgemeine Altersgrenze von 16 auf 18 Jahre angehoben. Dieser "Weiterentwicklung des Familienlastenausgleichs" [BMFSFJ 1994; 69] steht jedoch "die Forderung nach einer völligen Neuorganisation des Familienlastenausgleichs" [Aktionsbündnis 1995; 7] gegenüber. Es darf allerdings schon heute als vollkommen ausgeschlossen gelten, daß sich die finanziellen Vorstellungen der deutschen Kinderschützer, die "um den Bedarf eines Kindes zu decken [...] monatlich durchschnittlich je nach Alter etwa 730,- DM" veranschlagen [ebd.] und denen daher beim Kindergeld entsprechende Größenordnungen vorschweben, jemals erfüllen werden. Andererseits ist nicht unbedingt davon auszugehen, daß erst mit staatlichen Aufwendungen in dieser Höhe der Artikel 27 des Übereinkommens als verwirklicht betrachtet werden kann.

Artikel 28

(1) Die Vertragsstaaten erkennen das Recht des Kindes auf Bildung an; um die Verwirklichung dieses Rechts auf der Grundlage der Chancengleichheit fortschreitend zu erreichen, werden sie insbesondere

a) den Besuch der Grundschule für alle zur Pflicht und unentgeltlich machen;
b) die Entwicklung verschiedener Formen der weiterführenden Schulen allgemeinbildender und berufsbildender Art fördern, sie allen Kindern verfügbar und

zugänglich machen und geeignete Maßnahmen wie die Einführung der Unentgeltlichkeit und die Bereitstellung finanzieller Unterstützung bei Bedürftigkeit treffen;

c) allen entsprechend ihren Fähigkeiten den Zugang zu den Hochschulen mit allen geeigneten Mitteln ermöglichen;

d) Bildungs- und Berufsberatung allen Kindern verfügbar und zugänglich machen;

e) Maßnahmen treffen, die den regelmäßigen Schulbesuch fördern und den Anteil derjenigen, welche die Schule vorzeitig verlassen, verringern.

(2) Die Vertragsstaaten treffen alle geeigneten Maßnahmen, um sicherzustellen, daß die Disziplin in der Schule in einer Weise gewahrt wird, die der Menschenwürde des Kindes entspricht und im Einklang mit diesem Übereinkommen steht.

(3) Die Vertragsstaaten fördern die internationale Zusammenarbeit im Bildungswesen, insbesondere um zur Beseitigung von Unwissenheit und Analphabetentum in der Welt beizutragen und den Zugang zu wissenschaftlichen und technischen Kenntnissen und modernen Unterrichtsmethoden zu erleichtern. Dabei sind die Bedürfnisse der Entwicklungsländer besonders zu berücksichtigen.

Da das Bildungswesen in der Bundesrepublik Deutschland der Hoheit der Länder untersteht, ist die Verwirklichung von Artikel 28 Absatz 1 der UN-Kinderrechtskonvention durch die einzelnen Landesverfassungen gewährleistet; in Bayern beispielsweise wird der Themenbereich Bildung und Schule in den Artikeln 128 bis 141 BV behandelt.

Was nun die Praxis angeht, so erweist sich nach eingehender Prüfung der detaillierten Darstellung des deutschen Bildungswesens im Erstbericht der Bundesregierung [vgl. BMFSFJ 1994; 36 f.] die innerstaatliche Umsetzung von Artikel 28 Absatz 1 als optimal gelungen. Auch die deutschen Kinderschutz-Organisationen können zu diesem Thema keine kritischen Einwände finden. Verwiesen sei an dieser Stelle lediglich auf einen ernst zu nehmenden Hinweis von Ingrid Baer, der auf die Chancengleichheit als die Grundlage aller Bildungsbemühungen abzielt:

> "In diesem Zusammenhang ist in der Bundesrepublik nicht nur an die deutschen, sondern auch an die hohe Zahl der ausländischen Kinder zu denken. Obwohl Anstrengungen gemacht werden, um sie zusätzlich zu fördern, reichen diese Bemühungen bei weitem nicht aus. Die Defizite im Beherrschen der deutschen Sprache sind bei vielen hier lebenden ausländischen Kindern noch immer sehr groß. Es müßten zusätzliche Angebote für Hausaufgabenhilfe, Tagesbetreuung etc. gemacht werden. Bei dem erheblichen Anteil der ausländischen Wohnbevölkerung in der Bundesrepublik in der

> Generation der jetzt Schulpflichtigen dürfte dies eine Aufgabe sein, der eine hohe gesellschaftliche Bedeutung zukommt, und der man sich bisher nicht genügend gewidmet hat." [Baer 1990; 198]

Es darf jedoch keinesfalls übersehen werden, daß in der Bundesrepublik Deutschland in der Tat handfeste "Anstrengungen gemacht werden", um Ausländerkinder "zusätzlich zu fördern"; man beachte hierzu beispielsweise die entsprechenden im Erstbericht genannten Maßnahmen [Nr. 15 bis 18 in BMFSFJ 1994; 65 f.]. In die gleiche Richtung gehen die "Integrationshilfen für Aussiedlerfamilien und ihre Kinder", welche in der "Unterrichtung" [BT-Drs. 12/4168; 7] genannt werden.

Größere Diskussionen hat es hinsichtlich der innerstaatlichen Umsetzung des Artikels 28 der Konvention in den letzten Jahren eigentlich nur mehr angesichts der in seinem Absatz 2 vom Schulwesen geforderten Wahrung der Menschenwürde des Kindes gegeben. Abgesehen davon, daß allein schon de iure - und zwar entsprechend § 1631 Absatz 2 BGB - wohl auch in der Schule "entwürdigende Erziehungsmaßnahmen [...] unzulässig" sind, müssen selbst kritische Autoren wie Gero Lenhardt mit Blick auf die Schulgeschichte auch de facto eine stetige Entwicklung "vom ständischen Gewaltverhältnis zu Grundrechten im Klassenzimmer" [Lenhardt 1993; 252] konstatieren:

> "Das Verbot der Prügelstrafe, der Verzicht auf symbolische Formen der persönlichen Herabsetzung, die Verwissenschaftlichung und Verrechtlichung der Schule sind Entwicklungstendenzen, die den Schülern ein Mehr an eigenverantwortlichem Verhalten zumuten und ermöglichen." [a.a.O.; 258]

Hierzu gibt es nun immer noch eine - stets vehement vorgetragene - Gegenposition, welche in der Schule nach wie vor einen grundlegenden Verstoß gegen die Menschenwürde des Kindes zu erkennen glaubt - nicht etwa allein in den individuellen Fehlleistungen einzelner Lehrkräfte, sondern in der Institution Schule und in der Schulpflicht selbst. Diese sogenannten "Schulverweigerer" [vgl. hierzu die entsprechenden Texte in Klemm (Hg.) 1992; Kapitel IV], deren geistige Wurzeln vor allem bei Walther Borgius zu suchen und zu finden sind [vgl. ders. 1930] und deren Gedankenwelt auch in die Forderungskataloge der "Kinderrechtler" Eingang gefunden hat [vgl. I/2], drängen nun allerdings auf äußerst radikale Konsequenzen, welche wiederum gegen Geist und Inhalt von Absatz 1 des vorliegenden Artikels 28 der Kinderrechtskonvention verstoßen würden; ganz abgesehen davon, daß Bildung - und das heißt zunächst einmal: S c h u l - Bildung - heute mittlerweile als ein existentielles Grundrecht des Menschen allgemein anerkannt ist [vgl. Artikel 26 Absatz 1 Satz 1 AllgErklMenschenR], und dies gerade angesichts der W ü r d e des Menschen. Daß im Zusammenhang mit dem Erwerb von Bildung Unbequemlichkeiten nicht zu vermeiden sind, stellt hierzu keinen Widerspruch dar; ganz im Gegenteil: Klaus Mollenhauer ist vorbehaltlos zuzustimmen, wenn er apodiktisch als Regel festschreibt: "Die Würde des Kindes dadurch achten, daß man ihm Aufgaben zumutet" [zit. in Sünker 1989; 27]. Die Aufgabe, sich bilden zu lassen, kommt dem Kind also - und das noch gar nicht so lange - aufgrund des Respekts vor seiner Menschenwürde zu; weswegen das im vorliegenden Artikel 28 der Konvention formulierte "Recht des Kindes auf Bildung" eine Errungenschaft darstellt, die nicht leichtfertig verspielt werden darf - auch wenn seine konkrete Umsetzung auch hierzulande gewiß noch optimiert werden kann.

Artikel 29

(1) Die Vertragsstaaten stimmen darin überein, daß die Bildung des Kindes darauf gerichtet sein muß,

a) die Persönlichkeit, die Begabung und die geistigen und körperlichen Fähigkeiten des Kindes voll zur Entfaltung zu bringen;

b) dem Kind Achtung vor den Menschenrechten und Grundfreiheiten und den in der Charta der Vereinten Nationen verankerten Grundsätzen zu vermitteln;

c) dem Kind Achtung vor seinen Eltern, seiner kulturellen Identität, seiner Sprache und seinen kulturellen Werten, den nationalen Werten des Landes, in dem es lebt, und gegebenenfalls des Landes, aus dem es stammt, sowie vor anderen Kulturen als der eigenen zu vermitteln;

d) das Kind auf ein verantwortungsbewußtes Leben in einer freien Gesellschaft im Geist der Verständigung, des Friedens, der Toleranz, der Gleichberechtigung der Geschlechter und der Freundschaft zwischen allen Völkern und ethnischen, nationalen und religiösen Gruppen sowie zu Ureinwohnern vorzubereiten;

e) dem Kind Achtung vor der natürlichen Umwelt zu vermitteln.

(2) Dieser Artikel und Artikel 28 dürfen nicht so ausgelegt werden, daß sie die Freiheit natürlicher oder juristischer Personen beeinträchtigen, Bildungseinrichtungen zu gründen und zu führen, sofern die in Absatz 1 festgelegten Grundsätze beachtet werden und die in solchen Einrichtungen vermittelte Bildung den von dem Staat gegebenenfalls festgelegten Mindestnormen entspricht.

Auffällig ist an diesem Artikel, daß in ihm die begriffliche Trennung von "Bildung" und "Erziehung" bis zur Unkenntlichkeit verschwommen ist - was zweifellos auf ein entsprechendes

Übersetzungsproblem zurückzuführen ist: Der englische Begriff der "education" wurde hier mit dem deutschen Begriff der "Bildung" gleichgesetzt. Dieser hat aber seinerseits "in anderen germanischen und romanischen Sprachen kein Äquivalent", was zur Folge hat, daß "in der internationalen Diskussion [...] die Verwendung des Bildungsbegriffs auf oft kaum überwindliche Schwierigkeiten" stößt [Lichtenstein 1966; 3]. So wird auch hier, in der deutschen Übersetzung der Kinderrechtskonvention, der Begriff der "Bildung" verwendet, obwohl es sich doch inhaltlich beim Artikel 29 Absatz 1 größtenteils um Ziele der E r z i e h u n g handelt - weshalb in den deutschen Kommentaren dann auch meistens dieser Begriff verwendet wird.

Zunächst einmal muß Artikel 29 Absatz 1 aufgrund des in Artikel 5 festgeschriebenen Elternrechts als ein Appell an die - wie der Name sagt: - Erziehungsberechtigten verstanden werden, wobei es allerdings unter Juristen als "kindschaftsrechtlich problematisch erscheint [...], ob den Eltern derlei Erziehungsziele rechtlich vorgegeben werden [...] können" [Coester/ Hansen 1994; 31]. Sobald diese Ziele, die übrigens allesamt "den Grundlinien unserer Verfassung" entsprechen [Baer 1990; 198], aber auch dahingehend als Maximen verstanden werden, was das Schulwesen unseren Kindern zu vermitteln hat, erfährt Artikel 29 seine Umsetzung in der Bundesrepublik Deutschland durch die Verfassungen der Länder; so etwa in Bayern - wie schon im Kommentar zu Artikel 28 angedeutet - durch die Artikel 128 bis 141 BV. Details sind in der nachgeordneten Gesetzgebung festgeschrieben; vgl. z.B. in Bayern das Gesetz über das Erziehungs- und Unterrichtswesen (BayEUG). Das Recht zur Gründung von Privatschulen, das in Artikel 29 Absatz 2 der Konvention gefordert wird, ist innerstaatlich durch Artikel 7 Absatz 4 GG gewährleistet.

Die im Artikel 29 des Übereinkommens der Vereinten Nationen über die Rechte des Kindes formulierten Vorgaben können also in der Bundesrepublik Deutschland als bereits antizipiert betrachtet werden; auch die deutschen Kinderschutz-Organisationen sehen in diesem Zusammenhang keinen Ansatzpunkt für weitergehende Forderungen. Daß der hohe Standard des deutschen Bildungswesens dennoch nach wie vor optimiert wird, kann beispielsweise mit Hilfe der "Maßnahmen im Bereich der kulturellen Bildung und ästhetischen Erziehung", für die das Bundesministerium für Bildung und Wissenschaft verantwortlich zeichnet, oder aber mit den vom gleichen Ministerium initiierten Maßnahmen mit dem Ziel einer "Erziehung zur Gleichberechtigung" anschaulich belegt werden [vgl. "Unterrichtung"; 10 f.].

Bezüglich Artikel 29 Absatz 1 Buchstabe c hält die Bundesregierung in ihrem Erstbericht fest, diese Bestimmungen könnten "nicht dahingehend ausgelegt werden, daß Kinder von in der Bundesrepublik Deutschland lebenden Gastarbeiterfamilien oder Kinder sonst fremder

Herkunft einen Anspruch darauf hätten, im Aufenthaltsland in ihrer Muttersprache unterrichtet zu werden" [BMFSFJ 1994; 37] - was nicht zuletzt auch dem Gebot zuwiderlaufen würde, jede Ungleichbehandlung von deutschen Kindern und Ausländerkindern weitgehend auszuschließen. Andererseits bedeutet die adäquate Umsetzung von Artikel 29 Absatz 1 Buchstabe c aber auch, daß "eine Schulausbildung, die eine Assimilation anstrebt, [...] mit der Konvention nicht vereinbar" ist [Wolfrum 1990; 18].

Die Notwendigkeit einer Optimierung der innerstaatlichen Verwirklichung des UN-Übereinkommens hatte Ingrid Baer im Jahre 1990 mit Blick auf Absatz 1 Buchstabe e erkannt; diesbezüglich könnten sich jedoch zwischenzeitlich bereits positive Veränderungen zugetragen haben: "Ökologische Wertmaßstäbe als wichtiger Inhalt der Bildung von Kindern haben sicher

> bisher noch zu wenig Eingang in die Lehrpläne der Bildungseinrichtungen der Bundesrepublik gefunden. Hoffentlich wird auch in diesem Punkt die Konvention eine Weiterentwicklung bewirken können." [Baer 1990; 198]

Bezüglich der Notwendigkeit einer ganz konkreten Umsetzung all jener in Artikel 29 Absatz 1 der Kinderrechtskonvention aufgelisteten Erziehungsziele muß den Erwachsenen von heute stets bewußt sein, daß wir zukünftig "zur Bewältigung unserer ökologischen, materiellen und sozialen Dilemmata auf eine moralischere Generation angewiesen sein" werden, weswegen unverzüglich die entsprechenden "Bildungsinvestitionen [...] an unseren Kindern und Jugendlichen geschehen" müssen [Welpe 1990; 89] - und gerade auf diesem Gebiet an nichts gespart werden darf.

Artikel 30

> In Staaten, in denen es ethnische, religiöse oder sprachliche Minderheiten oder Ureinwohner gibt, darf einem Kind, das einer solchen Minderheit angehört oder Ureinwohner ist, nicht das Recht vorenthalten werden, in Gemeinschaft mit anderen Angehörigen seiner Gruppe seine eigene Kultur zu pflegen, sich zu seiner eigenen Religion zu bekennen und sie auszuüben oder seine eigene Sprache zu verwenden.

Dieser Artikel entspricht gleich einer ganzen Reihe von Grundrechten, wie sie in der Bundesrepublik Deutschland j e d e m Menschen, also auch dem Kind, garantiert sind: Dem Recht auf die freie Entfaltung seiner Persönlichkeit [Artikel 2 Absatz 1 GG], dem Verbot der Diskriminierung aufgrund seiner Abstammung, seiner Rasse, seiner Sprache, seiner Heimat und Herkunft, seines Glaubens etc. [Artikel 3 Absatz 3 GG], der Gewährleistung der ungestörten

Religionsausübung [Artikel 4 Absatz 2 GG], der Versammlungsfreiheit [Artikel 8 Absatz 1 GG] und der Vereinigungsfreiheit [Artikel 9 Absatz 1 GG].

Daraus folgt nun zwangsläufig, daß die beiden einzigen als solche anerkannten Minderheiten in der Bundesrepublik Deutschland - die Dänen in Schleswig-Holstein und die Sorben in der Lausitz [vgl. Eichholz 1991; 55] - mitsamt ihren Kindern kulturelle Autonomie genießen und seitens des Staates vor jedweder Diskriminierung geschützt sind. Auch der Erstbericht der Bundesregierung betont daher, daß "die in Art. 30 bezeichneten Minderheiten, die in Deutschland leben, [...] über die in dieser Vorschrift garantierten Rechte" verfügen [BMFSFJ 1994; 46]. Die Wahrung der Gruppen-Identität ethnischer Minderheiten durch die Pflege ihrer eigenen Kultur, Sprache und religiöser Traditionen ist ein Privileg, das in der Bundesrepublik Deutschland vorbehaltlos respektiert wird und das folglich auch keinerlei Beschränkungen unterworfen ist.

Artikel 31

> (1) Die Vertragsstaaten erkennen das Recht des Kindes auf Ruhe und Freizeit an, auf Spiel und altersgemäße aktive Erholung sowie auf freie Teilnahme am kulturellen und künstlerischen Leben.
>
> (2) Die Vertragsstaaten achten und fördern das Recht des Kindes auf volle Beteiligung am kulturellen und künstlerischen Leben und fördern die Bereitstellung geeigneter und gleicher Möglichkeiten für die kulturelle und künstlerische Betätigung sowie für aktive Erholung und Freizeitbeschäftigung.

Als Antwort auf die in Artikel 31 der UN-Konvention formulierten und an alle Vertragsstaaten gerichteten Forderungen verweist die Bundesregierung in ihrem Erstbericht zunächst auf die staatlichen Maßnahmen; hier seien "die Ferienregelungen besonders zu erwähnen, die für Kinder von Bedeutung sind, die die Schule besuchen, sowie die Durchführung und Förderung von Klassenfahrten"; darüber hinaus sehe § 11 SGB VIII/KJHG "außerschulische Maßnahmen der Jugendbildung und der Kinder- und Jugenderholung" vor. Zudem werde in der Bundesrepublik Deutschland "das Recht des Kindes auf Ruhe und Erholung, auf Spiel und altersgemäße Freizeitbeschäftigung durch staatliche oder staatlich geförderte Maßnahmen freier Träger (Jugendverbände, Jugendwohlfahrtsverbände) gefördert"; allerdings fällt die tatsächliche Verwirklichung dieses Rechts aufgrund der Familien-Autonomie "überwiegend in den Verantwortungsbereich des Elternhauses" [BMFSFJ 1994; 38].

Obwohl die innerstaatliche Umsetzung des Artikels 31 der UN-Konvention über die Rechte des Kindes in der Bundesrepublik Deutschland insofern gegeben und "davon auszugehen ist, daß sie durch unsere Rechtsordnung in vollem Umfang gewährleistet" wird [Baer, 1990; 198], nennt die Bundesregierung in ihrer "Unterrichtung" [BT-Drs. 12/4168] sogar noch eine Reihe zusätzlicher Förderungsmaßnahmen: von der Unterstützung junger Autoren und der Förderung des Jugendsports [a.a.O.; 5] über gezielte Projekte zum Thema "Jugend und Technik" [a.a.O.; 9 f.] bis hin zu künstlerischen Wettbewerben für Schüler [a.a.O.; 11]. Dennoch wird all dies von den deutschen Kinderschutz-Organisationen als nicht ausreichend erachtet. So hält es beispielsweise die National Coalition für geboten, "die tatsächliche Situation bezüglich der Spielräume für Kinder und die Auswirkungen der derzeitigen Kürzungen der dafür zur Verfügung stehenden öffentlichen Mittel (etwa bei Ferienmaßnahmen und Freizeitstätten) zu überprüfen". Darüber hinaus sei es erforderlich, "Maßstäbe und Richtlinien für die Umsetzung des Rechts auf Spiel, Muße, Freizeit usw. zu entwickeln, damit Orientierungen für deren Verwirklichung vorhanden sind". Grundsätzliche Anforderungen an das Wohnumfeld, den Städtebau und die Freiflächenplanung seien dabei einzubeziehen [KoG 1995; VI].

Wesentlich deutlichere Kritik an der innerstaatlichen Umsetzung des Artikels 31 der UN-Konvention formuliert einmal mehr das Aktionsbündnis Kinderrechte [1995; 12]:

- [...] Die Bundesregierung tut so, als wären Kinder und Jugendliche mit Spielmöglichkeiten, Treffpunkten etc. gut versorgt. Tatsache ist: überall werden bestehende offene Kinder- und Jugendeinrichtungen geschlossen, besonders in den neuen Bundesländern ist die Versorgung inzwischen katastrophal.
- Durch die von der Bundesregierung geplante Vereinfachung und Beschleunigung bei Baugenehmigungen sowie das zunehmende Engagement privater Investoren in diesem Bereich ist ein Qualitätsverlust der Spielräume für Kinder absehbar. Schon jetzt ist z.B. zu beobachten, daß durch die Kommerzialisierung der kommunalen Sportstätten diese nicht mehr wie bisher Kindern und Jugendlichen zur Verfügung stehen.
- Eine Studie in Niedersachsen ergab, daß Kinder aus ländlichen Bereichen 50 und mehr Stunden [pro Woche; R.B.] für den Schulbesuch (Unterricht und Anfahrtswege, ohne Hausaufgaben!) aufwenden müssen. Diese Struktur bewirkt eindeutig eine Einschränkung ihres Rechtes auf Ruhe und Erholung."

Hinsichtlich der innerstaatlichen Umsetzung des Artikels 31 der UN-Konvention in der Bundesrepublik Deutschland mag es also - so gesehen - noch einen gewissen gesetzgeberischen

Handlungsbedarf geben; auffällig ist allerdings, daß sowohl die Bundesregierung als auch deren Kritiker die Untergruppe der berufstätigen Jugendlichen offensichtlich als keiner besonderen Erwähnung würdig erachten. Dabei ist in diesem Zusammenhang die Notwendigkeit rechtlicher Nachbesserungen wirklich augenfällig - auch wenn für berufstätige Jugendliche die Ansprüche auf Ruhepausen [§ 11 JArbSchG], tägliche Freizeit [§ 13 JArbSchG], Nachtruhe [§ 14 JArbSchG], Samstagsruhe [§ 16 JArbSchG], Sonntagsruhe [§ 17 JArbSchG], Feiertagsruhe [§ 18 JArbSchG] und Erholungsurlaub [§ 19 JArbSchG] im Jugendarbeitsschutzgesetz hinlänglich geregelt sind; der Geist des vorliegenden Artikels 31 der UN-Konvention wird damit jedoch keineswegs zureichend erfaßt.

An diesem Punkt ließe sich die innerstaatliche Umsetzung des Übereinkommens in der Bundesrepublik Deutschland gewiß noch optimieren; schließlich sind gerade berufstätige junge Menschen - die in der Regel keine allgemeinbildende Schule mehr besuchen - von einer wie auch immer gearteten "Beteiligung am künstlerischen und kulturellen Leben" meistens weiter entfernt als gleichaltrige Schüler. Umgekehrt würde eine geeignete "kulturelle und künstlerische Betätigung" - aber auch jede sonstige "aktive Erholung" - für diese Jugendlichen ein besonders notwendiges Gegengewicht zur Berufstätigkeit darstellen; einen Ausgleich, der auch in seiner sozialpädagogischen Bedeutung nicht zu unterschätzen wäre.

Abgesehen davon, daß es sich hier um einen wichtigen Beitrag hinsichtlich einer verbesserten Umsetzung des Artikels 31 der Kinderrechtskonvention handeln würde, könnte die Bundesregierung mit einem entsprechenden Förderprogramm auch etwas dafür tun, bereits bestehende Benachteiligungen berufstätiger Jugendlicher gegenüber gleichaltrigen Schülern mildern zu helfen.

Artikel 32

(1) Die Vertragsstaaten erkennen das Recht des Kindes an, vor wirtschaftlicher Ausbeutung geschützt und nicht zu einer Arbeit herangezogen zu werden, die Gefahren mit sich bringen, die Erziehung des Kindes behindern oder die Gesundheit des Kindes oder seine körperliche, geistige, seelische, sittliche oder soziale Entwicklung schädigen könnte.

(2) Die Vertragsstaaten treffen Gesetzgebungs-, Verwaltungs-, Sozial- und Bildungsmaßnahmen, um die Durchführung dieses Artikels sicherzustellen. Zu diesem Zweck und unter Berücksichtigung der einschlägigen Bestimmungen anderer internationaler Übereinkünfte werden die Vertragsstaaten insbesondere

a) ein oder mehrere Mindestalter für die Zulassung zur Arbeit festlegen;
b) eine angemessene Regelung der Arbeitszeit und der Arbeitsbedingungen vorsehen;
c) angemessene Strafen oder andere Sanktionen zur wirksamen Durchsetzung dieses Artikels vorsehen.

In der Bundesrepublik Deutschland wird den Anforderungen dieses Artikels vor allem durch das Jugendarbeitsschutzgesetz vom 12. April 1976 [BGBl. I; 965] - zuletzt geändert am 24. April 1986 [vgl. BGBl. I; 560] - Rechnung getragen. In diesem Gesetz finden sich alle einschlägigen Regelungen über Arbeitsverhältnisse mit Minderjährigen. Das Gebot internationaler Übereinkünfte erfüllt die Bundesrepublik Deutschland im vorliegenden Zusammenhang durch ihre Ratifikation des Übereinkommens Nr. 138 der Internationalen Arbeitsorganisation über das Mindestalter bei der Zulassung der Beschäftigung; darüber hinaus erfolgen zu diesem Thema regelmäßige Berichte an das Internationale Arbeitsamt [vgl. BMFSFJ 1994; 45].

Seitens der Kinderschutz-Organisationen erfolgt zwar die Bestätigung, daß hinsichtlich der Kinderarbeit sowohl die Bundesrepublik Deutschland als auch die anderen Industrieländer gegenüber der Dritten Welt eine vergleichsweise positive Situation böten und sich deshalb allein dadurch nützlich machen könnten, "sich für mehr Gerechtigkeit in den Welthandelsbeziehungen einzusetzen und damit auch zu einer Verringerung der Kinderarbeit beizutragen" [KoG 1995; IV]; seitens der Landesregierung von Nordrhein-Westfalen ist jedoch hinsichtlich der innerstaatlichen Umsetzung des Artikels 32 der UN-Konvention auch Kritik zu vernehmen: Der Erstbericht der Bundesregierung beschränke sich

> "auf eine Darstellung der abstrakten Rechtslage. [...] Dies [verdeckt] die tatsächliche Lebenssituation der Kinder, die in bezug auf verbotene Kinderarbeit von der öffentlichen Einschätzung abweicht. Bedeutend mehr Kinder, als im allgemeinen bewußt ist, üben verbotene Kinderarbeit aus, was in Nordrhein-Westfalen zu einer Reihe gezielter Initiativen geführt hat" [zit. in Aktionsbündnis 1995; 11].

Der Hintergrund: Nach einer repräsentativen Befragung von Schülern zwischen 12 und 14 Jahren hätten in NRW 20 Prozent verbotene Kinderarbeit ausgeübt und weitere 20 Prozent erlaubte Tätigkeiten [vgl. ebd.].

Artikel 33

Die Vertragsstaaten treffen alle geeigneten Maßnahmen einschließlich Gesetzgebungs-, Verwaltungs-, Sozial- und Bildungsmaßnahmen, um Kinder vor dem unerlaubten Gebrauch von Suchtstoffen und psychotropen Stoffen im Sinne der diesbezüglichen internationalen Übereinkünfte zu schützen und den Einsatz von Kindern bei der unerlaubten Herstellung dieser Stoffe und beim unerlaubten Verkehr mit diesen Stoffen zu verhindern.

In der Bundesrepublik Deutschland ist aufgrund des Jugendschutzgesetzes (in der Fassung vom 25. Februar 1985 [BGBl. I; 425]) der öffentliche Umgang junger Menschen mit Alkohol [§ 4 JÖSchG] und Nikotin [§ 9 JÖSchG] eindeutig geregelt; Verstöße gegen diese Bestimmungen werden entsprechend § 12 JÖSchG geahndet. Darüber hinaus bewahrt das Jugendarbeitsschutzgesetz vom 12. April 1976 [BGBl. I; 965] Menschen unter 16 Jahren vor Alkohol und Nikotin am Arbeitsplatz [§ 31 Absatz 2 JArbSchG]; Verstöße seitens des Arbeitgebers werden entsprechend § 58 JArbSchG bestraft. Der Kontakt mit Suchtstoffen im privaten Bereich unterliegt der Familienautonomie und somit der Wachsamkeit, dem Bewußtsein und dem Beispiel der Eltern. Wer allerdings - nicht zuletzt auch bezüglich des Umgangs seiner Kinder mit Suchtstoffen - "seine Fürsorge- oder Erziehungspflicht [...] gröblich verletzt", macht sich u.U. nach § 170 d StGB strafbar.

Schließlich bedarf es wohl keiner gesonderten Erwähnung, daß die Herstellung, der Vertrieb und der Gebrauch illegaler Drogen sowieso strafrechtlich verfolgt und allein schon auf diese Weise dafür gesorgt wird, daß der Kontakt junger Menschen mit diesen Stoffen in der Bundesrepublik Deutschland weitestgehend unterbunden bleibt. Mit dem Betäubungsmittelgesetz (BtMG) vom 28. Juli 1981 [BGBl. I; 681] sind die notwendigen juristischen Grundlagen durchaus vorhanden: So liegt nach § 29 a Absatz 1 Nummer 1 BtMG ein mit Freiheitsstrafe von nicht unter einem Jahr bis zu fünfzehn Jahren bedrohtes Verbrechen vor, wenn der Täter "als Person über 21 Jahre Betäubungsmittel an eine Person unter 18 Jahre abgibt, verabreicht oder zum unmittelbaren Verbrauch überläßt oder eine Person unter 18 Jahren bestimmt, mit Betäubungsmitteln zu handeln oder sie sonst in den Verkehr zu bringen". Wer diese Verbrechen gewerbsmäßig begeht, wird nach § 30 Absatz 1 Nummer 2 BtMG mit Freiheitsstrafe nicht unter zwei Jahren bestraft.

Der Artikel 33 des UN-Übereinkommens über die Rechte des Kindes verlangt zusätzlich zu den eben referierten gesetzlichen Bestimmungen auch Maßnahmen seitens des Sozialwesens und der Bildungsinstitutionen. Entsprechend den Angaben des Erstberichts der Bundesregierung werden diese auf der Grundlage des Nationalen Rauschgiftbekämpfungsplanes von 1990 "in der Bundesrepublik Deutschland in vielfältiger Weise getroffen, etwa im Rahmen der

> Schule, durch Aufklärung der Öffentlichkeit, durch besondere erzieherische Hilfsangebote für junge Süchtige, durch Angebote des erzieherischen Kinder- und Jugendschutzes nach § 14 SGB VIII/KJHG, durch sogenannte 'niedrigschwellige' Hilfsangebote, Angebote der ambulanten, teilstationären und stationären Versorgung, der Nachsorge und der Rehabilitation" [BMFSFJ 1994; 45].

Von den deutschen Kinderschutz-Organisationen wird bezüglich einer weiter optimierten innerstaatlichen Umsetzung des Artikels 33 der UN-Konvention gefordert, "deutlich zu machen, wie durch eine angemessene Ursachenforschung Defizite in den Lebenslagen von Kindern aufgedeckt werden können, damit entsprechend materielle Hilfe sowie Aufklärung und Information vermittelt werden können". Drogenabhängige Kinder und Jugendliche dürften nicht kriminalisiert und in die Verelendung gedrängt werden. Deshalb müßten Aufklärung und Hilfe vor Abschreckung und Strafe stehen; es müßte jedem suchtkranken jungen Menschen ein an seinem individuellem Krankheitsbild und Bedarf orientiertes Unterstützungsangebot sofort zur Verfügung stehen [KoG 1995; VIII]. Des weiteren wird kritisiert, daß es die Bundesregierung in ihrem Erstbericht unterlassen habe, "durch statistisches Material zu belegen, wie groß die Gefährdung von Kindern und Jugendlichen durch Suchtmittel in der Bundesrepublik tatsächlich ist". Dabei handele es sich hier doch "um ein zentrales Problem der heutigen Kindergeneration, das exponentiell zunimmt". Bemängelt wird zudem, "daß Alkohol als die gebräuchlichste Droge, der Kinder im familialen Zusammenhang ausgesetzt sind, im Erstbericht keine Berücksichtigung findet". Gleiches gelte auch für die Spielsucht. - Fazit: "Der Bericht versäumt es, Suchtverhalten von Kindern und Jugendlichen in einem weiteren Kontext darzustellen, z.B. der Frage nachzugehen, inwiefern unbefriedigte Kontaktbedürfnisse Suchtverhalten fördern." [Aktionsbündnis 1995; 11]

Artikel 34

> Die Vertragsstaaten verpflichten sich, das Kind vor allen Formen sexueller Ausbeutung und sexuellen Mißbrauchs zu schützen. Zu diesem Zweck treffen die Vertragsstaaten insbesondere alle geeigneten innerstaatlichen, zweiseitigen und mehrseitigen Maßnahmen, um zu verhindern, daß Kinder
>
> a) zur Beteiligung an rechtswidrigen sexuellen Handlungen verleitet oder gezwungen werden;

b) für die Prostitution oder andere rechtswidrige sexuelle Praktiken ausgebeutet werden;

c) für pornographische Darbietungen und Darstellungen ausgebeutet werden.

In der Bundesrepublik Deutschland werden "Straftaten gegen die sexuelle Selbstbestimmung" sowieso schon entsprechend der einschlägigen Paragraphen des Strafgesetzbuches geahndet - unabhängig davon, ob es sich beim Opfer um einen voll- oder minderjährigen Menschen handelt. Im letzteren Fall sind jedoch noch zusätzliche Strafvorschriften wirksam, die das Anliegen des Artikels 34 der UN-Konvention konsequent durchsetzen; genannt seien § 173 StGB (Beischlaf zwischen Verwandten), § 174 StGB (Sexueller Mißbrauch von Schutzbefohlenen), § 176 StGB (Sexueller Mißbrauch von Kindern), § 180 StGB (Förderung sexueller Handlungen Minderjähriger), § 180 a StGB (Förderung der Prostitution), § 182 StGB (Verführung) und § 184 StGB (Verbreitung pornographischer Schriften). Darüber hinaus wurde mit Hilfe des 29. Strafrechtsänderungsgesetzes vom 31. Mai 1994 [BGBl I; 1168] der § 182 StGB zusammen mit § 175 StGB (Homosexuelle Handlungen) und dem im Gebiet der ehemaligen DDR bis dahin vorläufig weiterhin gültigen § 149 StGB/ DDR (Sexueller Mißbrauch von Jugendlichen) durch eine einheitliche Schutzvorschrift ersetzt, "die nunmehr männliche und weibliche Jugendliche unter 16 Jahren unabhängig vom Geschlecht des Täters oder des Opfers vor sexuellem Mißbrauch schützt" [BMFSFJ 1994; 45]. Die Bundesregierung ist sich jedoch darüber im klaren, "daß das Problem des sexuellen Mißbrauchs von Kindern vielfältige Aspekte bietet, die über den Einsatz des Strafrechts hinausgehen" [ebd.]; sie verweist daher auf "die Angebote des erzieherischen Kinder- und Jugendschutzes" [ebd.], aber auch auf die im SGB VIII/KJHG angebotenen Erziehungshilfen - wobei im hier behandelten Zusammenhang das Problem bekanntlich gerade darin liegt, daß "sexuelle Gewalt zu 80-90 % im 'geschützten' Bereich der Familienbeziehungen stattfindet" [Hurrelmann 1993; 32].

Es sollte zudem noch erwähnt werden, daß "zur Ergänzung der bisherigen Vorschriften des geltenden Rechts, die sich in der Praxis als nicht ausreichend wirksam erwiesen haben" [BMFSFJ 1994; 61] - und wohl nicht zuletzt auch unter Berücksichtigung von Artikel 34 Buchstabe c des UN-Übereinkommens - mit Hilfe des 27. Strafrechtsänderungsgesetz vom 23. Juli 1993 [BGBl. I; 1346] "der Strafrahmen für die Verbreitung von Kinderpornographie erhöht und insbesondere der bisher straflose Besitz kinderpornographischer Darstellungen unter Strafe gestellt worden" ist [BMFSFJ 1994; 61]. "Zusätzlich haben die Landesregierungen eine Anregung der Bundesregierung aufgegriffen, für die Verbreitung von Kinderpornographie

[...] statt der in den Landespressegesetzen vorgesehen [sic] kurzen Verjährungsfristen die längeren Fristen des Strafgesetzbuches gelten zu lassen." [a.a.O.; 62] Darüber hinaus wurde durch das soeben erwähnte 27. Strafrechtsänderungsgesetz § 5 Nummer 8 StGB (Auslandstaten gegen inländische Rechtsgüter; hier: Straftaten gegen die sexuelle Selbstbestimmung) in der Weise ergänzt, daß nunmehr "die Strafbarkeit des sexuellen Mißbrauchs von Kindern auf Tathandlungen Deutscher an ausländischen Kindern im Ausland ausgedehnt" ist [BMFSFJ 1994; 62]]. Bisher konnten deutsche Touristen, die im Ausland Kinder sexuell mißbrauchten, im Inland nur dann bestraft werden, "wenn es sich um deutsche Kinder handelte oder wenn die Tat auch am ausländischen Tatort unter Strafe gestellt war" [ebd.]. Als weitere Ergänzung fordert aber die National Coalition zusätzliche "bilaterale Verträge mit den Zielländern der Sextouristen und ein Verbandsklagerecht, da die Opfer in der Regel nicht in der Lage sind, ihr Recht in der Bundesrepublik [...] einzuklagen" [KoG 1995; V] - weswegen den deutschen Gerichten bisher auch noch kein einziger Fall dieser Art vorliegt [vgl. Aktionsbündnis 1995; 6].

Allerdings wurden im Jahr 1993 "als Folge einiger öffentlichkeitswirksamer Aktionen" Verträge zwischen den zwölf größten deutschen Reiseveranstaltern und terres des hommes abgeschlossen: "Danach verpflichten die Reiseunternehmer ihre Vertragshotels, die Mitnahme von Kindern und Jugendlichen auf die Zimmer nicht zu erlauben. Ähnliche Initiativen haben sich auch im europäischen Ausland gebildet" [ebd.]. Die Praxis wird zeigen, als wie wirksam sich solche Abmachungen gerade in jenen Ländern erweisen, in denen nicht nur die Kinder-Prostitution blüht, sondern auch die Korruption.

Artikel 35

> Die Vertragsstaaten treffen alle geeigneten innerstaatlichen, zweiseitigen und mehrseitigen Maßnahmen, um die Entführung und den Verkauf von Kindern sowie den Handel mit Kindern zu irgendeinem Zweck und in irgendeiner Form zu verhindern.

Was die innerstaatlichen Maßnahmen der Bundesrepublik Deutschland zur Umsetzung dieses Artikels betrifft, so sind diese in Form der Strafverfolgung in den genannten Fällen bereits gewährleistet [vgl. § 180 b StGB (Menschenhandel), § 181 StGB (Schwerer Menschenhandel), § 234 StGB (Menschenraub), § 234 a StGB (Verschleppung) und § 235 StGB (Kindesentziehung)]; und das erst recht dann, wenn eine Tateinheit mit § 263 StGB (Betrug) und § 169 StGB (Personenstandsfälschung) vorliegt. Darüber hinaus werden in einem solchen Fall die einschlägigen Bestimmungen des Adoptionsvermittlungsgesetzes wirksam; vor allem § 14 a AdVermiG (Strafvorschriften gegen Kinderhandel).

Der Erstbericht der Bundesregierung deutet allerdings in bezug auf Artikel 35 der UN-Konvention und seine Umsetzung in der Bundesrepublik Deutschland an, daß die bestehenden Gesetze womöglich nicht mehr ausreichen. So werden derzeit - nach dem Bekanntwerden einiger aufsehenerregender Fälle von Kinderhandel - "Überlegungen angestellt, die Strafvorschrift über Kindesentziehung (§ 235 StGB), welche die Entführung von Kleinstkindern nur unzureichend erfaßt, auszuweiten und insbesondere im Hinblick auf Erscheinungsformen eines gewinnorientierten Kinderhandels einen neuen, als Verbrechen eingestuften Straftatbestand einzuführen" [BMFSFJ 1994; 63]. Diese Überlegungen haben bisher jedoch noch keine konkreten Ergebnisse erbracht.

Artikel 36

Die Vertragsstaaten schützen das Kind vor allen sonstigen Formen der Ausbeutung, die das Wohl des Kindes in irgendeiner Weise beeinträchtigen.

Die Bundesregierung kommt in ihrem Erstbericht im Rahmen ihrer Interpretation dieses fast ein wenig überflüssig wirkenden Kurz-Artikels zu dem Ergebnis, dieser solle wohl "den Schutz vor wirtschaftlicher (Artikel 32) und sexueller Ausbeutung (Artikel 34) ergänzen und sicherstellen, daß die internationalen Garantien des Kinderschutzes nicht verkürzt werden" [BMFSFJ 1994; 46]. Der Schutz des Kindes vor Ausbeutung jedweder Art, also auch "vor allen sonstigen Formen [...], die das Wohl des Kindes in irgendeiner Weise beeinträchtigen", darf in der Bundesrepublik Deutschland als gesichert gelten und damit die innerstaatliche Umsetzung des Artikels 36 der UN-Konvention als gewährleistet beurteilt werden. Anders lautende Statements seitens der Kinderschutz-Organisationen konnten bislang nicht eruiert werden.

Artikel 37

Die Vertragsstaaten stellen sicher,

a) daß kein Kind der Folter oder einer anderen grausamen, unmenschlichen oder erniedrigenden Behandlung oder Strafe unterworfen wird. Für Straftaten, die von Personen vor Vollendung des achtzehnten Lebensjahrs begangen worden sind, darf weder die Todesstrafe noch lebenslange Freiheitsstrafe ohne die Möglichkeit vorzeitiger Entlassung verhängt werden;
b) daß keinem Kind die Freiheit rechtswidrig oder willkürlich entzogen wird. Festnahme, Freiheitsentziehung oder Freiheitsstrafe darf bei einem Kind im Einklang mit

dem Gesetz nur als letztes Mittel und für die kürzeste angemessene Zeit angewendet werden;

c) daß jedes Kind, dem die Freiheit entzogen ist, menschlich und mit Achtung vor der dem Menschen innewohnenden Würde und unter Berücksichtigung der Bedürfnisse von Personen seines Alters behandelt wird. Insbesondere ist jedes Kind, dem die Freiheit entzogen ist, von Erwachsenen zu trennen, sofern nicht ein anderes Vorgehen als dem Wohl des Kindes dienlich erachtet wird; jedes Kind hat das Recht, mit seiner Familie durch Briefwechsel und Besuche in Verbindung zu bleiben, sofern nicht außergewöhnliche Umstände vorliegen;

d) daß jedes Kind, dem die Freiheit entzogen ist, das Recht auf umgehenden Zugang zu einem rechtskundigen oder anderen geeigneten Beistand und das Recht hat, die Rechtmäßigkeit der Freiheitsentziehung bei einem Gericht oder einer anderen zuständigen, unabhängigen und unparteiischen Behörde anzufechten, sowie das Recht auf alsbaldige Entscheidung in einem solchen Verfahren.

An dieser Stelle muß daran erinnert werden, daß die UN-Konvention jeden Menschen als "Kind" bezeichnet, "der das achtzehnte Lebensjahr noch nicht vollendet hat" [Artikel 1]. Bei der Untersuchung des Artikels 37 ist dies insofern bedeutsam, als hierzu in der Bundesrepublik Deutschland eine abweichende Terminologie wirksam ist; so schreibt das Strafgesetzbuch die "Schuldunfähigkeit des Kindes" wie folgt fest: "Schuldunfähig ist, wer bei Begehung der Tat noch nicht vierzehn Jahre alt ist" [§ 19 StGB]. Kinder unter vierzehn Jahren sind hierzulande vom Artikel 37 des UN-Übereinkommens also überhaupt nicht betroffen, sondern lediglich jene "Kinder", die wir im hier behandelten Zusammenhang als "Jugendliche" bezeichnen.

Der Schutz minderjähriger Straffälliger geht in der Bundesrepublik Deutschland über die im Artikel 37 formulierten Mindestanforderungen weit hinaus; das Jugendgerichtsgesetz (JGG), die Jugendarrestvollzugsordnung (JAVollzO) sowie jene Paragraphen des Strafvollzugsgesetzes (StVollzG), die Minderjährige betreffen, können insofern durchaus als vorbildlich bezeichnet werden. Als Beispiel sei an dieser Stelle auf die innerstaatliche Umsetzung von Artikel 37 Buchstabe a Satz 2 verwiesen, wo untersagt wird, Minderjährige zu einer lebenslangen Freiheitsstrafe zu verurteilen oder gar die Todesstrafe über sie auszusprechen. Ganz abgesehen davon, daß die Todesstrafe in der Bundesrepublik Deutschland laut Artikel 102 GG abgeschafft ist, wird der genannten Anforderung des Artikels 37 der UN-Konvention darüber hinaus dadurch voll entsprochen, daß nach § 18 Absatz 1 JGG das Höchstmaß der Jugendstrafe lediglich zehn Jahre beträgt. (Detaillierte verfahrensrechtliche Ausführungen zur innerstaatlichen Umsetzung des Artikels 37 finden sich im Erstbericht der Bundesregierung [vgl. BMFSFJ 1994; 22 & 42 f.].)

Trotz dieses von keiner Seite angefochtenen Status quo werden vom Gesetzgeber weitere Verbesserungen vorgenommen bzw. geplant. Als Beispiele seien die Reform des Jugendkriminalrechts, die mit dem am 1. Dezember 1990 in Kraft getretenen Ersten Gesetz zur Änderung des Jugendgerichtsgesetzes (1. JGGÄndG) auf den Weg gebracht wurde [vgl. BMFSFJ 1994; 63 f.], sowie die bevorstehende Reform des Jugendstrafvollzugs [vgl. a.a.O. 64 f.] genannt.

Abschließend muß noch darauf hingewiesen werden, daß die innerstaatliche Umsetzung des Artikels 37 der UN-Kinderrechtskonvention vor allem in gewissen Staaten der Dritten Welt von besonderer Dringlichkeit wäre. Vertiefende Hintergrund-Informationen zu diesem - den thematischen Rahmen der vorliegenden Arbeit sprengenden - Gegenstand liefern die Rundbriefe des Arbeitskreises "Menschenrechtsverletzungen an Kindern und Jugendlichen" von amnesty international (ai); hier vor allem die Ausgabe 3 von Dezember 1990 mit dem Schwerpunktthema "Stimmen zur Konvention über die Rechte des Kindes". Lehrkräfte finden zudem in den "Materialien für eine kreative Menschenrechtserziehung" [ai 1995] weiterführende Informationen und didaktische Anregungen.

Artikel 38

(1) Die Vertragsstaaten verpflichten sich, die für sie verbindlichen Regeln des in bewaffneten Konflikten anwendbaren humanitären Völkerrechts, die für das Kind Bedeutung haben, zu beachten und für deren Beachtung zu sorgen.

(2) Die Vertragsstaaten treffen alle durchführbaren Maßnahmen, um sicherzustellen, daß Personen, die das fünfzehnte Lebensjahr noch nicht vollendet haben, nicht unmittelbar an Feindseligkeiten teilnehmen.

(3) Die Vertragsstaaten nehmen davon Abstand, Personen, die das fünfzehnte Lebensjahr noch nicht vollendet haben, zu ihren Streitkräften einzuziehen. Werden Personen zu den Streitkräften eingezogen, die zwar das fünfzehnte, nicht aber das achtzehnte Lebensjahr vollendet haben, so bemühen sich die Vertragsstaaten, vorrangig die jeweils ältesten einzuziehen.

(4) Im Einklang mit ihren Verpflichtungen nach dem humanitären Völkerrecht, die Zivilbevölkerung in bewaffneten Konflikten zu schützen, treffen die Vertragsstaaten alle

durchführbaren Maßnahmen, um sicherzustellen, daß von einem bewaffneten Konflikt betroffene Kinder geschützt und betreut werden.

Der Schutz von Kindern in bewaffneten Konflikten kann wohl kaum - wie stets auch die aktuellen Fernsehbilder belegen - verbindlich zugesichert werden. Nicht einmal ein Mindestalter derer, die in einem solchen Fall an Kampfhandlungen teilnehmen, kann glaubhaft garantiert werden. Insofern können die Absätze 1, 2 und 4 als unverbindliche Absichtserklärungen ad acta gelegt werden; diese weisen - wie die Bundesregierung in ihrem Erstbericht einräumen muß - die Vertragsstaaten lediglich "deklaratorisch auf die Einhaltung der bindenden Verpflichtungen des humanitären Völkerrechts hin" [BMFSFJ 1994; 40].

Der vorliegende Artikel 38 des Übereinkommens hat ganz offensichtlich bei mehreren Vertragsstaaten für Unbehagen gesorgt; nicht nur wegen Absatz 3, der das Mindestalter für die Einberufung zum Wehrdienst aus Gründen des Kompromisses so empörend niedrig ansetzt, sondern auch schon durch Absatz 2, der - wie gesagt - lediglich "deklaratorisch" zu verhindern sucht, daß Kinder unter 15 Jahren "unmittelbar an Feindseligkeiten teilnehmen". Die Bundesregierung macht daher ganz unmißverständlich darauf aufmerksam, daß sie "ebenso wie andere Regierungen durch ihre Delegation in den Schlußberatungen der Genfer Arbeitsgruppe nachdrücklich darauf hingewiesen [hat], daß diese Altersgrenze unangemessen niedrig liegt"; sie werde daher auch - im Hinblick auf Absatz 3 - "von dieser Altersgrenze keinen Gebrauch machen" [BMFSFJ 1994; 40]. Zur Verdeutlichung ihrer Haltung hat die Bundesregierung in ihrer bei der Niederlegung der Ratifikationsurkunde abgegebenen Vorbehaltserklärung die genannten Einwände in einer entsprechenden Formulierung zu Protokoll gegeben [vgl. BMFJ 1993; 51].

Konsequenterweise bietet das innerstaatliche Recht der Bundesrepublik Deutschland gegenüber der in Artikel 38 Absatz 3 des UN-Übereinkommens für die Einziehung zum Wehrdienst vorgesehenen Altersgrenze von 15 Jahren einen dem übergeordneten Ziel des Kindeswohls entsprechenden Schutz: Zwar könnte ein junger Mann entsprechend den §§ 7, 11 und 18 der Soldaten-Laufbahnverordnung i.d.F. vom 4. Juli 1988 [BGBl. I; 996] theoretisch schon nach Vollendung des 17. Lebensjahres in die Bundeswehr eintreten; der Wehr*pflicht* unterliegen Männer nach Artikel 12 a Absatz 1 GG jedoch erst nach ihrem 18. Geburtstag.

Artikel 39

Die Vertragsstaaten treffen alle geeigneten Maßnahmen, um die physische und psychische Genesung und die soziale Wiedereingliederung eines Kindes zu fördern, das Opfer irgendeiner Form von Vernachlässigung, Ausbeutung oder Mißhandlung, der Folter oder einer anderen Form grausamer, unmenschlicher oder erniedrigender Behandlung oder Strafe oder aber bewaffneter Konflikte geworden ist. Die Genesung und Wiedereingliederung müssen in einer Umgebung stattfinden, die der Gesundheit, der Selbstachtung und der Würde des Kindes förderlich ist.

Der vorliegende Artikel 39 des Übereinkommens der Vereinten Nationen über die Rechte des Kindes verpflichtet die Vertragsstaaten "zu Maßnahmen, die der Therapie und Rehabilitation von Kindern dienen, die beispielsweise als Opfer einer Gewalttat [...] Schaden an ihrer seelischen oder körperlichen Gesundheit erlitten haben" [BMFSFJ 1994; 40]. Dieser Verpflichtung wird in der Bundesrepublik Deutschland insbesondere durch § 5 SGB I (hier konkret in Verbindung mit dem Opferentschädigungsgesetz [OEG]) nachgekommen; verwiesen sei allerdings auch auf die Hilfen zur Erziehung nach SGB VIII/KJHG, die in diesem Zusammenhang beansprucht werden können.

Die innerstaatliche Umsetzung des Artikels 39 der UN-Konvention scheint hierzulande unangefochten zu sein; etwaige Forderungen nach Korrekturen seitens der deutschen Kinderschutz-Organisationen konnten bislang nicht dokumentiert werden.

Artikel 40

(1) Die Vertragsstaaten erkennen das Recht jedes Kindes an, das der Verletzung der Strafgesetze verdächtigt, beschuldigt oder überführt wird, in einer Weise behandelt zu werden, die das Gefühl des Kindes für die eigene Würde und den eigenen Wert fördert, seine Achtung vor den Menschenrechten und Grundfreiheiten anderer stärkt und das Alter des Kindes sowie die Notwendigkeit berücksichtigt, seine soziale Wiedereingliederung sowie die Übernahme einer konstruktiven Rolle in der Gesellschaft durch das Kind zu fördern.

(2) Zu diesem Zweck stellen die Vertragsstaaten unter Berücksichtigung der einschlägigen Bestimmungen internationaler Übereinkünfte insbesondere sicher,

a) daß kein Kind wegen Handlungen oder Unterlassungen, die zur Zeit ihrer Begehung nach innerstaatlichem Recht oder Völkerrecht nicht verboten waren, der Verletzung der Strafgesetze verdächtigt, beschuldigt oder überführt wird;

b) daß jedes Kind, das einer Verletzung der Strafgesetze verdächtigt oder beschuldigt wird, Anspruch auf folgende Mindestgarantien hat:

i) bis zum gesetzlichen Nachweis der Schuld als unschuldig zu gelten,

ii) unverzüglich und unmittelbar über die gegen das Kind erhobenen Beschuldigungen unterrichtet zu werden, gegebenenfalls durch seine Eltern oder seinen Vormund, und einen rechtskundigen oder anderen geeigneten Beistand zur Vorbereitung und Wahrnehmung seiner Verteidigung zu erhalten,

iii) seine Sache unverzüglich durch eine zuständige Behörde oder ein zuständiges Gericht, die unabhängig und unparteiisch sind, in einem fairen Verfahren entsprechend dem Gesetz entscheiden zu lassen, und zwar in Anwesenheit eines rechtskundigen oder anderen geeigneten Beistands sowie - sofern dies nicht insbesondere in Anbetracht des Alters oder der Lage des Kindes als seinem Wohl widersprechend angesehen wird - in Anwesenheit seiner Eltern oder seines Vormunds,

iv) nicht gezwungen zu werden, als Zeuge auszusagen oder sich schuldig zu bekennen, sowie die Belastungszeugen zu befragen oder befragen zu lassen und das Erscheinen und die Vernehmung der Entlastungszeugen unter gleichen Bedingungen zu erwirken,

v) wenn es einer Verletzung der Strafgesetze überführt ist, diese Entscheidung und alle als Folge davon verhängten Maßnahmen durch eine zuständige übergeordnete Behörde oder ein zuständiges höheres Gericht, die unabhängig und unparteiisch sind, entsprechend dem Gesetz nachprüfen zu lassen,

vi) die unentgeltliche Hinzuziehung eines Dolmetschers zu verlangen, wenn das Kind die Verhandlungssprache nicht versteht oder spricht,

vii) sein Privatleben in allen Verfahrensabschnitten voll geachtet zu sehen.

(3) Die Vertragsstaaten bemühen sich, den Erlaß von Gesetzen sowie die Schaffung von Verfahren, Behörden und Einrichtungen zu fördern, die besonders für Kinder, die einer Verletzung der Strafgesetze verdächtigt, beschuldigt oder überführt werden, gelten oder zuständig sind; insbesondere

a) legen sie ein Mindestalter fest, das ein Kind erreicht haben muß, um als strafmündig angesehen zu werden,

b) treffen sie, soweit dies angemessen und wünschenswert ist, Maßnahmen, um den Fall ohne ein gerichtliches Verfahren zu regeln, wobei jedoch die Menschenrechte und Rechtsgarantien uneingeschränkt beachtet werden müssen.

(4) Um sicherzustellen, daß Kinder in einer Weise behandelt werden, die ihrem Wohl dienlich ist und ihren Umständen sowie der Straftat entspricht, muß eine Vielzahl von Vorkehrungen zur Verfügung stehen, wie Anordnungen über Betreuung, Anleitung und Aufsicht, wie Beratung, Entlassung auf Bewährung, Aufnahme in eine Pflegefamilie, Bildungs- und Berufsbildungsprogramme und andere Alternativen zur Heimerziehung.

Der gesamte Bereich der Rechtsprechung steht in der Bundesrepublik Deutschland auf dem Boden der Verfassung; in den Artikeln 92 bis 104 GG sind diesbezüglich alle wesentlichen Grundgedanken zusammengefaßt. Zum Teil handelt es sich hierbei um die Fortschreibung juristischer Kernsätze des Römischen Rechts (die sich letztlich auch im vorliegenden Artikel 40 des UN-Übereinkommens wiederentdecken lassen); z.B. "audiatur et altera pars" [vgl. Artikel 103 Absatz 1 GG], "nulla poena sine lege" [vgl. Artikel 103 Absatz 2 GG] oder "ne bis in idem" [vgl. Artikel 103 Absatz 3 GG].

Neben jenen Artikeln, Gesetzen und Verordnungen, die im hier dargestellten Zusammenhang in der Bundesrepublik Deutschland auch für Erwachsene gültig sind, werden zudem jene speziell für Jugendliche geltenden Rechte wirksam, die im Jugendgerichtsgesetz (JGG) i.d.F. vom 11. Dezember 1974 [BGBl. I; 3427] festgeschrieben sind. So ist es auch das JGG, das die in Artikel 40 Absatz 1 von den Vertragsstaaten eingegangene Verpflichtung, das Verfahren gegen straffällig gewordene Jugendliche mit besonderer Betonung der erzieherischen und resozialisierenden Aspekte durchzuführen, sowohl durch seine übergeordnete Zielsetzung als auch mit seinen einzelnen Bestimmungen innerstaatlich optimal erfüllt.

Artikel 40 Absatz 2 der UN-Konvention über die Rechte des Kindes stellt einen Katalog dar, der zur Verwirklichung der in Absatz 1 festgelegten Ziele konkrete Maßnahmen auflistet. Bei genauerer Prüfung dieser Aufstellung wird deutlich, daß die hierin festgeschriebenen Anforderungen durch das Jugendgerichtsgesetz ebenfalls schon antizipiert worden sind und die innerstaatliche Umsetzung von Artikel 40 Absatz 2 in der Bundesrepublik Deutschland aufgrund des JGG daher als bereits erfolgt betrachtet werden darf.

Die deutschen Kinderschutz-Organisationen nehmen daher auch nicht am JGG Anstoß, sondern daran, daß zwar Artikel 40 Absatz 2 Buchstabe b Ziffer ii der UN-Konvention Kindern in Strafverfahren einen Rechtsbeistand garantiert, die Bundesregierung jedoch diesbezüglich einen Vorbehalt formulierte und diesen - wie die anderen bereits genannten -

ihrer Ratifikationsurkunde beifügte. Darin erklärte sie, daß in der Bundesrepublik Deutschland "bei Straftaten von geringer Schwere nicht in allen Fällen [...] ein Anspruch darauf besteht, 'einen rechtskundigen oder anderen geeigneten Beistand' zur Vorbereitung und Wahrnehmung der Verteidigung zu erhalten" [BMFJ 1993; 50]. In ihrem Erstbericht begründet die Bundesregierung diese Vorbehaltserklärung mit dem Hinweis, es reiche "in Fällen der letzteren Art [...] grundsätzlich entsprechend den innerstaatlichen Regelungen (§ 50 Abs. 2, §§ 67 und 69 des Jugendgerichtsgesetzes) aus, daß die Eltern oder sonstigen Erziehungsberechtigten an der Hauptverhandlung teilnehmen können"; darüber hinaus werde ein Pflichtverteidiger nur dann bestellt, "wenn dies im Interesse der Rechtspflege erforderlich ist" [BMFSFJ 1994; 41].

> "Es wird argumentiert, daß schließlich die Jugendgerichtshilfe den Jugendlichen zur Seite stehe. Dies entspricht aber nicht den Tatsachen, denn die Aufgabe des Jugendgerichtshelfers ist, dem Gericht die benötigten Informationen zu liefern. Die Möglichkeit, eine Aussage zu verweigern, besteht für den Jugendgerichtshelfer nicht." [Aktionsbündnis 1995; 9]

Aus diesem Sachverhalt leitet das Aktionsbündnis Kinderrechte zwei wesentliche - miteinander verknüpfte - Forderungen an die Bundesregierung ab: "Der Vorbehalt gegen Artikel 40 ist zurückzunehmen", und es müsse umgehend "verpflichtend werden, daß Kinder für alle gerichtlichen Verfahren, nicht nur für bestimmte Fallgruppen, einen Rechtsbeistand erhalten" [ebd.].

Ein anderes Problem - das allerdings mit der innerstaatlichen Umsetzung des Artikels 40 der UN-Konvention nur mittelbar in Zusammenhang zu bringen ist und das sich bislang fast ausschließlich in den Forderungskatalogen der antipädagogischen "Kinderrechtler" widergespiegelt hat [vgl. I/2] - stellt der Sachverhalt dar, daß es in der Bundesrepublik Deutschland für den Minderjährigen nach wie vor unmöglich ist, einen selbständigen Zugang zum Zivilprozeß zu finden. Inwieweit dieses Faktum mit Hilfe des äußerst problematischen Begriffs der "Grundrechtsmündigkeit" - bzw. durch Unterstellung des Fehlens einer solchen beim Kind - zu begründen ist, muß an dieser Stelle ungeklärt bleiben; verwiesen sei hier lediglich auf eine spezielle Untersuchung zu diesem Thema von Michael Reinicke [1989].

Die Absätze 3 und 4 des vorliegenden Artikels 40 der UN-Konvention werden hingegen wieder - sowohl von der Bundesregierung als auch von ihren Kritikern - als innerstaatlich umgesetzt erachtet; die Gesetzgebung der Bundesrepublik Deutschland entspricht hier einmal mehr den Vorgaben.

Artikel 41

Dieses Übereinkommen läßt zur Verwirklichung der Rechte des Kindes besser geeignete Bestimmungen unberührt, die enthalten sind

a) im Recht eines Vertragsstaats oder

b) in dem für diesen Staat geltenden Völkerrecht.

Dieser Artikel soll daran erinnern, daß das Übereinkommen der Vereinten Nationen über die Rechte des Kindes selbst im Falle seiner Umsetzung nicht unbedingt die beste aller möglichen (Kinder-)Welten garantiert, sondern immer noch bessere Wege zur Verwirklichung von Kinderrechten offen läßt. Unseren Bemühungen um das Wohl des Kindes werden also durch die UN-Konvention keine Grenzen gesetzt.

Zunächst muß es jedoch darum gehen, dem vorliegenden UN-Übereinkommen zu seiner internationalen Verbreitung zu verhelfen. Wie dies - in ersten kleinen Schritten - gelingen kann, wird im Teil II der Konvention dargelegt, dessen Artikel nachfolgend betrachtet werden.

Teil II

Artikel 42

Die Vertragsstaaten verpflichten sich, die Grundsätze und Bestimmungen dieses Übereinkommens durch geeignete und wirksame Maßnahmen bei Erwachsenen und auch bei Kindern allgemein bekannt zu machen.

Auch hinsichtlich der innerstaatlichen Umsetzung dieses eher unscheinbaren Artikels gehen die Meinungen weit auseinander. Während das Aktionsbündnis Kinderrechte der Bundesregierung unterstellt, "daß eine Diskussion mit der Öffentlichkeit oder gar mit Kindern nicht erwünscht ist", was nicht zuletzt "auch die späte und unzureichende Veröffentlichung der Konvention" zeige [1995; 13], weist die Bundesregierung in ihrer Denkschrift unmißverständlich darauf hin, daß "der Text des Übereinkommens [...] schon vor Einbringung des Entwurfs des Vertragsgesetzes der interessierten Öffentlichkeit in einer mit der früheren DDR, mit Österreich und der Schweiz abgestimmten deutschen Übersetzung zugänglich gemacht worden" sei [BMFJ 1993; 48].

Wie auch immer: Tatsache ist auf jeden Fall, daß "trotz der bisherigen Maßnahmen, die vor allem auf der Länderebene erfolgt sind, [...] die Kinderrechtskonvention in Deutschland weitgehend unbekannt" geblieben ist. Die Koordinierungsgruppe der National Coalition sinnt daher auf Abhilfe:

"Wegen der föderalen Verfassungsordnung und der damit verbundenen Zuständigkeiten müssen für die Verbreitung alle staatlichen Ebenen einbezogen werden: die Länder z.B. im Bereich der Schulen sowie der Rundfunk- und Fernsehanstalten, die Kommunen z.B. im Bereich der außerschulischen Jugendarbeit. Die NC hält es für geboten, in einem wirklichen Dialog mit diesen staatlichen Institutionen, mit Nichtregierungsorganisationen und mit Kindern ein umfassendes Konzept und für alle Ebenen eigenständige Maßnahmen für die Bekanntmachung zu entwickeln und darüber zu berichten." [KoG 1995; III f.]

Noch ist allerdings nicht für alle regierungsunabhängigen Kommentatoren zweifelsfrei ausgemacht, wer denn nun eigentlich für die Bekanntmachung der Kinderrechtskonvention die optimale Kompetenz aufweist. Während Walter Wilken, der Bundesgeschäftsführer des Deutschen Kinderschutzbundes, den Artikel 42 insofern ganz wörtlich nimmt, als er die Verpflichtung, das Übereinkommen bekannt zu machen, direkt bei den Vertragsstaaten selbst erkennt und daher daran erinnert, daß sich "die Bundesregierung [...] auch dazu [...] mit ihrer Unterschrift verpflichtet" habe - aber letztlich konstatieren muß, daß "bis heute [...] lediglich eine Veröffentlichung für Erwachsene" (gemeint ist BMFJ 1993) erfolgt ist [1994; 49] -, scheinen andere Kritiker die geforderte Bekanntmachung des Übereinkommens speziell für Kinder bislang gar nicht vermißt zu haben; schließlich bedürfe es schon "der Erfahrung und Phantasie der freien Träger, eine so abstrakte und komplexe Materie wie die der Kinderkonvention den 'Betroffenen' zugänglich und bewußt zu machen" [Borsche 1992; 75].

Für die innerstaatliche Umsetzung des Artikels 42 in der Bundesrepublik Deutschland könnte jedoch vor allem unsere marktwirtschaftliche Ordnung ihren Teil beitragen, sobald es sich für das Verlagswesen als lukrativ erweisen würde, sowohl für die Zielgruppe der Kinder (hier nun im engeren Sinne) und der Jugendlichen einerseits als auch für die der Erwachsenen andererseits geeignete Bücher über das UN-Übereinkommen zu veröffentlichen. Bislang war es jedoch stets so, daß erst nach handfestem "Sponsoring" - entweder seitens öffentlicher Institutionen (z.B. der Landesregierung von NRW bei Eichholz 1991) oder seitens einschlägiger Organisationen (z.B. UNICEF bei Billhardt 1990 oder terre des hommes bei Große-Oetringhaus 1993) - von Verlagen das wirtschaftliche Risiko, das mit der Veröffentlichung derartiger Publikationen immer noch verbunden zu sein scheint, gewagt wurde. Die meisten der bisher erschienenen Lehr- und Arbeitsbücher und Materialien-Broschüren über die UN-Konvention sind bisher jedoch gleich direkt von den jeweiligen Kinder- bzw. Menschenrechtsorganisationen herausgegeben worden [vgl. amnesty international 1989, Deutsches Komitee für UNICEF 1989 (a & b) und 1994, Deutscher Kinderschutzbund 1993, Bischöfliches Hilfswerk Misereor 1993, Kindernothilfe 1993 und terre des hommes o.J.].

Artikel 43

(1) Zur Prüfung der Fortschritte, welche die Vertragsstaaten bei der Erfüllung der in diesem Übereinkommenen eingegangenen Verpflichtungen gemacht haben, wird ein Ausschuß für die Rechte des Kindes eingesetzt, der die nachstehend festgelegten Aufgaben wahrnimmt.

(2) Der Ausschuß besteht aus zehn Sachverständigen von hohem sittlichen Ansehen und anerkannter Sachkenntnis auf dem von diesem Übereinkommen erfaßten Gebiet. Die Mitglieder des Ausschusses werden von den Vertragsstaaten unter ihren Staatsangehörigen ausgewählt und sind in persönlicher Eigenschaft tätig, wobei auf eine gerechte geographische Verteilung zu achten ist sowie die hauptsächlichen Rechtssysteme zu berücksichtigen sind.

(3) Die Mitglieder des Ausschusses werden in geheimer Wahl aus einer Liste von Personen gewählt, die von den Vertragsstaaten vorgeschlagen worden sind. Jeder Vertragsstaat kann einen seiner eigenen Staatsangehörigen vorschlagen.

(4) Die Wahl des Ausschusses findet zum erstenmal spätestens sechs Monate nach Inkrafttreten dieses Übereinkommens und danach alle zwei Jahre statt. Spätestens vier Monate vor jeder Wahl fordert der Generalsekretär der Vereinten Nationen die Vertragsstaaten schriftlich auf, ihre Vorschläge innerhalb von zwei Monaten einzureichen. Der Generalsekretär fertigt sodann eine alphabetische Liste aller auf diese Weise vorgeschlagenen Personen an unter Angabe der Vertragsstaaten, die sie vorgeschlagen haben, und übermittelt sie den Vertragsstaaten.

(5) Die Wahlen finden auf vom Generalsekretär am Sitz der Vereinten Nationen einberufenen Tagungen der Vertragsstaaten statt. Auf diesen Tagungen, die beschlußfähig sind, wenn zwei Drittel der Vertragsstaaten vertreten sind, gelten die Kandidaten als in den Ausschuß gewählt, welche die höchste Stimmenzahl und die absolute Stimmenmehrheit der anwesenden und abstimmenden Vertreter der Vertragsstaaten auf sich vereinigen.

(6) Die Ausschußmitglieder werden für vier Jahre gewählt. Auf erneuten Vorschlag können sie wiedergewählt werden. Die Amtszeit von fünf der bei der ersten Wahl gewählten Mitglieder läuft nach zwei Jahren ab; unmittelbar nach der ersten Wahl

werden die Namen dieser fünf Mitglieder vom Vorsitzenden der Tagung durch das Los bestimmt.

(7) Wenn ein Ausschußmitglied stirbt oder zurücktritt oder erklärt, daß es aus anderen Gründen die Aufgaben des Ausschusses nicht mehr wahrnehmen kann, ernennt der Vertragsstaat, der das Mitglied vorgeschlagen hat, für die verbleibende Amtszeit mit Zustimmung des Ausschusses einen anderen unter seinen Staatsangehörigen ausgewählten Sachverständigen.

(8) Der Ausschuß gibt sich eine Geschäftsordnung.

(9) Der Ausschuß wählt seinen Vorstand für zwei Jahre.

(10) Die Tagungen des Ausschusses finden in der Regel am Sitz der Vereinten Nationen oder an einem anderen vom Ausschuß bestimmten geeigneten Ort statt. Der Ausschuß tritt in der Regel einmal jährlich zusammen. Die Dauer der Ausschußtagungen wird auf einer Tagung der Vertragsstaaten mit Zustimmung der Generalversammlung festgelegt und wenn nötig geändert.

(11) Der Generalsekretär der Vereinten Nationen stellt dem Ausschuß das Personal und die Einrichtungen zur Verfügung, die dieser zur wirksamen Wahrnehmung seiner Aufgaben nach diesem Übereinkommen benötigt.

(12) Die Mitglieder des nach diesem Übereinkommen eingesetzten Ausschusses erhalten mit Zustimmung der Generalversammlung Bezüge aus Mitteln der Vereinten Nationen zu den von der Generalversammlung zu beschließenden Bedingungen.

Die Bestimmungen des Artikels 43 (wie auch die der beiden folgenden Artikel) "betreffen vor allem die Frage der internationalen Kontrolle, die ausgeübt wird, um die Fortschritte bei der Verwirklichung" [BMFJ 1993; 48] der Kinderrechtskonvention in den einzelnen Vertragsstaaten zu überwachen; Artikel 43 handelt dabei speziell vom "Ausschuß für die Rechte des Kindes" und den Fragen seiner Organisation.

Dieser Ausschuß, "der nach dem Vorbild ähnlicher Gremien nach anderen internationalen Menschenrechtsverträgen" geschaffen wurde und der "die von den Vertragsstaaten nach Artikel 44 vorzulegenden Berichte prüft" [ebd.], wird nun ganz unterschiedlich bewertet: Während Ingrid Baer seine Einsetzung "erfreulich" findet [1990; 198], halten ihn andere Kommentatoren für unzulänglich, solange die "Kinderkonvention [...] weder ein Beschwerderecht von Kindern noch ihrer gesetzlichen Vertreter vorsieht" [Borsche 1991; 50]; denn "ohne die Anregung, die ein individuelles Beschwerderecht vor einer supranationalen Instanz geben würde", bleibt "die Konvention ganz oder nahezu ganz abhängig [...] von dem, was innerstaatlich die Behörden und Gerichte daraus machen" [a.a.O.; 51] - und der "Ausschuß für die Rechte des Kindes" angewiesen auf die Berichterstattung der Vertragsstaaten, die jedoch zwangsläufig stets parteiisch sein und dies auch immer bleiben wird.

Artikel 44

(1) Die Vertragsstaaten verpflichten sich, dem Ausschuß über den Generalsekretär der Vereinten Nationen Berichte über die Maßnahmen, die sie zur Verwirklichung der in diesem Übereinkommen anerkannten Rechte getroffen haben, und über die dabei erzielten Fortschritte vorzulegen, und zwar

a) innerhalb von zwei Jahren nach Inkrafttreten des Übereinkommens für den betreffenden Vertragsstaat,

b) danach alle fünf Jahre.

(2) In den nach diesem Artikel erstatteten Berichten ist auf etwa bestehende Umstände und Schwierigkeiten hinzuweisen, welche die Vertragsstaaten daran hindern, die in diesem Übereinkommen vorgesehenen Verpflichtungen voll zu erfüllen. Die Berichte müssen auch ausreichende Angaben enthalten, die dem Ausschuß ein umfassendes Bild von der Durchführung des Übereinkommens in dem betreffenden Land vermitteln.

(3) Ein Vertragsstaat, der dem Ausschuß einen ersten umfassenden Bericht vorgelegt hat, braucht in seinen nach Absatz 1 Buchstabe b vorgelegten späteren Berichten die früher mitgeteilten grundlegenden Angaben nicht zu wiederholen.

(4) Der Ausschuß kann die Vertragsstaaten um weitere Angaben über die Durchführung des Übereinkommens ersuchen.

(5) Der Ausschuß legt der Generalversammlung über den Wirtschafts- und Sozialrat alle zwei Jahre einen Tätigkeitsbericht vor.

(6) Die Vertragsstaaten sorgen für eine weite Verbreitung ihrer Berichte im eigenen Land.

Die Regierung der Bundesrepublik Deutschland ist im August 1994 ihrer Berichtspflicht entsprechend den o.g. Vorgaben - wenn auch um einige Monate verspätet - nachgekommen; ihr "Bericht [...] an die Vereinten Nationen gemäß Artikel 44 Abs. 1 Buchstabe a des Übereinkommens über die Rechte des Kindes", der in der vorliegenden Arbeit schon häufig als "Erstbericht" [BMFSFJ 1994] zitiert worden ist, wurde darüber hinaus im November 1994 vom Bundesministerium für Familie, Senioren, Frauen und Jugend in Form einer hauseigenen Veröffentlichung der Allgemeinheit zugänglich gemacht. Ob dies der in Artikel 44 Absatz 6 geforderten "weite[n] Verbreitung [...] im eigenen Land" entspricht, kann aufgrund dieser etwas vagen Formulierung kaum objektiv beurteilt werden; von den Kritikern der Bundesregierung wird dies freilich dennoch bestritten [vgl. z.B. KoG 1995; IV].

Wie die Koordinierungsgruppe der National Coalition (NC) mit Nachdruck betont, hatten die in der NC zusammengeschlossenen "Nichtregierungsorganisationen" schon geraume Zeit v o r dem Erstbericht der Bundesregierung

> "zur Umsetzung der Kinderrechtskonvention in Deutschland Stellung genommen. Zunächst geschah dies in Beiträgen für die Kinderkommission des Deutschen Bundestages, später in einigen Stellungnahmen zum 'Teil-Rohentwurf' des Erstberichtes der Bundesregierung, den das zuständige Bundesministerium vorgelegt hatte. Die Nichtregierungsorganisationen hatten dabei auf Punkte hingewiesen, in denen die Konvention nach ihrer Auffassung nicht erfüllt ist. Sie befanden sich damit im Widerspruch zu der [...] Auffassung der Regierung, daß die Verpflichtungen aus der Konvention in der Bundesrepublik weitgehend umgesetzt worden sind." [KoG 1995; IV].

Doch nicht erst dieser "Teil-Rohentwurf" vom 28. Oktober 1993 [vgl. Borsche 1993(b); 10 f.] ist bei den deutschen Nichtregierungsorganisationen größtenteils auf Ablehnung gestoßen; schon der "Bericht der Bundesregierung über Maßnahmen im Zusammenhang mit dem Inkrafttreten des Übereinkommens über die Rechte des Kindes für die Bundesrepublik Deutschland" vom 21. Januar 1993 [zit. als "Unterrichtung"] "ist wegen seiner Inhaltslosigkeit bzw. 'Erbsenzählerei' in der Fachöffentlichkeit auf Unverständnis und Kritik gestoßen" [Borsche 1993(b); 10]; Sven Borsche (AWo) war sogar der Ansicht, dieser Bericht sei im ganzen "als unangemessen zurückzuweisen" [ders. 1993(c); 4]. Schließlich wurde - obwohl "die Bundesregierung [...] nicht deutlich gemacht [hat], ob und wie sie andere Auffassungen im Erstbericht berücksichtigen würde" [KoG 1995; IV] - aus den Reihen der Nichtregierungsorganisationen eine "Initiativgruppe" gebildet, welche wiederum einen sehr kritischen Katalog von "Anforderungen an der 'Erstbericht' zur UN-Kinderrechtskonvention" formulierte, der "am 20. 12.93 [...] dem für den Bericht zuständigen Bundesministerium für Frauen und Jugend zugeleitet" wurde [Initiativgruppe 1994; 6 f.].

Diese Anregungen haben im fertigen Bericht keinen - zumindest keinen eindeutig nachweisbaren - Niederschlag gefunden, weswegen er bei den deutschen Nichtregierungsorganisationen schließlich auch nur auf wenig Akzeptanz gestoßen ist. Ob die schlechte Erfahrung eines eher destruktiven Gegeneinanders im Vorfeld des Erstberichts letztlich dazu führt, daß der nächste Bericht [vgl. Artikel 44 Absatz 1 Buchstabe b] die in der Bundesrepublik Deutschland für das

Kindeswohl engagierten Kräfte zu einem konstruktiven Miteinander bündelt - dies bleibt abzuwarten.

Artikel 45

Um die wirksame Durchführung dieses Übereinkommens und die internationale Zusammenarbeit auf dem von dem Übereinkommen erfaßten Gebiet zu fördern,

a) haben die Sonderorganisationen, das Kinderhilfswerk der Vereinten Nationen und andere Organe der Vereinten Nationen das Recht, bei der Erörterung der Durchführung derjenigen Bestimmungen des Übereinkommens vertreten zu sein, die in ihren Aufgabenbereich fallen. Der Ausschuß kann, wenn er dies für angebracht hält, die Sonderorganisationen, das Kinderhilfswerk der Vereinten Nationen und andere zuständige Stellen einladen, sachkundige Stellungnahmen zur Durchführung des Übereinkommens auf Gebieten abzugeben, die in ihren jeweiligen Aufgabenbereich fallen. Der Ausschuß kann die Sonderorganisationen, das Kinderhilfswerk der Vereinten Nationen und andere Organe der Vereinten Nationen einladen, ihm Berichte über die Durchführung des Übereinkommens auf Gebieten vorzulegen, die in ihren Tätigkeitsbereich fallen;

b) übermittelt der Ausschuß, wenn er dies für angebracht hält, den Sonderorganisationen, dem Kinderhilfswerk der Vereinten Nationen und anderen zuständigen Stellen Berichte der Vertragsstaaten, die ein Ersuchen um fachliche Beratung oder Unterstützung oder einen Hinweis enthalten, daß ein diesbezügliches Bedürfnis besteht; etwaige Bemerkungen und Vorschläge des Ausschusses zu diesen Ersuchen oder Hinweisen werden beigefügt;

c) kann der Ausschuß der Generalversammlung empfehlen, den Generalsekretär zu ersuchen, für den Ausschuß Untersuchungen über Fragen im Zusammenhang mit den Rechten des Kindes durchzuführen;

d) kann der Ausschuß aufgrund der Angaben, die er nach den Artikeln 44 und 45 erhalten hat, Vorschläge und allgemeine Empfehlungen unterbreiten. Diese Vorschläge und allgemeinen Empfehlungen werden den betroffenen Vertragsstaaten übermittelt und der Generalversammlung zusammen mit etwaigen Bemerkungen der Vertragsstaaten vorgelegt.

Der vorliegende Artikel 45 befaßt sich mit internen Verfahrensabläufen innerhalb der UN-Organisation. Hinsichtlich der Verwirklichung der Konvention in der Bundesrepublik Deutschland ist er ohne Belang.

Dies gilt auch für den nachfolgend noch in aller Kürze behandelten Teil III des Übereinkommens der Vereinten Nationen über die Rechte des Kindes, der abschließend - nach dem Vorbild ähnlicher Vertragswerke - unter anderem das Procedere des Beitritts, des Inkrafttretens, der Änderung und der Kündigung behandelt - und nicht zuletzt auch noch die bereits des öfteren erwähnte Möglichkeit, Interpretationsvorbehalte zu dokumentieren.

Teil III

Artikel 46

Dieses Übereinkommen liegt für alle Staaten zur Unterzeichnung auf.

"Artikel 46 ff. haben als Schlußbestimmungen vertragstechnischen Charakter" [BMFJ 1993; 48] und sind für die innerstaatliche Umsetzung der Kinderrechtskonvention nicht von Bedeutung. Die Kommentierung erübrigt sich daher.

Artikel 47

Dieses Übereinkommen bedarf der Ratifikation. Die Ratifikationsurkunden werden beim Generalsekretär der Vereinten Nationen hinterlegt.

Artikel 48

Dieses Übereinkommen steht allen Staaten zum Beitritt offen. Die Beitrittsurkunden werden beim Generalsekretär der Vereinten Nationen hinterlegt.

Artikel 49

(1) Dieses Übereinkommen tritt am dreißigsten Tag nach Hinterlegung der zwanzigsten Ratifikations- oder Beitrittsurkunde beim Generalsekretär der Vereinten Nationen in Kraft.

(2) Für jeden Staat, der nach Hinterlegung der zwanzigsten Ratifikations- oder Beitrittsurkunde dieses Übereinkommen ratifiziert oder ihm beitritt, tritt es am dreißigsten Tag nach Hinterlegung seiner eigenen Ratifikations- oder Beitrittsurkunde in Kraft.

Artikel 50

(1) Jeder Vertragsstaat kann eine Änderung vorschlagen und sie beim Generalsekretär der Vereinten Nationen einreichen. Der Generalsekretär übermittelt sodann den Änderungsvorschlag den Vertragsstaaten mit der Aufforderung, ihm mitzuteilen, ob sie eine Konferenz der Vertragsstaaten zur Beratung und Abstimmung über den Vorschlag befürworten. Befürwortet innerhalb von vier Monaten nach dem Datum der Übermittlung wenigstens ein Drittel der Vertragsstaaten eine solche Konferenz, so beruft der Generalsekretär die Konferenz unter der Schirmherrschaft der Vereinten Nationen ein. Jede Änderung, die von der Mehrheit der auf der Konferenz anwesenden und abstimmenden Vertragsstaaten angenommen wird, wird der Generalversammlung zur Billigung vorgelegt.

(2) Eine nach Absatz 1 angenommene Änderung tritt in Kraft, wenn sie von der Generalversammlung der Vereinten Nationen gebilligt und von einer Zweidrittelmehrheit der Vertragsstaaten angenommen worden ist.

(3) Tritt eine Änderung in Kraft, so ist sie für die Vertragsstaaten, die sie angenommen haben, verbindlich, während für die anderen Vertragsstaaten weiterhin die Bestimmungen dieses Übereinkommens und alle früher von ihnen angenommenen Änderungen gelten.

Artikel 51

(1) Der Generalsekretär der Vereinten Nationen nimmt den Wortlaut von Vorbehalten, die ein Staat bei der Ratifikation oder beim Beitritt anbringt, entgegen und leitet ihn allen Staaten zu.

(2) Vorbehalte, die mit Ziel und Zweck dieses Übereinkommens unvereinbar sind, sind nicht zulässig.

(3) Vorbehalte können jederzeit durch eine an den Generalsekretär der Vereinten Nationen gerichtete diesbezügliche Notifikation zurückgenommen werden; dieser setzt alle Staaten davon in Kenntnis. Die Notifikation wird mit dem Tag ihres Eingangs beim Generalsekretär wirksam.

Dieser Artikel, der - wie gesehen - in der Bundesrepublik Deutschland zumindest indirekt zu heftigen Diskussionen Anlaß gegeben hat, ist ohne Zweifel "rechtlich unklar formuliert" [Borsche 1991; 51]. Sein Absatz 2 erklärt zwar jene Vorbehalte, die mit Ziel und Zweck der Kinderrechtskonvention unvereinbar sind, für unzulässig, "welche Artikel damit aber gemeint sind, führt die Konvention nicht näher aus" [ebd.]. Nur so konnte die Bundesregierung bei ihren Interpretationsvorbehalten stets für sich in Anspruch nehmen, mit ihnen weder Ziel noch Zweck des Übereinkommens grundsätzlich zu widersprechen.

Artikel 52

Ein Vertragsstaat kann dieses Übereinkommen durch eine an den Generalsekretär der Vereinten Nationen gerichtete schriftliche Notifikation kündigen. Die Kündigung wird ein Jahr nach Eingang der Notifikation beim Generalsekretär wirksam.

Artikel 53

Der Generalsekretär der Vereinten Nationen wird zum Verwahrer dieses Übereinkommens bestimmt.

Artikel 54

Die Urschrift dieses Übereinkommens, dessen arabischer, chinesischer, englischer, französischer, russischer und spanischer Wortlaut gleichermaßen verbindlich ist, wird beim Generalsekretär der Vereinten Nationen hinterlegt. Zu Urkund dessen haben die unterzeichneten, von ihren Regierungen hierzu gehörig befugten Bevollmächtigten dieses Übereinkommen unterschrieben.

IV DIE RECHTE DES KINDES IN DER BUNDESREPUBLIK DEUTSCHLAND: JENSEITS DER KONVENTION(EN).

Im Kapitel III wurde nachgeprüft, inwiefern die einzelnen Artikel des Übereinkommens der Vereinten Nationen über die Rechte des Kindes in der Bundesrepublik Deutschland bislang eine adäquate Umsetzung erfahren haben - und wo noch konkreter Handlungsbedarf besteht; inwieweit den Interpretationen der Bundesregierung zuzustimmen ist - und wo der teilweise befremdlich grobschlächtigen Kritik der deutschen Kinderschutz-Organisationen Recht gegeben werden muß; und schließlich: in welchem Maße die Kinderrechtskonvention hilfreiche Impulse für die Situation des Kindes in der Bundesrepublik Deutschland leisten kann - und wo sie an unseren innerstaatlichen Verhältnissen vorbeigeht.

An dieser Stelle darf vielleicht schon ein erstes Zwischen-Ergebnis unserer Untersuchung eingeblendet werden. - Es ist zu erwarten, daß die Bedeutung des UN-Übereinkommens vorerst nicht aus seiner akribischen Auflistung zahlreicher Ideal-Kinderrechte abgeleitet werden kann und wird; sie wird bis auf weiteres darin liegen, daß sie als eine Art Mahnmahl, als ein Symbol, als Zeichen des guten Willens die Rechte des Kindes in der Diskussion halten wird. Eine wie auch immer geartete praktische Nützlichkeit konnte das Dokument bislang allerdings - was sowohl die Berichte über Verwahrlosungstendenzen bei den jungen Menschen in den Industriestaaten als auch die Fernsehbilder von den zahlreichen Krisenherden dieser Welt belegen - noch nicht nachweisen. Dies liegt wiederum ganz offensichtlich in einigen wesentlichen Schwächen der Kinderrechtskonvention begründet, die wir nachfolgend kurz darstellen wollen.

Zunächst einmal besteht in der Tat "die Gefahr, daß die Rechtsgrundsätze bloßes Programm bleiben, wenn nicht eine intensive politische Auseinandersetzung um die Verwirklichung der Rechte des Kindes folgt" [Eichholz 1993; 73]. Das Problem liegt beim UN-Übereinkommen aber nicht zuletzt auch darin, daß ihre hehren Rechtsgrundsätze oft genug in einen dicken Wattebausch der Unverbindlichkeit, des Kompromißhaften, Halben und Lauen verpackt ist.

Dieser Tatbestand erschwert den Weg von der Höhe ideal formulierter Rechtsnormen hinunter in die Niederungen konkreter Gesetzgebung und Rechtsprechung bis hin zu den seichten Gewässern pragmatisch-politischer Durchsetzung. Dieser Weg ist nicht selten durch Fallstricke unpassierbar gemacht; hier wäre eine scharfe Waffe vonnöten, kein sanftes Ruhekissen.

Das UN-Übereinkommen hat die Notbremsen in vielen Fällen geradezu in die Artikel eingebaut: man denke nur an Formulierungen wie "im Einklang mit den innerstaatlichen Verfahrensvorschriften" [Artikel 12 Absatz 2] und "nach Maßgabe [...] innerstaatlichen Rechts" [Artikel 20 Absatz 2], oder an Kastrationen wie jener, daß "die Ausübung dieses Rechts [...] bestimmten, gesetzlich vorgesehenen Einschränkungen unterworfen werden" könne [Artikel 13 Absatz 2]. Hierdurch wird das Übereinkommen in bedenklicher Weise relativiert und in einigen Staaten in den entscheidenden Punkten unwirksam gemacht.

Wie in vielen UN-Dokumenten wurde auch in der vorliegenden Übereinkunft so manche Formulierung vom Zwang zum Kompromiß - notfalls auf dem kleinsten gemeinsamen Nenner - diktiert. So konnte die eigentlich skandalöse Vereinbarung, daß "die Vertragsstaaten [...] davon Abstand [nehmen], Personen, die das fünfzehnte [!] Lebensjahr noch nicht vollendet haben, zu ihren Streitkräften einzuziehen" [Artikel 38 Absatz 3] nur deshalb zustande kommen, weil andernfalls - wenn die Latte höher gelegt worden wäre - "bestimmte Länder dem Übereinkommen [...] nicht zugestimmt hätten" [Eichholz 1991; 63].

Nach einigen Jahren der Distanz ist der ursprüngliche Optimismus, der mit der Verabschiedung der Kinderrechtskonvention geweckt worden war, verflogen; eine Reihe von Hoffnungen hinsichtlich möglicher Verbesserungen der konkreten Lebenswirklichkeit unserer Kinder sind bislang unerfüllt geblieben. Allerdings hatte Staatssekretär Rainer Funke (BMJ) bereits 1992 konstatiert, daß "manche Erwartungen [...], die bei uns an die UN-Kinderkonvention geknüpft worden sind, [...] zum Teil etwas überzogen" waren [1992; 63]. Den Grund für das Ausbleiben meßbarer Auswirkungen des Übereinkommens auf die innerstaatlichen Verhältnisse erkannte er schon damals darin, daß dessen "Formulierungen [...] vieldeutig und teilweise weitschweifig" seien: "Wer kann da klipp und klar sagen, das geltende Recht stehe nicht im Einklang mit der Konvention?" [ebd.]

Auch andere juristische Kommentatoren konnten von Anfang an den "Text der Kinderkonvention [...] kaum als gelungen bezeichnen" [Stöcker 1991; 34]. Exemplarisch Hans A. Stöcker (BMJ):

> "Mit seiner nur verschleiernden Umschreibung der Rolle der Eltern und Personensorgeberechtigten bei der Ausübung von Rechten durch Minderjährige scheint er von

vornherein mehr zu versprechen, als gehalten werden kann. Es ist also eigentlich ein unehrlicher Text, und gerade auch Jugendliche, die ihn lesen, empfinden dies manchmal, wenn sie sich über die kaum glaubliche Fülle von Rechten, die ihnen zugesprochen werden, wundern." [ebd.]

Es hätte also bei der Kinderrechtskonvention gleich schon "an den Formulierungen [...] deutlich" werden müssen, "daß es sich bei einem internationalen Übereinkommen nur um (eher unverbindliche) Rahmenbedingungen handeln kann, die Absichten, Tendenzen und unbestimmte Rechtsbegriffe enthalten" [Borsche 1991; 50]; dies hätte so manche hochgespannte Erwartung gar nicht erst entstehen lassen. Wie diese "eher unverbindlichen Rahmenbedingungen" am Ende aber "dann mit bedarfsgerechten Inhalten ausgefüllt und verbindlich gemacht werden" [ebd.] sollen, bleibt bei einigen Autoren letztlich genauso diffus wie so manche Passage des Konventionstextes.

Richtig ist allerdings - und hierin besteht ein weiteres sprachliches Defizit des Übereinkommens -, daß in der Konvention tatsächlich gleich mehrere, parallel verwendete "unbestimmte Rechtsbegriffe enthalten" [s.o.] sind, und daß es sich dann "mal um Grundrechte der menschlichen Person, dann wieder um bürgerliche Rechte, das nächste Mal um spezifische Rechte auf Schutz und wieder um kulturelle und soziale Rechte oder um Prinzipien handelt, die die Grundlage des Rechts bilden" [Théry 1994; 79]. Diese "Konfusion" [ebd.] führt nach Ansicht einiger Kritiker dazu, daß der Text der Konvention schließlich "weit über die traditionellen Kompromisse der UNO hinausgeht" und am Ende "jeder in ihr lesen [kann], was ihm gefällt" [ebd.].

Der emeritierte Kieler Pädagogik-Professor Heinrich Kupffer erkennt hingegen eine ganze Reihe von grundsätzlichen Problemen, die mit einem Übereinkommen der Vereinten Nationen ganz allgemein und insbesondere mit dem hier von uns diskutierten verbunden sind:

> "Die Bemühungen um Kinderrechte klingen vielversprechend und sind sicherlich von bester Absicht getragen. Aber auch daß dem ganzen Unternehmen nur eine geringe Erfolgschance beschieden sein könnte, zeichnet sich jetzt schon ab. Erstens ist es fast unmöglich, unter zahlreichen, ganz unterschiedlich strukturierten Gesellschaften einen internationalen Konsens zu finden und etwa die Erwartungen an menschenwürdiges Dasein in reichen und armen Ländern unter einen Hut zu bringen. Denken wir einerseits an die Entwicklungsländer, in denen es an der Tagesordnung ist, daß Kinder arbeiten oder betteln; und denken wir andererseits an manche Industrieländer, in denen Kinder ohne Obhut bleiben und im Klima von Prostitution und Gewalt, Alkohol und Drogen

verkommen. Zweitens muß auch in unserer pluralistischen Gesellschaft daran gezweifelt werden, ob sich ein Generalnenner für die vielen divergierenden Gruppen finden läßt. Das gilt vor allem für weltanschauliche Gegensätze, die sich etwa daran entzünden, ob das ungeborene Leben einbezogen werden soll, oder wie wir es künftig mit der Familie halten wollen. Drittens sind solche Rechte de facto nur Absichtserklärungen, denn sie lassen sich nicht einklagen, sondern wirken mehr als Richtungspflöcke und Appelle. Viertens sind die Rechte des Kindes den Rechten für erwachsene Individuen nachempfunden. Weder wird geklärt, wie das einzelne Kind sich sein Recht verschaffen kann, noch läßt sich erkennen, wie die erzieherische Kompetenz der Eltern und der öffentlichen Institutionen organisiert werden soll. Fünftens wird durch rechtliche Fixierungen ein bestimmtes Menschenbild festgeschrieben. Dabei macht sich das Bestreben bemerkbar, vorsorglich alle denkbaren Fehler auszuschließen und auf nach vorn offene Entscheidungen zu verzichten." [Kupffer 1990; 118 f.]

Nachdem wir nun (in komprimierter Form) jedwede denkbare Kritik an programmatisch festgeschriebenen Kinderrechten - vor allem in Gestalt des UN-Übereinkommens - zu Papier gebracht haben, können wir es nun auch wieder wagen, positive Aspekte zu beleuchten. Diese gibt es gerade im Hinblick auf die Kinderrechtskonvention in der Tat; schließlich - dies wird selbst von Heinrich Kupffer nicht geleugnet -

> "markieren alle diese Anstrengungen einen Bewußtseinswandel, tragen zur Sensibilisierung der Öffentlichkeit bei und können vielleicht mit der Zeit doch einen allgemein akzeptierten Standard schaffen, hinter den niemand mehr zurückzufallen wagt. Insofern sind Paragraphen, Formeln und Vertragstexte doch besser als gar nichts" [a.a.O.; 119].

Eine UN-Konvention wie das Übereinkommen über die Rechte des Kindes hat es an sich, daß sie - aufgrund ihrer Symbol-Kraft und -Wirkung, ihres appellativen Charakters und wegen ihrer Fülle von implizit in ihr enthaltenen, sich aus zahlreichen religiösen und philosophischen Traditionen speisenden emotionalen Qualitäten - mehr darstellt als die Summe aus ihrer Präambel und ihren Artikeln. Nicht ohne Grund beschwören auch hinsichtlich des UN-Übereinkommens über die Rechte des Kindes die unterschiedlichsten Kommentatoren immer wieder den "Geist der Konvention" [vgl. z.B. Aktionsbündnis 1995; 5].

Deshalb soll in diesem Kapitel IV noch über jene möglichen Folgen und Wirkungen des Übereinkommens nachgedacht werden, die nicht allein von seinen bloßen Buchstaben, sondern wohl eher durch eine Inspiration durch eben diesen "Geist" bewirkt werden könnten. Es stellt sich die Frage, welche Impulse die Konvention a n s i c h - als eine Art Katalysator - hinsichtlich der Rechte des Kindes in der Bundesrepublik Deutschland womöglich noch bewirken wird, nachdem seine einzelnen Artikel - wie in Kapitel III aufgezeigt werden konnte - auf formaler Ebene größtenteils eine adäquate innerstaatliche Umsetzung erfahren haben; Impulse, die vielleicht sogar Entwicklungen befördern, die am Ende weit über den Horizont des Übereinkommens hinausreichen. Hier ist an die Sphäre einer grundlegend neuen Beziehung zum Kind zu denken, die jenseits der UN-Konvention, vor allem aber jenseits der zahlreichen u n g e s c h r i e b e n e n Konventionen verborgen liegt, welche im Erwachsenen-Kind-Verhältnis bis heute gültig sind.

Beginnen wollen wir unsere Betrachtungen mit einem kurzen Überblick über die derzeitige Situation in jener ganz speziellen Verfassungsdiskussion, die - vom Übereinkommen nicht unmaßgeblich motiviert - auf eine explizite Festschreibung von Kinderrechten im Grundgesetz abzielt; anschließend soll dem eigentlichen Kern der "Kinderpolitik" nachgespürt werden, welche spätestens mit der UN-Konvention zu einem zusätzlichen Schlagwort der Partei-Programme avanciert ist - um letztendlich auf die wesentliche, alle anderen Teilaspekte einschließende Grundfrage einzugehen: Wie ist es derzeit in der Bundesrepublik Deutschland um das allgemeine B e w u ß t s e i n bestellt, wenn es um die Rechte des Kindes geht? An dieser Stelle wollen wir dann abschließend den bereits angedeuteten "spekulativen" Blick über die Grenzen der UN-Konvention und vor allem über den Kleingarten-Zaun der gängigen Konventionen alltäglicher Gewohnheit hinaus wagen.

1 Eine neue Verfassung

Für eine etwaige verfassungsrechtliche Verankerung von Kinderrechten im Grundgesetz der Bundesrepublik Deutschland kann - zumindest in Europa - kein anderes Land als Vorbild dienen; schließlich ist "allen europäischen Verfassungen, neben dem fast vollständigen Fehlen gesonderter Kinderrechte, das eingeschränkte Bild vom Kind als eines unfertigen Menschen gemein" [Feldhaus 1992; 55]. Eine neue, das Kind explizit berücksichtigende deutsche Verfassung muß daher wesentliche Impulse aus der Kinderrechtskonvention beziehen.

Das deutsche Grundgesetz - und damit die gesamte nachgeordnete innerstaatliche Gesetzgebung und Rechtsprechung der Bundesrepublik Deutschland - könnte dann in der Tat durch das UN-Übereinkommen und seine Orientierung am Kinde eine völlig neue Ausrichtung erfahren. Diese fundamentale Verschiebung bislang gültiger Maßstäbe könnte die Kinderrechtskonvention nach Einschätzung von Reinald Eichholz, dem Kinderbeauftragten der Landesregierung von NRW, eben gerade deshalb leisten, weil in ihr

> "das Kindeswohl bei allen Kinder betreffenden Angelegenheiten zu einem 'vorrangigen Gesichtspunkt' gemacht wird. Bedenkt man, daß die gesellschaftlichen Verhältnisse allein nach den Maßstäben der Erwachsenen gestaltet worden sind, zeigt sich die fundamentale Bedeutung dieses Rechtsgrundsatzes" [Eichholz 1993; 72];

eines Rechtsgrundsatzes, der jedoch auch als Fundament eines reformierten Grundgesetzes genutzt werden müßte. Schließlich kann Reinald Eichholz nicht widersprochen werden, wenn er seiner bereits weiter oben zitierten Forderung nach "eine[r] intensive[n] politische[n] Auseinandersetzung um die Verwirklichung der Rechte des Kindes" den Hinweis anfügt, daß

> "für diese Auseinandersetzung [...] das Grundgesetz eine besondere Rolle [spielt]. Es bindet nicht nur alle staatliche Gewalt, sondern wirkt mit seinen grundlegenden Aussagen auch tief auf das allgemeine Rechtsbewußtsein ein. So sind der Grundwert der Achtung der Menschenwürde und die Grundrechte nicht nur verbindliche Rechtspositionen; sie haben sich auch der politischen Kultur unmittelbar eingeprägt" [a.a.O.; 73].

Um so schmerzlicher ist es in der Tat, daß man "spezielle Rechte des Kindes [...] im Grundgesetz vergebens" [ebd.] sucht. Obwohl - oder vielleicht gerade weil - wir es heute zunehmend "für selbstverständlich [halten], daß auch Kinder Träger von Grundrechten sind", ist es "bis heute ein Nachteil, daß die Rechte der Kinder nur 'zwischen den Zeilen' stehen und nicht im Gesetz selbst" [ebd.]. Zwar hat unlängst sogar das Bundesverfassungsgericht eindeutig festgeschrieben, daß es sich bei einem Kind um "ein Wesen mit eigener Menschenwürde und dem eigenen Recht auf Entfaltung seiner Persönlichkeit im Sinne der Art. 1 Abs. 1 und Art. 2 Abs. 1 GG" handelt [BVerfGE 24, 199/144; zit. ebd.], es ist jedoch nicht zu bestreiten, daß diese - sowie auch eine Reihe von ähnlichen - "wesentliche[n] Aussagen des Bundesverfassungsgerichts nicht voll in das politische und rechtliche Bewußtsein eingedrungen" sind [ebd.].

Eben aus diesem Grunde haben sich in den letzten Jahren - vor allem nach Verabschiedung des Übereinkommens über die Rechte des Kindes durch die Vollversammlung der Vereinten Nationen und dann wieder nach seiner Ratifizierung durch die Bundesrepublik Deutschland - im Rahmen der hierzulande nahezu immerwährenden Verfassungsdiskussion die Stimmen gemehrt, das Grundgesetz auch hinsichtlich der Rechte des Kindes zu optimieren. Besonders sein Artikel 6 stand dabei immer wieder im Mittelpunkt der Reform-Befürworter [vgl.

Weingartz 1992]; allerdings mit ganz unterschiedlichen Zielsetzungen: Während beispielsweise in den von der Verfassungskommission des Bundesrates vorgeschlagenen Neuformulierungen "einzelne [...] Benachteiligungen aufgegriffen wurden, wie die Gewalt gegen Kinder oder verbotene Kinderarbeit" [Eichholz 1993; 75], haben die deutschen Jugend-Minister auf ihrer Konferenz vom 12. Juni 1992 einen ganz individuellen Ergänzungsvorschlag für das Grundgesetz erarbeitet, der ebenfalls eine Neufassung des Artikels 6 GG beinhaltet. Mit diesem überarbeiteten Wortlaut hat man "den jetzigen Rechtsgehalt des Art. 6 aufgegriffen und auf hoher verfassungsrechtlicher Ebene den Inhalt des Kindeswohls umschrieben" [ebd.]. Nach dieser eigentlich schon längst fälligen Integration des Prinzips des Kindeswohls - das durch Artikel 3 der Konvention zu einer für sämtliche Beitrittsstaaten verbindlichen Rechtsnorm erhoben worden ist - in das Grundgesetz, würde Artikel 6 Absatz 2 GG künftig wie folgt lauten: "Jedes Kind hat das Recht auf Entwicklung und Entfaltung. Pflege und Erziehung der

> Kinder sind das natürliche Recht der Eltern und die zuvörderst ihnen obliegende Pflicht. Über ihre Betätigung wacht die staatliche Gemeinschaft. Sie schützt und fördert die Rechte des Kindes und trägt für kindgerechte Lebensbedingungen Sorge." [zit. ebd.]

Mit dieser Fassung von Artikel 6 Absatz 2 GG würde vielleicht auch die Diskussion um den weiter oben bereits erwähnten Begriff der Grundrechtsmündigkeit, der "mehr Verwirrung [stiftet], als daß er Probleme löst" [Peschel-Gutzeit 1994; 13] ein Ende finden; derzeit - und das heißt: auch n a c h der o.g. Entscheidung des Bundesverfassungsgerichts - gilt immer noch, daß "in einem Teil der Verfassungsrechtslehre die Grundrechtsmündigkeit von Kindern keineswegs als selbstverständlich zugrundegelegt" ist [Wolf 1991; 29]. Der eben zitierte Entwurf eines modifizierten Artikels 6 GG ist aber allein schon deshalb bemerkenswert, weil er "zur materiellen Beschreibung des Kindergrundrechts die Begriffe der Entwicklung und Entfaltung" verwendet;

> "der Begriff der Entwicklung wird neu eingeführt, um die besondere Situation des heranwachsenden Menschen zu kennzeichnen. Das Recht der Entwicklung wird damit ausdrücklich in die unveräußerlichen Menschenrechte eingereiht. Eine Umsetzung dieses Vorschlags würde unsere Rechtssituation ganz erheblich verbessern" [Hurrelmann 1993; 33].

Bis es soweit ist, sollten allerdings die bestehenden Spielräume, die das Grundgesetz - gedeckt durch das Bundesverfassungsgericht, das "die verfassungsrechtliche Stellung des Kindes [...] immer wieder als die eines Trägers von Grundrechten, als Subjekt mit eigenen Ansprüchen auf Schutz und Förderung" beschreibt [a.a.O.; 32] - dem Kind in seiner

Eigenschaft als (junger) Mensch bereits in seiner derzeitigen Fassung zuerkennt, besser genutzt werden. Eine wesentliche Frage ist dabei aber die, "wie die heute 'Minderjährigen' die ihnen [...] eingeräumten Grundrechte ausüben können, und zwar im Einklang mit ihren tatsächlich gegebenen Fähigkeiten und Möglichkeiten" [a.a.O.; 21]. Die Lösung besteht hier einmal mehr in der Koppelung - und eben nicht in der Polarisierung! - von Kinderrecht und Elternrecht; letzteres allerdings in der schon weiter oben [vgl. Kommentar zu Artikel 5 des Übereinkommens] angedeuteten Definition als "Elternverantwortung und pflichtgebundenes Recht, gebunden eben an die Pflicht, es zum Wohl des Kindes auszuüben" [Hurrelmann 1993; 32].

Nicht nur das UN-Übereinkommen, sondern auch die deutsche Wiedervereinigung hat jenen Kräften, die die Verankerung von Kinderrechten in das Grundgesetz durchsetzen wollten und wollen, einen wichtigen Impuls, vor allem aber eine einzigartige Chance vermittelt, mit ihren Plänen ans Ziel zu gelangen. So wurde beispielsweise von einschlägig motivierten Mitgliedern der sogenannten Gemeinsamen Verfassungskommission (GVK) von Bundesrat und Bundestag, "die nach Artikel 5 des Einigungsvertrages den Auftrag hatte, sich mit [...] Fragen zur Reform des Grundgesetzes zu befassen" [Peschel-Gutzeit 1994; 8], am 10. Dezember 1992 eine Sachverständigen-Anhörung durchgeführt, die schließlich einen Antrag der SPD-Mitglieder in der GVK mit dem Ziel einer Reform des Artikels 6 GG zur Folge hatte. Diesem Antrag, der bei einer Abstimmung in der GVK am 17. Juni 1993 nur eine einfache, nicht aber die erforderliche Zwei-Drittel-Mehrheit gefunden hat, ist seine Beeinflussung durch die UN-Kinderrechtskonvention deutlich anzumerken, wobei er diese zum Teil ganz wesentlich transzendiert.

So wäre Artikel 6 GG nach den Vorstellungen der SPD-Mitglieder in der GVK z.B. durch den folgenden Absatz ergänzt worden: "Kinder haben ein Recht auf Wahrung und Entfaltung ihrer Grundrechte sowie auf Entwicklung zu selbstbestimmungs- und verantwortungsfähigen Persönlichkeiten." [zit. a.a.O.; 12] Dem Satz 1 von Artikel 6 Absatz 2 GG wären die folgenden Sätze hinzugefügt worden: "Die wachsende Fähigkeit der Kinder zu selbständigem, verantwortlichem Handeln ist zu berücksichtigen. Kinder sind gewaltfrei zu erziehen." [zit. a.a.O.; 14] Und schließlich wäre das in Artikel 6 Absatz 2 Satz 2 GG festgeschriebene Wächteramt des Staates konkreter - und zwar wie folgt - ausformuliert worden:

> "Die staatliche Gemeinschaft trägt für kindgerechte Lebensverhältnisse Sorge. Sie hat gleiche Bedingungen für die leibliche und seelische Entwicklung der Kinder zu schaffen und Benachteiligungen auf Grund ihrer familiären, wirtschaftlichen und sozialen Lage entgegenzuwirken." [zit. a.a.O.; 17]

Die oben erwähnte Abstimmungsniederlage, welche die SPD mit ihrem Reform-Vorschlag in der GVK erlitten hat, macht deutlich, daß es wegen der identischen Situation im Deutschen Bundestag bis auf weiteres "zu keiner Ergänzung des Artikels 6 Grundgesetz kommen [wird], weil die CDU/CSU und FDP ihre Zustimmung verweigern, so daß die notwendige Zweidrittelmehrheit nicht erreicht werden kann" [Niehuis 1994; 70]. Dabei wäre doch

> "die Verankerung der Kinderrechte in der Verfassung [...] ein wegweisender Schritt hin zu einer anderen Wahrnehmung von Kindern in unserer Gesellschaft, in der Politik [...]: Hin zum Ernstnehmen von Kindern als Individuen, einem Blickwechsel, der Kinder nicht länger vor allem als Objekte, sondern als Subjekte wahrnimmt" [a.a.O.; 62].

Darüber hinaus würde eine derartige Optimierung des Grundgesetzes ihrerseits wiederum der innerstaatlichen Umsetzung des Übereinkommens der Vereinten Nationen über die Rechte des Kindes in der Bundesrepublik Deutschland gewaltigen Vorschub leisten, indem sie zwangsläufig eine Angleichung der gesamten nachgeordneten Gesetzgebung und Rechtsprechung an eine das Kind explizit berücksichtigende Verfassung zur Folge hätte. Zwar besteht nach Ansicht zahlreicher juristischer Gutachter "zwischen dem UN-Übereinkommen und der deutschen Rechts- und Verfassungsstruktur weitgehende Übereinstimmung" [Coester/Hansen 1994; 30], da es - wie im Kapitel III der vorliegenden Arbeit gezeigt werden konnte - "keine wesentlichen Punkte [gibt], in denen die Regelungen der Konvention mit Regelungen in der Bundesrepublik grundsätzlich unvereinbar wären" [Baer 1990; 198 f.]; aber dennoch gibt es gerade auch unterhalb der Verfassungsebene im deutschen Rechtssystem noch erheblichen Reformbedarf hinsichtlich einer wirklich ausdrücklichen Berücksichtigung der Rechte des Kindes - was von Ekkehard von Braunmühl, Heinrich Kupffer und Helmut Ostermeyer bereits 1976 in deren Programmschrift "Die Gleichberechtigung des Kindes" deutlich gemacht wurde. In seinem Beitrag zu diesem Buch hatte der Familienrichter Helmut Ostermeyer schon damals nicht nur eine das Kind voll berücksichtigende Neufassung der Artikel 1, 3, 5 und 6 GG angeboten [vgl. a.a.O. 175], sondern auch konkrete Reformvorschläge in Richtung eines optimierten Bürgerlichen Gesetzbuches, auf daß dieses seiner eigenen Maxime [vgl. § 1 BGB] hinsichtlich des Kinderrechts endlich konsequent entsprechen würde [vgl. a.a.O. 177, 179 & 181].

Eine Umgestaltung des deutschen Rechtswesens im Sinne des Kindes und mit Wirkung einer konkreten Festschreibung seiner Rechte kann jedoch nur von einer Legislative auf den Weg gebracht werden, die ihrerseits das Kind nicht allein als Teil der Familie wahrnimmt, sondern vielmehr als eigenständiges Rechtssubjekt. Benötigt wird also auch eine neue Politik - als

Grundvoraussetzung für eine gewandelte Jurisdiktion, aber letztlich auch als deren praktische Konsequenz.

Wie eine solche "neue Politik" - die also zu einem wesentlichen Teil Kinder- bzw. Kinderrechtspolitik sein muß - in der Praxis aussehen könnte und in welchem Verhältnis eine solche Politik zur innerstaatlichen Umsetzung des UN-Übereinkommens stünde, soll im nächsten Abschnitt noch kurz skizziert werden.

2 Eine neue Politik

Eine kontinuierliche innerstaatliche Umsetzung des Übereinkommens der Vereinten Nationen über die Rechte des Kindes in der Bundesrepublik Deutschland hat zwangsläufig nicht nur praktische Auswirkungen auf die Gesetzgebung und Rechtsprechung bis hin zu einem entsprechend korrigierten bzw. ergänzten Grundgesetz (und umgekehrt!), sondern führt - dies soll vorerst als These gelten - langfristig auch zu einer neuen Politik, die mehr als bisher das Kindeswohl als ein zentrales Anliegen erkennt und ernst nimmt.

Bislang hat die UN-Kinderrechtskonvention allerdings - jenseits der einschlägigen Festtagsreden, vielmehr mit Blick auf die ganz banale Tagespolitik - politisch kaum nachweisbare Konsequenzen nach sich gezogen; wahrscheinlich deshalb, weil immer noch kein (aktives oder passives) Kinderwahlrecht in Sicht ist. Wer jedoch in einer Demokratie keinen Machtfaktor darstellt, hat zwangsläufig keine Lobby und folglich kein politisches Gewicht. Solange das Kind nicht zum politisch handelnden Subjekt erhoben wird, muß es notgedrungen "Objekt der Politik" [Markefka 1993; 511] bleiben. Wie im Kommentar zu Artikel 12 des Übereinkommens bereits angedeutet werden konnte, wird ganz allein

> "durch die Verankerung eines Stimmrechts für Kinder [...] die Verantwortung für den Schutz der Kinderrechte an die Stelle verlagert, an die sie richtigerweise gehört: Nicht in die Hände von wohlmeinenden [...] Erwachsenen, sondern in die Hände derer, die das größte Interesse an einer Gewähr dafür haben, daß diese Rechte nicht verletzt werden, nämlich die Kinder selbst" [Franklin 1994; 63 f.].

Ein bleibendes politisches Verdienst hätte sich das Übereinkommen also allein schon dadurch erworben, "daß die Diskussion um die 'Kinderrechte'" - und das muß im hier behandelten Zusammenhang nicht zuletzt auch heißen: um das Kinder-Wahlrecht - "einen Beitrag zur Gestaltung einer demokratischen Gesellschaft darstellt" [Sünker 1993; 47]; schließlich hänge "die weitere Demokratisierung der bundesrepublikanischen Gesellschaft wesentlich von den demokratischen Potentialen der nachwachsenden Generationen(en)" ab [a.a.O.; 53]. Aber leider "steckt die Verwirklichung der Demokratie unter Beteiligung von so vielen Menschen

> wie nur möglich - und selbstverständlich gehören Minderjährige dazu - immer noch in den Anfängen. Die Erwachsenenwelt ist hierbei auf die Phantasie, die Ehrlichkeit, die Radikalität und das Veränderungspotential junger Menschen angewiesen" [Salgo 1994; 75].

Darüber hinaus würde das Wahlrecht für junge Menschen all jene Partizipationsmodelle, welche durch ihr plattes Kopieren der Erwachsenenwelt das Kind mißachten, überflüssig machen.

Bis dieses Fernziel erreicht ist, könnte die UN-Kinderrechtskonvention "als aktueller politischer Auftrag" [Schmidt 1991; 5] in der Tat ganz konkrete Impulse in Richtung einer "Politik für Kinder" [Sünker 1993; 49] liefern; schließlich hat sie doch ganz unbestritten "weniger eine individual-rechtliche als vielmehr eine kinder- und jugendpolitische Dimension" [Struck 1990; 79], weshalb sie auch - dies bestätigt der Bundestagsabgeordnete Wilhelm Schmidt - "einen neuen Schub in der kinderpolitischen Arbeit [...] ausgelöst" hat [Schmidt 1993; 43]: "Kinderpolitik als essentieller Bestandteil der allgemeinen politischen Arbeit im Bund, in den Ländern und in den Kommunen erhält durch die UNO-Kinderrechte-Konvention ihre [sic!] zusätzliche Stimulans" [a.a.O.; 44]. Da die Kinderpolitik nun aber auch an konkreten Vorgaben gemessen werden kann, müsse sie jedoch "zugleich [...] ihre Bewährungsprobe" [ebd.] bestehen - was für den einzelnen Politiker die große Herausforderung bedeutet, nun endlich "kinder- und jugendpolitisch Farbe zu bekennen" [Borsche 1992; 75].

Was dies dann letztlich an konkreten Ergebnissen zeitigen wird, kann derzeit aufgrund gewisser Widersprüchlichkeiten noch nicht abschließend beurteilt werden; Tatsache ist beispielsweise einerseits, daß "Kinderpolitik [...] in der Bundesrepublik Deutschland in den vergangenen Jahren Konjunktur" hatte [ebd.], was u.a. zur Einsetzung der "Kinderkommission" des Deutschen Bundestages führte, richtig ist aber andererseits auch, daß "Kinder- und Jugendpolitik [...] in der Bundesrepublik Deutschland trotz der beachtlichen Anstrengungen in den letzten Jahren noch immer einen zu niedrigen Stellenwert" hat [Struck 1990; 79 f.].

Während die Kinder- und Kinderrechtspolitik zum Teil noch zu gering geachtet wird, werden ihr von anderer Seite die kühnsten Erlösungshoffnungen aufprojiziert. Nicht genug damit, daß es - in diametraler Opposition zu Kant, nach dessen Auffassung "Kinder [...] nicht nur dem gegenwärtigen, sondern dem zukünftig möglichen besseren Zustande des menschlichen

Geschlechts, das ist: der Idee der Menschheit und deren ganzer Bestimmung angemessen erzogen werden" sollten [o.J.; 33 f.] - mittlerweile als Axiom gilt, daß Kinder "die Zukunft unserer Gesellschaft" darstellen, woraus folgt, daß "je nachdem, welche Rahmenbedingungen der Staat heute für Kinder und deren Familien schafft [...], die Gesellschaft von morgen aussehen" wird [Struck 1990; 80]; der Slogan "Kinderpolitik ist Zukunftspolitik" [ebd.] steigert sich bei manchen Kommentatoren zu Formulierungen, welche an jene Utopien einer besseren zukünftigen Welt erinnern, die schon seit Jahrhunderten mit dem Kind verknüpft werden [vgl. Harten 1993]. Hier ein Beispiel mit apokalyptischem Unterton:

> "Allen und zuvörderst jenen, die politische Mandate haben, bleibt die schwierige, aber überlebensnotwendige Aufgabe, Prioritäten zu setzen. Mit der Verwirklichung der Rechte der Kinder werden die Grundlagen zum Überleben der Menschheit gelegt." [Welpe 1990; 90]

Solche Aussichten geben Anlaß zum Pessimismus; schließlich wird sich "der Stellenwert von Kindern in der Politik [...] nur in dem Maße ändern, in dem sich das gesellschaftliche Bewußtsein an diesem Punkt ändert und die Sensibilität für die Interessen der Kinder wächst" [Struck 1990; 78]. Gerade diese Sensibilität ist bislang jedoch nicht allzuweit verbreitet.

Es sollte hier vielleicht noch kurz darauf hingewiesen werden, daß eine spezifische Kinder- bzw. Kinderrechtspolitik keineswegs an eine bestimmte parteipolitische Ausrichtung gebunden ist. Tatsache ist zwar, daß bislang lediglich von der SPD [vgl. 1994] und vom Bündnis 90/Die Grünen [vgl. Landesarbeitskreis 1995] Publikationen vorliegen, die ganz ausdrücklich die Kinderrechte zum Thema haben und diese auch im Titel führen - was aber wohl damit zusammenhängt, daß bei den eher konservativ ausgerichteten Parteien das Prinzip der Familien-Autonomie und des Elternrechts traditionell stärker betont wird. In ihrem Kern ist die Idee des Kinderrechts ein spezifisch christliches [vgl I/2], ein eher (wert-)konservatives Anliegen. So konnte beispielsweise vom "Komitee für Kinderrechte in der Demokratie (KID)" [vgl. 1985] anschaulich dargestellt werden, daß wesentliche Grundgedanken der deutschen Kinderrechtsbewegung bereits in jenem "Grundsatzprogramm der Christlich-Demokratischen Union Deutschlands (CDU)" implizit enthalten sind, welches 1978 in Ludwigshafen verabschiedet worden war.

Letztlich gehen in ihren Programmen "alle Parteien [...] von den Kindern als Gesellschaftsmitgliedern aus" [Markefka 1993; 512]; in der konkreten Politik werden jedoch in der Regel (wenn auch - wie bereits angedeutet - mit unterschiedlicher Betonung) die "Familien als kleinste Einheiten der Gesellschaft (gleichsam als Vermittlungsinstanzen)" betrachtet, "die

Kindern mittelbaren Zugang und indirekte Beteiligung an den gesellschaftlichen Gegebenheiten und Zukunftsentwicklungen ermöglichen" [ebd.]. Hier kommt den Eltern einmal mehr die Rolle und die Aufgabenstellung von Anwälten zu, welche die Rechte ihrer Kinder über die Familie hinaus - im juristischen Sinne, aber eben auch politisch - zu vertreten haben. Erfüllen sie aber diese Pflicht nicht oder nur mangelhaft, stehen dem Kind bislang allerdings noch keine konkreten Alleinvertretungsrechte zu [vgl. Wolf 1991; 30].

Aus diesem Dilemma ist die Idee vom "Kinder-Anwalt" entstanden. Diese Kompromiß-Lösung könnte zwar eine Alleinvertretung in Form eines (aktiven und passiven) Wahlrechts auch nicht ersetzen, würde den jungen Menschen jedoch aus seiner (politischen) Abhängigkeit von seinen Eltern befreien. Der Bedarf an einem solchen Kinder-Anwalt bzw. Kinder-Beauftragten, der "auf allen Ebenen unseres förderalen [sic!] Systems" einzusetzen wäre (und wie es ihn bereits in zahlreichen Kommunen und auch schon in einer Reihe von Bundesländern gibt), "wird allgemein unter Hinweis auf die Struktur staatlicher Machtausübung, speziell mit den gesellschaftlichen Existenzbedingungen von Kindern" begründet, wobei sich "die kindheits-spezifischen Plädoyers" für solche "soziale[n] Vermittler" sowohl "auf die Marginalexistenz der Kinder" als auch - andererseits - auf die "Eigenständigkeit von Kindheit", nicht zuletzt aber auch auf die "Handlungsdefizite der Politik" beziehen [a.a.O.; 520]. Die "idealtypische Funktionsvielfalt" eines solchen Kinder-Beauftragten besteht darin, daß es sich bei ihm zu gleichen Teilen um eine Appellations-, Registrier-, Koordinierungs-, Kontroll- und Kooperationsinstanz handelt [vgl. a.a.O.; 521].

So lobenswert der Eifer auch sein mag, der mit der Forderung nach einer solchen Institution zum Ausdruck gebracht wird, so wenig ist bislang ausgemacht, ob Kinder-Beauftragte nun eher "Anwälte für Kinder oder Alibifiguren" [Rathgeber 1993; 469] darstellen. Auch darf bezweifelt werden, ob Manfred Markefkas Verweis auf ähnliche "Vermittlungsinstanzen", wie beispielsweise die Frauen-Beauftragten [Markefka 1993; 520], unbedingt als ein Pro-Argument gewertet werden muß. Werden aus diesen "Brückenfunktionen zwischen 'bürokratischen Apparaten' und betroffenen Bürgern" [ebd.] nicht in den meisten Fällen selbst bürokratische Mechanismen, die sich in der Regel zunehmend selbst beschäftigen, daraus ihre Legitimation ableiten und letztlich nur noch auf die Verteidigung ihrer Finanzmittel fixiert sind? Über kurz oder lang würde ein institutionalisiertes System der Kinder-Vertretung nach dem gleichen Muster funktionieren, wie es von Heinrich Kupffer exemplarisch am Beispiel des "offizielle[n] Kinderschutz[es]" verdeutlicht worden ist: "Sobald sich [...] ein großer Verband mit einer weitverzweigten Organisation entwickelt hat, wird es notwendig, chronisch für neue Aufgaben zu sorgen und damit die Existenz des Verbandes vor aller Öffentlichkeit zu legitimieren." [Kupffer 1990; 117] Dieser fortwährende Zwang, seine eigene Existenzberechtigung stets aufs neue beweisen zu müssen, führt beim Kinderschutz zu einer unaufhörlichen "Suche nach Gefahren" [ebd.]; der Kinder-Beauftragte müßte dementsprechend unablässig - ähnlich wie die Frauen-Beauftragte - eine grundsätzliche Konflikt-Situation aufrechterhalten, vor allem aber: die (unterstellte) Unterlegenheit der von ihm vertretenen Bevölkerungsgruppe zementieren, um die Notwendigkeit seiner eigenen (angemaßten) anwaltschaftlichen Tätigkeit zu perpetuieren. Im Falle des Kinder-Beauftragten besteht die große Gefahr darin, daß der Konflikt zwischen dem Kind und seinen Eltern bzw. das Konflikt-Potential zwischen der jungen Generation und der Welt der Erwachsenen notfalls von ihm selbst provoziert oder sonstwie künstlich geschaffen werden muß, um sich ohne Unterlaß als "Vermittlungsinstanz" [s.o.] profilieren zu können. Auf jeden Fall wäre die optimale innerstaatliche Umsetzung des UN-Übereinkommens in der Bundesrepublik Deutschland das Schlimmste, was einem Kinder-Beauftragten passieren könnte.

Darüber hinaus lag für Kupffer schon immer ein "Irrtum [...] in dem Glauben, Kinder seien eine gesellschaftliche Interessengruppe; der zweite, logisch aus dem ersten folgend, fand sich in der Formel, Kinderbeauftragte seien eine Lobby für Kinder" [a.a.O.; 124]; vielmehr "wirkt der Kinderbeauftragte als Lobby für Kinderschützer, die gesellschaftliche Anerkennung, politische Identität und Verankerung im öffentlichen Leben suchen" [a.a.O.; 123]. Insofern drängt sich die Frage auf, inwieweit die immer größer werdende Schar der selbsternannten Kinder-Lobbyisten und Kinder-Politiker nicht vielleicht doch vor allem eine Art Kindes-Mißbrauch zu Gunsten der eigenen Karriere betreiben.

Wie dem auch sei: Eine neue Politik, eine Politik, die das Recht des Kindes als feste Größe berücksichtigt, kann und darf sich sowieso nicht in der Schaffung neuer Posten, Ämter und Pfründe erschöpfen; und sei die ursprünglich zugrundeliegende Idee - das Wohl des Kindes - auch noch so ehrenhaft.

Welche konkreten Impulse für eine neue Politik können also wirklich aus der UN-Kinderrechtskonvention abgeleitet werden? Solange es keine "Politik m i t Kindern" [Sünker 1993; 49], also eine wie auch immer geartete aktive Beteiligung des jungen Menschen am politischen Meinungs- und Willensbildungsprozeß geben wird, muß es wenigstens eine ernsthafte und effiziente "Politik f ü r Kinder" [ebd.; Hervorhebungen R.B.] sein. Eine bloße Pseudo-Kinderrechtspolitik, die letztlich nur die Idee des Kinderschutzes - welche wiederum "historisch der des Tierschutzes nachfolgt" [a.a.O.; 55] - zeitgemäß aufpoliert, kann nicht alleinseligmachend sein; vor allem dann nicht, wenn sie zum reinen Kinderschutz-Lobbyismus verkommt [s.o.]. Vorläufig wollen wir daher jener Definition folgen, nach der "Politik für Kinder betreiben" heißen soll,

- sich in öffentlichen Aktivitäten zu engagieren, die zum Ziel haben, die Lebensverhältnisse und das Wohlergehen von Kindern zu untersuchen und zu gestalten,
- sich dabei um ein Verständnis der Aufgaben zu bemühen, die sich aus der anthropologisch vorgegebenen Pflege- und Erziehungsbedürftigkeit von Kindern ergeben, das dem aktuellen Wissen und den gegenwärtig bestehenden Lebensbedingungen (von Kindern und Erwachsenen) entspricht,
- so daß angenommen werden kann, ihr Verhalten, ihr Handeln und ihre Entwicklung orientiere sich an einem ethisch fundierten Menschenbild, das seinerseits das universelle Ideal einer freien Entfaltung der Person einschließt" [Lüscher/Lange 1992; 208].

Hier wird deutlich, daß eine Kinderpolitik, die diesen Namen auch verdient, ganz wesentlich vom Engagement eines jeden einzelnen abhängt, der sich für das Gelingen dieses Projekts einsetzt. Gewiß darf dabei nicht übersehen werden, daß die Kinderpolitik stets mit dem allgemeinen politischen Klima verbunden ist. Ob allerdings wirklich gilt, daß "die politische Kultur [...] die Qualität des Umgangs mit Kindern" bestimmt [Klemm 1995; 22], ist äußerst fraglich. Es mag ja sein, daß die jeweilige "große" Politik eine entsprechende Kinderpolitik gebiert; daß sie aber auch noch auf die individuelle Interaktion zwischen dem Erwachsenen und dem Kind Einfluß ausüben soll, ist nicht unbedingt einsichtig. Vielmehr gilt umgekehrt, daß das individuelle Bewußtsein eines jeden Bürgers in summa - zwar unmerklich, aber doch mit erheblicher Wirkung - die Politik (und damit auch die Kinderpolitik und die innerstaatliche Verwirklichung der UN-Kinderrechtskonvention) steuert und gestaltet. Es lohnt sich daher durchaus, abschließend auch und vor allem ein neues Bewußtsein dem Kinde gegenüber anzumahnen.

Womöglich liegt hier der Schlüssel zu allen weiteren in diesem Kapitel bereits diskutierten positiven Entwicklungen (juristischer und politischer Natur) zum Wohle des Kindes - bis hin zu einer wirklich optimalen Verwirklichung des UN-Übereinkommens über die Rechte des Kindes in der Bundesrepublik Deutschland.

3 Ein neues Bewußtsein

Die innerstaatliche Umsetzung des Übereinkommens der Vereinten Nationen über die Rechte des Kindes kann nur dann erfolgen, wenn das gesamte Rechtssystem der Bundesrepublik Deutschland eine neue, am Kind orientierte Ausrichtung erfährt; was wiederum seinen Anfang in einer entsprechenden Überarbeitung des Grundgesetzes finden müßte. Dies würde zwangsläufig in eine andere, kinderfreundlichere Politik münden, die nicht mehr umhin könnte, die Interessen eines zahlenmäßig und vor allem mit Blick auf unsere Zukunft so bedeutsamen Segments der deutschen Gesamtbevölkerung ernst und wichtig zu nehmen. Erst ein solcher Mechanismus könnte schließlich gewährleisten, daß der vielbeschworene Geist der Kinderrechtskonvention dereinst einmal in konkretes Handeln inkarniert werden wird.

All dies kann jedoch nie und nimmer geschehen, solange das individuelle Bewußtsein, die Haltung des einzelnen Staatsbürgers der Bundesrepublik Deutschland zum real existenten Kind so weit wie bisher hinter den wesentlichen Ideen und geistigen Grundlagen des UN-Übereinkommens zurückbleibt. Zum einen deshalb, weil die verbreitete Gleichgültigkeit den Bedürfnissen des Kindes gegenüber jenen politischen Druck unmöglich macht, der einzig und allein sowohl Änderungen am Grundgesetz als auch eine am Kind orientierte Tagespolitik bewirken könnte; zum anderen würden sowohl Verfassungsänderungen als auch politische Reformen nichts ausrichten, wenn das Alltagsbewußtsein des Individuums den gegebenen Rahmen nicht ausfüllt und verhindert, daß die vorhandenen Chancen zum Wohl und im Sinne unserer Kinder effizient genutzt werden.

Es ist nicht zu leugnen, daß der Begriff des Bewußtseins aus verschiedenen Gründen nicht ganz unproblematisch ist. Beispielsweise ist auf jeden Fall Vorsicht geboten, wenn Politiker - wie etwa Angela Merkel, die frühere Bundesministerin für Frauen und Jugend - mit Blick auf derzeit noch bestehende Mängel bei der Verwirklichung von Kinderrechten feststellen, daß es "hier [...] noch sehr viel an Bewußtseinsbildung" bedarf [Merkel 1993; 487]. So wenig diese Aussage zu entkräften ist, so wenig darf aus ihr gefolgert werden, eine wie auch immer geartete Bewußtseinsbildung könne handfeste Kinder- und Kinderrechtspolitik ersetzen.

Dennoch ist natürlich die Frage von großer Bedeutung, auf welche Weise das Bewußtsein des Erwachsenen für das Kind mit all seinen Bedürfnissen und Rechten geweckt, geschärft, gebildet werden kann. Will man hierauf eine Antwort finden, so darf zuvor jedoch eine andere wichtige Frage nicht unbeantwortet bleiben: Warum nehmen wir als Erwachsene - die wir doch alle selbst einmal Kinder waren - den jungen Menschen und seine Belange, vor allem aber seine Rechte so wenig ernst und wichtig? Daß diese Gleichgültigkeit auch heute noch die Regel darstellt, wird nachfolgend noch anhand einer willkürlich zusammengestellten Auswahl von Einzel-Phänomenen mühelos belegt werden können; auch wenn die allerorten zur Schau getragene, allerdings in Wahrheit ausschließlich kommerziell motivierte Kinderfreundlichkeit und ein ebensolcher Jugendkult, der sich mittlerweile in der Tat zu einer sämtliche Lebensbereiche umfassenden "Infantilisierung der Gesellschaft" [Winterswyl 1991; V] auswächst, ein scheinbares Kinder- und Jugendlichen-Paradies vorspiegelt. Aber genauso, wie letztlich nicht zu leugnen ist, daß sich "die Erwachsenengesellschaft [...] mehr für das Kunstprodukt 'Jugendlichkeit' als für die reale Jugend" interessiert [Bopp 1988; 30], hat bislang ein "gesellschaftlich geduldeter Infantilismus" [Winterswyl 1991; V] keineswegs zu einer fortschreitenden Kinderfreundlichkeit geführt.

Also: Was hindert uns bis heute daran, im Kind einen ernst zu nehmenden Mitmenschen zu erblicken und ein tieferes Bewußtsein für seine Nöte und Bedürfnisse zu entwickeln? Ganz offensichtlich ist es nach wie vor so, daß ausschließlich das Erwachsensein "zum eigentlichen Menschsein erklärt wird" [Bock 1984; 22]. Diese Sicht der Dinge weist dem Kind zwangsläufig den Status eines Mängelwesens zu, dessen körperliche Defizienz das (Fehl-)Verhalten des Erwachsenen maßgeblich bestimmt. Diesen wesentlichen Aspekt der üblichen Erwachsenen-Kind-Interaktion stellt die Pädagogin Irmgard Bock wie folgt dar:

> "Das Kind ist klein, und damit wird etwas Entscheidendes ausgesagt, denn grundsätzlich gilt für uns das Große als das Bedeutende, vor allem, wenn man das Kleinsein als ein Noch-nicht-groß-Sein definieren kann. Auf diese Weise verlieren sich sofort die Eigenbedeutung und das Eigenrecht des Kleinen, das zu einer Vorstufe, einem noch nicht Fertigen degradiert wird. Im Umgang mit Kindern hat das vielfältige Konsequenzen: Sie sind die Niedlichen, aber auch diejenigen, die nicht ernst genommen werden. Wir sprechen von ihren kleinen Sorgen und Kümmernissen, kleinen Bedürfnissen, auch kleinen Freuden. Mit welchem Recht eigentlich?" [Bock 1984; 25]

So gesehen beruht unser (mangelndes) Bewußtsein für das Kind auf der banalen materiellen Gegebenheit, daß sich "das Kind [...] nicht mit den Erwachsenen auf Augenhöhe" und damit "nicht auf gleicher Ebene" befindet; daraus folgt nun anscheinend zwangsläufig, daß es von uns "auch nicht auf gleicher Ebene im übertragenen Sinne behandelt" wird [ebd.]. Die Mißachtung der diesem kleinen Menschen vollwertig innewohnenden Rechte ergibt sich schließlich ganz von selbst:

> "Wir müssen uns zu einem Kind hinunterneigen und sind in der Gefahr, herablassend zu werden, wir sehen seine Schwäche und drängen ihm Hilfe auf, wo sie nicht nötig ist und

für das Kind verletzend wird. Über Kinder wird beraten und entschieden, ohne sie nach ihrer Meinung zu fragen oder diese gar zu berücksichtigen. Wir gehen selbstverständlich davon aus, daß wir besser wissen - und das in allen Fällen -, was ihnen frommt. Das Kind erfährt also aufgrund seiner Kleinheit beständig seine Ohnmacht, nicht nur, weil es bestimmte Dinge nicht kann, sondern weil man es vieles nicht tun läßt." [ebd]

Das schlichte Faktum des Größen-Unterschieds zwischen dem ausgewachsenen und dem noch im Wachstum befindlichen Menschen schafft also einen (Un-)Bewußtseinszustand der Überlegenheit des Erwachsenen, der nicht nur zu einer generellen Mißachtung der Menschenrechte des Kindes führt, sondern auch ganz konkret zu einem offen kinderfeindlichen Verhalten:

> "Wir ernähren und versorgen, beschützen und erziehen das Kind, verlangen dafür aber als Gegenleistung bedingungslose Unterwerfung, betrachten es letztlich als unser Eigentum. [...] Das Kind muß um alles bitten, es darf keine Ansprüche stellen, nichts fordern. [...] Wir können alle [seine] Aktivitäten hemmen, unterbrechen, [es] zu anderen zwingen, nur weil wir [ihm] körperlich überlegen sind. Das Kind ist uns letztlich wehrlos ausgeliefert, denn was hat es schon an Möglichkeiten, sich zu wehren: Weinen, Schreien, Quengeln, was wir dann häufig als Ungezogenheit werten und entsprechend quittieren. Die große Zahl an Kindesmißhandlungen, die [...] nur die extreme Ausprägung dieser so häufig anzutreffenden Mißachtung der Persönlichkeit des Kindes sind, spricht eine beredte und beschämende Sprache." [a.a.O.; 25]

Diese alltägliche Kinderfeindlichkeit ist jedoch nicht nur im zwischenmenschlichen Miteinander innerhalb der Familien traditionsreiche Normalität; vielmehr ist - aufbauend auf der Familie als kleinste Zelle des Volkes - das gesamte Netzwerk unseres Staatswesens an sich "extrem kinderfeindlich geworden":

> "So werden z.B. unsere Städte und Wohnungen mit Recht von jungen Ehepaaren als Hindernis, Kinder zu haben, angeführt. Doch diese Wohnverhältnisse sind kein Geschick, das uns überfallen hat, sondern sie sind von Menschen geschaffen. Den Lärm der Autos finden wir zwar nicht angenehm, wir nehmen ihn jedoch selbstverständlich hin, während ein Kinderspielplatz in der Nähe zu Protesten veranlaßt oder doch wenigstens die Zeit der vorgeschriebenen Mittagsruhe energisch eingefordert wird. Von 12 bis 15 Uhr ist der Kinderspielplatz nicht zu gebrauchen - zu einer Zeit, während der sich die aus der Schule gekommenen Kinder eigentlich erholen - und das heißt für sie

auch austoben - müßten. Wer würde dagegen auf den Gedanken kommen, während dieser Zeit eine entsprechende Verkehrsruhe anzustreben? [...] In Neubauten ist das Kinderzimmer häufig eine winzige Kammer. Wenn Geschwister sich darin teilen müssen, haben sie jedes für sich oft weniger Raum, als er für Hunde gesetzlich vorgeschrieben ist." [a.a.O.; 24 & 26]

All diese kleinen Beispiele - von denen jedes für sich einen Verstoß gegen die einschlägigen Bestimmungen des UN-Übereinkommens darstellt - belegen jene grundlegende Kinderfeindlichkeit, welche in der Bundesrepublik Deutschland traditionell zum Alltag gehört und die sich letztlich zu einem Klima summiert und verdichtet, das seinerseits erst jene "sieben Gefährdungszonen für die Entwicklung von Kindern und Jugendlichen" ermöglicht, die Klaus Hurrelmann [1991; 55-59] wie folgt benennt:

"1. Ungesicherte Familienbeziehungen [...]
2. Leistungsdruck im Schulbereich [...]
3. Verunsicherte berufliche Zukunftsperspektiven [...]
4. Unausgewogene soziale Wohnwelt [...]
5. Eine überstimulierende Medienwelt [...]
6. Gesundheitsgefährdung durch ökologische Schäden [...]
7. Verunsicherung von Wert- und Sinnstrukturen"

Wird es nun all dies nicht mehr geben, sobald nur die Verfassung und die nachgeordnete Gesetzgebung im Sinne der Kinderrechtskonvention weiter optimiert worden sind? Bedauerlicherweise hat es ganz den Anschein, daß wir in den meisten der genannten Gefährdungszonen "mit den Mitteln des Rechts nur sehr begrenzt helfen können" [Funke 1992; 64]; schließlich kann es - um ein Beispiel zu nennen -

"liebevolle Eltern und ein harmonisches Familienleben nicht erzwingen. Es kann nicht gewährleisten, daß Eltern ihre Konflikte in einer für die Kinder möglichst wenig belastenden Form austragen. [...] Hier ist [...] jeder einzelne von uns gefordert. Es reicht nicht, auf Gesetze zu verweisen oder zu warten, sondern die Menschen müssen selbst handeln" [ebd.].

Angesichts der in der Bundesrepublik Deutschland schon lange vor der Kinderrechtskonvention vorhandenen Menschenrechtskataloge [vgl. das GG sowie die innerstaatlich wirksamen internationalen Dokumente], die nach § 1 BGB schon immer auch auf das Kind anzuwenden waren, geht es in der Tat "weniger darum, Kindern mehr Rechte zu geben (denn die haben sie - jedenfalls auf dem Papier), sondern die Interessen und Wünsche von Kindern auch ernsthaft zur Kenntnis zu nehmen und zu berücksichtigen" [Struck 1990; 80]. Wir erkennen einmal mehr: Eine Veränderung des individuellen Bewußtseins ist der einzige Weg, ein neues, besseres Verhältnis zum Kind zu begründen und seine Rechte zu achten. Ein neues Grundgesetz, eine kinderfreundlichere Politik sind dann nur noch marginale Begleiterscheinungen eines Wandels, der von unten wächst und nicht von oben oktroyiert zu werden braucht.

Aber noch einmal: Wie erlangt der Erwachsene ein kinderfreundliches Bewußtsein, ein Bewußtsein für die Rechte des Kindes? Zunächst sollte nicht übersehen werden, daß "Bewußtsein" und "Wissen" nicht nur sprachlich verwandte Begriffe darstellen, sondern auch inhaltlich korrelieren. Wissen muß zwar nicht zwangsläufig Bewußtsein zur Folge haben, nicht selten jedoch setzt der Erwerb von Wissen einen Bewußtwerdungsprozeß in Gang; die rein rationale Beschäftigung mit einem bestimmten Gegenstand führt dann auch zu einer Wandlung der psychischen Befindlichkeit und zu einer Optimierung des konkreten Handelns. Auch - aber nicht nur - insofern ist es fatal, daß der Umgang mit einem Kind (anders als beispielsweise der Umgang mit einem Automobil) keinerlei Unterrichtung, geschweige denn einen Befähigungsnachweis zwingend notwendig macht. Nur so ist es möglich, daß die meisten Menschen, denen ein Kind anvertraut ist, zur Bewältigung ihrer Aufgabe nicht einmal auf das banalste Grundwissen zurückgreifen können. Dies führt nicht nur dazu, daß der Auslöser von Gewalt gegen Kinder - bis hin zur Mißhandlung - nicht selten bei "hilflos überforderten Eltern zu suchen" [Schmidt 1981; 585] und wohl auch zu finden ist, sondern vor allem zu dem traurigen Normalfall, daß nicht einmal die wesentlichsten seelischen Bedürfnisse des Kindes befriedigt werden. Dabei könnte schon das notdürftigste "Grundlagenwissen über Entwicklung und Wachstum von Kindern und Jugendlichen", welches eben leider so "wenig verbreitet und [...] weder bei Politikern noch bei Fachleuten noch bei Eltern genügend bekannt [ist] und angewandt" wird [Welpe 1990; 86], einen ganzheitlichen Bewußtwerdungsprozeß bewirken und den Umgang mit dem Kind optimieren; ganz abgesehen davon, daß die Beachtung und Erfüllung der kindlichen Grundbedürfnisse [vgl. Schenk-Danzinger 1969; 170] nicht nur ein ganz existentielles Kinderrecht darstellt, sondern darüber hinaus die juristische und politische Einforderung der Rechte des Kindes letztlich überflüssig machen würde.

Aber mehr noch als aus Wissen, nährt sich das Bewußtsein aus dem E r k e n n e n . Sei es ein Erkennen aufgrund eigener Erinnerung und eigener Erfahrung, sei es ein Erkennen durch Empathie oder durch bloße Betrachtung - der Umweg über den rationalen Erwerb von Wissen ist dann nicht mehr notwendig. Das Erkennen des Kindes - wie es uns in Kapitel I bei

Rousseau und den Pädagogen der deutschen Romantik, bei Goethe und bei den Reformpädagogen begegnet ist - macht es unmöglich, aus der körperlichen Unterlegenheit des Kindes noch länger eine seelisch-spirituelle Defizienz zu folgern und auf diese Weise die naturaliter dem Kinde innewohnende Eigenrechtlichkeit zu ignorieren. Anders als der Erwerb von Wissen erfordert das Erkennen des Kindes jedoch ein ganz persönliches Einlassen auf den anvertrauten jungen Menschen; dies erfordert wiederum kontinuierliche Übung, die sowohl die liebende Zuwendung und genaue Beobachtung des Kindes beinhaltet als auch Demut und Selbstbeherrschung.

Das Erkennen des Kindes und das wachsende Bewußtsein für seine Rechte läßt schließlich - ganz nebenbei - zwei häufig vorgetragene Einwände gegen das UN-Übereinkommen gegenstandslos werden, von denen Sven Borsche berichtet. Der eine geht dahin, die Kinderrechte würden "von Erwachsenen gewährt werden und somit nicht notwendigerweise den Bedürfnissen der Kinder selbst entsprechen" [1989; 94]. Hier liegt das Mißverständnis klar auf der Hand: Das Recht des Kindes wird keineswegs "von Erwachsenen gewährt"; es ist vielmehr im Kind selbst angelegt und wird idealerweise vom Erwachsenen erkannt, respektiert und bei seiner Entfaltung unterstützt. Die geistigen, seelischen und körperlichen Grundbedürfnisse des Kindes [s.o.] sind also - sofern keine Projektion des Betrachters vorliegt - ganz unabhängig vom Erwachsenen vorhanden und werden von diesem entweder als solche erkannt oder eben nicht. Der zweite Einwand unterstellt, die Rechte des Kindes seien als "Gegensatz oder Widerspruch zu denen der Erwachsenen zu betrachten" [ebd.], was zwangsläufig auf einen Konflikt, auf einen "Rechtsstreit" im Sinne eines Machtkampfes hinauslaufen müßte. Und in der Tat wird die Proklamation von Kinderrechten von Erwachsenen nicht selten als Provokation empfunden - und zwar gerade deshalb, weil das Recht des Kindes eben k e i n e n Gegensatz zum Recht des Erwachsenen darstellt und darum auch erst als konkurrierend empfunden werden kann. Die Provokation beruht in einem solchen Fall auf dem Faktum, daß das in dem betroffenen Erwachsenen immer noch existente "Inner Child of the Past" [vgl. Missildine 1963] jenes Recht, das bei ihm selbst nicht geachtet wurde, nicht zur Entfaltung kommen konnte und daher größtenteils verschüttet geblieben ist, nun - als eine Art der Rache und Vergeltung - auch nicht den realen Kindern der Gegenwart zugestehen will. Dabei könnte jene positive, konstruktive Provokation, welche die ganz natürlich zur Entfaltung drängende Eigenrechtlichkeit des Kindes darstellt, im Sinne des wörtlichen "Herausrufens" bewirken, daß sich der Erwachsene seiner eigenen verdrängten Eigenrechtlichkeit wieder selbst bewußt wird und diese endlich selbst-bewußt lebt.

Wenn man nun den Begriff vom "Recht des Kindes" wirklich so weit faßt, wie dies soeben skizziert worden ist, so kann das UN-Übereinkommen im wahrsten Sinne des Wortes als ein Dokument allgemeiner Menschenrechte - nämlich ganz universaler Geburtsrechte - ausgelegt werden. Durch diese psychologisch-philosophische Interpretation erhält es schließlich nicht nur eine über die engen Grenzen politisch-juristischer Machbarkeit hinausweisende Bedeutung, sondern kann auf diese Weise einen weiteren wichtigen Impuls bewirken: Die Kinderrechtskonvention der Vereinten Nationen betrifft dann jeden Menschen - auch den erwachsenen - ganz existentiell und gibt uns allen damit die Chance, zu einem wirklich neuen Verhältnis zum Kind zu finden. Wir können es nun wagen, ihm "Freundschaft, nicht Erziehung" [Schmidt 1981; 591] anzubieten; denn an die Stelle eines pädagogischen Machtgefälles tritt nun die Freundschaft zwischen Menschen, die auf dem gleichen Weg sind: hin zur Verwirklichung des ihnen ab ovo innewohnenden Rechts.

So sehr auch die Buchstaben eines Übereinkommens auf diesem Weg eine wertvolle Orientierungshilfe darstellen können - die Verbesserung der Situation junger Menschen bleibt dennoch weniger eine Frage der Gesetze, als eben - man kann es nicht oft genug betonen - eine Frage des individuellen Bewußtseins. Der Pädagoge Otmar Preuß faßt es wie folgt in Worte:

> "Ich will nicht bestreiten, daß durch im Gesetz verankerte Kinderrechte vielleicht mehr Kinder vor brutaler Gewalt geschützt werden, doch im Kern kommt es auf etwas anderes an, nämlich auf eine Änderung der inneren Haltung zu Kindern. - Worauf es [...] ankommt ist, wahr-zunehmen und wahr-zugeben, wer wir sind, warum wir uns begegnen, was wir voneinander lernen und was wir einander geben können. Zu sehen, daß unsere wahre Natur die Fähigkeit bedeutet, uns selbst und andere bedingungslos lieben zu können. Dies in unserer Haltung z.B. gegenüber Kindern auszudrücken, macht Rechte und Gesetze am Ende überflüssig." [Preuß 1995; 41 & 43 f.]

Überflüssig wären Kinderrechtskataloge aber auch dann, wenn man erkennen und akzeptieren würde, "daß Kinder [...] zwar nicht ‘autark’, aber ‘autonom’ sind" [Hurrelmann 1993; 31] - und sie folglich "Menschen gleichstellen würde. Dann stünden ihnen nämlich ohnehin die Menschenrechte zur Verfügung" [Borsche 1991; 47]. Da dieser einfache Gedankengang offensichtlich nicht dazu geeignet ist, eine gleichberechtigte Begegnung zwischen jüngeren und älteren Menschen herbeizuführen, bleibt in der Tat nur noch die irrationale Alternative: "Die Revolution der Herzen" [Schoenebeck 1995; 35].

V ZUSAMMENFASSUNG UND AUSBLICK: KONSEQUENZEN FÜR DEN UMGANG MIT DEM KIND.

Wenn nun zusammenfassend beurteilt werden soll, ob bzw. inwieweit das Übereinkommen der Vereinten Nationen über die Rechte des Kindes bislang in der Bundesrepublik Deutschland eine adäquate Umsetzung erfahren hat, so geschieht dies unter dem Vorbehalt, daß diesbezüglich zum gegenwärtigen Zeitpunkt (Anfang 1996) lediglich ein Zwischenergebnis festgehalten werden kann. Noch ist nicht ausgemacht, "ob das [...] Übereinkommen eher in den Regalen der Politiker und Bibliotheken Staub ansetzen oder weiterbringende Impulse für die Verbesserung der Rechte von Kindern mit sich bringen wird" [Borsche 1993(b); 10]. Darüber hinaus soll an dieser Stelle gar nicht so sehr der juristische oder politische Status quo hinsichtlich der Umsetzung der in der Kinderrechtskonvention festgeschriebenen Vorgaben bilanziert werden - dies ist in der vorliegenden Arbeit bereits hinreichend erfolgt -; es soll vielmehr noch ein kurzer Ausblick dahingehend gewagt werden, welche praktischen Konsequenzen sich aus dem UN Übereinkommen für den alltäglichen Umgang mit dem Kind sowohl ganz unmittelbar als auch indirekt - über eine entsprechend modifizierte Pädagogik - ableiten lassen.

Zunächst einmal ist es ein wesentliches, wenn auch anfänglich weder beabsichtigtes noch erwartetes Ergebnis dieser Untersuchung, daß "Kinderrechte [...] nicht nur juristisch erkämpft werden" müssen [Hinte 1995; 62]; wobei dieser Satz auch dann richtig wäre, wenn man in ihm das Wort "erkämpft" betonen würde! Schließlich ist es mit den Kinderrechten nicht anders als mit zahlreichen ähnlichen Idealen: Nicht ein wie auch immer gearteter Kampf verhilft ihnen zur Verwirklichung, sondern die konsequente Umsetzung im eigenen Handeln. Und so kann sich - was eben nicht zuletzt in dieser Arbeit deutlich geworden ist - auch und gerade der juristische Kampf als ein solcher gegen die vielzitierten Windmühlenflügel erweisen; wenn nämlich - wie dies für die Bundesrepublik Deutschland gezeigt werden konnte - die notwendigen Gesetze weitestgehend vorhanden sind und dennoch keine befriedigende Verwirklichung des Geistes der Konvention in Sicht ist.

Wenn nun die Verrechtlichung des Erwachsenen-Kind-Verhältnisses keine Etablierung praktisch gelebter Kinderrechte zur Folge hat, dann ist es wohl "nötig, sich mit den ökonomischen und psychosozialen Bedingungen auseinanderzusetzen" [ebd.], denen unsere Kinder unterworfen sind. Aber auch bei diesem Ansatz stimmt bereits die grundsätzliche Perspektive nicht: Der Erwachsene setzt sich auseinander - das Kind ist das Objekt. Aber nicht einmal das individuelle Kind aus Fleisch und Blut, sondern ein abstrahiertes, quantifiziertes auf seine "ökonomischen und psychosozialen Bedingungen" reduziertes Durchschnittskind in Gestalt eines Prozentwertes. Nein, auch die Verwissenschaftlichung des Kindes verhilft ihm nicht zu seinen Rechten.

Die Kinderrechtsthematik zu politisieren - diese Methode zur Umsetzung von Kinderrechten kann (wie gesehen) auch nur eine flankierende Maßnahme sein; politische Sonntagsreden allein verhelfen keinem einzigen Kind dazu, künftig gleich nach dem Mittagessen im Hinterhof mit Freunden Fußball spielen zu dürfen - um einmal den konkreten Ernstfall vor Augen zu führen. Ganz abgesehen davon - auch dies hat die vorliegende Arbeit deutlich gemacht -, daß heute zahlreichen Politikern und Parteien die demonstrative Thematisierung von Kinderrechten vor allem einen Gewinn an Image und Publizität einbringt; früher konnte ein solcher Effekt nur durch mühsames "Baby-Kissing" [Salgo 1994; 70] erzielt werden. ("Wir müssen nicht bis zu den berühmten Bildern zurückgehen, die Hitler und Stalin mit einer Blumengabe eines kleinen Jungen oder Mädchen zeigen." [ebd.]) Überflüssig zu sagen, daß von diesen subtilen Formen des Kindesmißbrauchs - zu denen auch die Verwendung von Kindern als Parolenträger bei Demonstrationen gehört - nichts zu halten ist.

So bleibt als wesentliche Konsequenz, die wir für unser Verhältnis zum Kind aus dem UN-Übereinkommen ableiten können, einzig und allein der unbequemste Weg: Wir brauchen - um den Vorgaben der UN-Kinderrechtskonvention entsprechen und diesem Dokument zum Leben verhelfen zu können - einen tiefgreifenden Bewußtseinswandel bei jedem einzelnen Erwachsenen. Zu überlegen wäre - dies ist jedoch ein Thema für eine eigene Arbeit -, wie das Bewußtsein des erwachsenen Menschen für das Kind, seine Bedürfnisse und seine Rechte mit Hilfe einer ausgefeilten andragogischen Konzeption und einer didaktisch klug aufbereiteten Methodik zu bilden, zu erweitern, zu stärken wäre. Die Perspektive, aus der heraus einzig und allein den Kinderrechten zur Umsetzung verholfen werden könnte, ergibt sich dann von selbst: "vom Kinde aus"!

Dies "neue" Sicht der Dinge führt dann zwangsläufig zu einer Pädagogik, die ganz selbstverständlich das Kinderrecht als ihre Basis, ihren Ausgangspunkt, ihre Handlungsmaxime begreift. Die entsprechenden (reformpädagogischen) Konzepte, die sich allesamt schon lange in der Praxis bewährt haben, liegen bereit; man denke nur an die Steiner-, an die Montessori- und an die - hinsichtlich ihrer konkreten Berücksichtigung der Kinderrechte besonders empfehlenswerte - Freinet-Pädagogik [vgl. Hövel o.J.]. An dieser Stelle ist allerdings wieder - hier aber ganz konkret! - die Politik gefragt: Diese reformpädagogischen Konzeptionen müssen endlich aus ihrem Nischen-Dasein befreit und dürfen nicht länger von den Kultus-Bürokratien behindert werden. Nur so ist gewährleistet, daß nicht nur die Kinder besonders gut situierter und/oder an pädagogischen Fragestellungen außergewöhnlich interessierter Eltern eine an den Kinderrechten orientierte Schule besuchen dürfen, sondern möglichst alle Kinder. Dies käme nicht nur der individuellen Zukunft eines jeden einzelnen Kindes zugute, sondern der Zukunft unseres gesamten Gemeinwesen. Und hier liegt - langfristig - auch der Schlüssel dazu, den vielbeschworenen "Geist der Konvention" zum Leben zu erwecken.

Wir benötigen zur Verwirklichung von Kinderrechten in der Bundesrepublik Deutschland jedoch letztlich weder eine UN-Konvention noch eine Verfassungsänderung, geschweige denn eine großspurig vermarktete Kinderpolitik. Was wir benötigen ist eine ganz bestimmte Bemühung eines jeden einzelnen Menschen, ein individueller Beitrag von uns allen. Wir brauchen ein ganz konkretes, praktisches Handeln, das auf einer Geisteshaltung fußt, die dem gängigen Vulgär-Materialismus ebenso widerspricht wie auch jedweder rationalistisch-positivistischer Wissenschaftlichkeit. Notwendig ist ein neues Denken, das selbst mit der - letztlich doch ein wenig abgegriffenen - Vokabel vom "Bewußtsein" nur unzureichend bezeichnet ist; ein Denken, das Gefühl, Empfindung und Intuition nicht ausschließt, sondern integriert, das religiös-spirituell begründet ist und in natürlich-beherztem Handeln seinen sinnlich-wahrnehmbaren Ausdruck findet. Was wir brauchen, ist nichts weiter als die schon seit Jahrtausenden beschworene, oft so schwierige und doch einzig und allein die Welt befriedende L I E B E Z U M K I N D.

LITERATURVERZEICHNIS

Aktionsbündnis Kinderrechte [Hg.] (1995): Round Table zur UN-Konvention über die Rechte des Kindes. Dokumentation einer Veranstaltung des Aktionsbündnisses Kinderrechte am 3. und 4. Dezember 1994. Hannover: Deutscher Kinderschutzbund.

Allgemeine Erklärung der Menschenrechte **(AllgErklMenschenR)**. In: Simma, Bruno/ Fastenrath, Ulrich [Hg.] (o.J.).

amnesty international (ai) [Hg.] (1989): Kinder sind kleine Menschen! Kinder haben Rechte. Mülheim an der Ruhr: Verlag an der Ruhr.

amnesty international (ai) [Hg.] (1989 ff.): Arbeitskreis Menschenrechtsverletzungen an Kindern und Jugendlichen - Rundbrief 1 ff. Krefeld: ai/Arbeitskreis Menschenrechtsverletzungen an Kindern und Jugendlichen.

amnesty international (ai) [Hg.] (1995): Materialien für eine kreative Menschenrechtserziehung. Appenweier: ai/Sektionskoordinationsgruppe Menschenrechtserziehung.

Antrag der Fraktion der SPD: Kindergesundheit und Umweltbelastungen. Bonn: Deutscher Bundestag (Drucksache 13/1968 vom 11.07.95).

Antrag der Fraktion der SPD: Reform des Kindschaftsrechts. Bonn: Deutscher Bundestag (Drucksache 12/4024 vom 17.12.92).

Antrag der Fraktion der SPD: Reform des Kindschaftsrechts. Bonn: Deutscher Bundestag (Drucksache 13/1752 vom 21.06.95).

Antwort der Bundesregierung auf die Große Anfrage der Abgeordneten Vera Wollenberger, Werner Schulz (Berlin), Konrad Weiß (Berlin) und der Gruppe BÜNDNIS 90/DIE GRÜNEN - Drucksache 12/2607 -: Die Notwendigkeit von ökologischen Kinderrechten; Gefährdung von Kindern durch Umweltgifte. Bonn: Deutscher Bundestag (Drucksache 12/4817 vom 28.04.93).

Antwort der Bundesregierung auf die Große Anfrage der Fraktion der SPD - Drucksache 12/2580 -: Kindergesundheit und Umweltbelastungen. Bonn: Deutscher Bundestag (Drucksache 12/4626 vom 25.03.93).

Antwort der Bundesregierung auf die Kleine Anfrage der Abgeordneten Christina Schenk und der Gruppe der PDS - Drucksache 13/1454 -: Gemeinsames Sorgerecht als Regelfall. Bonn: Deutscher Bundestag (Drucksache 13/1661 vom 07.06.95).

Antwort der Bundesregierung auf die Kleine Anfrage der Fraktion der SPD - Drucksache 13/823 -: Situation unbegleiteter minderjähriger Flüchtlinge. Bonn: Deutscher Bundestag (Drucksache 13/1076 vom 05. 04.95).

Arbeitsförderungsgesetz (AFG). München: dtv (21. Auflage 1995).

Arbeitsgemeinschaft für Jugendhilfe (AGJ) [Hg.] (1992): Kinderwelten - Kinderrechte - Angebote für Kinder. Bonn: AGJ (2., korrigierte Auflage 1993).

Arbeitskreis "Kinderforen" [Hg.] (1993): Kommunale Kinderpolitik. Ansätze, Konzepte, Modelle, Projekte und Erfahrungen für eine Politik von und mit Kindern. München: Arbeitskreis "Kinderforen".

Arbeitsstelle Friedenserziehung an der PH Freiburg/Kinderschutzbund Freiburg [Hg.] (1992): Kinderleben. Selbstbestimmung und Mitbestimmung von Kindern und Jugendlichen. Werkheft 1. Freiburg: Arbeitsstelle Friedenserziehung.

Arndt, Ernst Moritz (1904): Fragmente über Menschenbildung. Langensalza: Beyer & Mann.

Ausländergesetz (AuslG). In: Deutsches Ausländerrecht.

Baacke, Dieter (1993): Wieviel Politik vertragen Kinder? In: Arbeitskreis "Kinderforen" [Hg.] (1993).

Baer, Ingrid (1990): Verabschiedung des UN-Übereinkommens über die Rechte des Kindes im November 1989 in New York. Welche Änderungen des bundesrepublikanischen Rechts wären bei Ratifizierung der Konvention notwendig? In: "Familie und Recht" 4/1990.

Baer, Ingrid (1993): Übereinkommen der Vereinten Nationen über die Rechte des Kindes. In: "Neue Juristische Wochenschrift" 35/1993.

Beck, Manfred/**Kronshage**, Rainer (1993): Kinderpolitik: Modelle zur Umsetzung von Kinderrechten in deutschen Kommunen. In: Neubauer, Georg/Sünker, Heinz [Hg.] (1993).

Becker, Bernd [Hg.] (o.J.): Bayerisches Erziehungs- und Unterrichtsgesetz (BayEUG). München: Oldenbourg (3. Auflage 1985).

Bekanntmachung über das Inkrafttreten des Übereinkommens über die Rechte des Kindes. In: BMFJ [Hg.] (1993).

Belling, Detlev W./Eberl, Christina/Michlik, Frank (1994): Das Selbstbestimmungsrecht Minderjähriger bei medizinischen Eingriffen. Neuwied/Kriftel/Berlin: Luchterhand.

Beurkundungsgesetz (BeurkG). In: BGB.

Billhardt, Thomas (1990): Kinder haben Rechte. Münster: Votum.

Bily, Lothar (1994): Die Finsternis in des Menschen Herz. Vor 40 Jahren erschien William Goldings "Herr der Fliegen". In: "Mut" 9/1994.

Bischöfliches Hilfswerk Misereor e.V./Deutsche Pfadfinderschaft St. Georg (DPSG) [Hg.] (1993): Kinderrechte in der Einen Welt! Anregungen für die Gruppenarbeit mit Kindern. Neuss: Georgs-Verlag.

Bock, Irmgard (1984): Pädagogische Anthropologie der Lebensalter. Eine Einführung. München: Ehrenwirth.

Bollnow, Otto Friedrich (o.J.): Die Pädagogik der deutschen Romantik. Von Arndt bis Fröbel. Stuttgart: Klett-Cotta (3., überarbeitete Auflage 1977).

Bopp, Jörg (1988): Die Jugend: Angepaßt und aufsässig. In: "Psychologie heute" 9/1988.

Borgius, Walther (1930): Die Schule - ein Frevel an der Jugend. Freiburg im Breisgau: Mackay-Gesellschaft (Unveränderter Reprint 1981).

Borsche, Sven (1989): Hilfe für Kinder? Politisch-moralischer Schub: Die "Konvention über die Rechte des Kindes". In: "Spielraum" 4/1989

Borsche, Sven (1991): Das Kind - Rechtssubjekt oder Teil der Familie? Zum Vergleich: UN-Kinderkonvention und KJHG. In: Deutsches Kinderhilfswerk [Hg.] (1991).

Borsche, Sven (1992): Kinderkonvention beschlossen - was nun? In: AGJ [Hg.] (1992).

Borsche, Sven (1993[a]): Die Konvention der Vereinten Nationen über die Rechte des Kindes und ihre Umsetzung in der Bundesrepublik. In: Deutsches Jugendinstitut [Hg.] (1993).

Borsche, Sven (1993[b]): Das Übereinkommen über die Rechte des Kindes der Vereinten Nationen - Impuls für Kinderrechte? In: "Jugendpolitik" 4/1993.

Borsche, Sven (1993[c]): Als unangemessen zurückzuweisen. In: "KinderInformationsDienst" 10/1993.

Braunmühl, Ekkehard von (1975): Antipädagogik. Studien zur Abschaffung der Erziehung. Weinheim/Basel: Beltz (8. Auflage 1993).

Braunmühl, Ekkehard von (1976): Das Kind in der Familie. In: Braunmühl, Ekkehard von, et al. (1976).

Braunmühl, Ekkehard von (1978): Zeit für Kinder. Theorie und Praxis von Kinderfeindlichkeit, Kinderfreundlichkeit, Kinderschutz. Zur Beseitigung der Unsicherheit im Umgang mit Kindern. Ein Lernbuch. Frankfurt am Main: Fischer.

Braunmühl, Ekkehard von/**Kupffer**, Heinrich/**Ostermeyer**, Helmut (1976): Die Gleichberechtigung des Kindes. Programm zur Beendigung des Erziehungskrieges zwischen den Generationen. Frankfurt am Main: Fischer.

Brezinka, Wolfgang (1972): Die Pädagogik der Neuen Linken. Analyse und Kritik. München/ Basel: Reinhardt (5., neu bearbeitete Auflage/30.- 33. Tausend 1980).

Brückner, Peter (1972): Zur Sozialpsychologie des Kapitalismus. Frankfurt am Main: Europäische Verlagsanstalt.

Bürgerliches Gesetzbuch (BGB). München: dtv (36. Auflage 1995).

Bundesgesetzblatt (BGBl.) - Teil I, II und III (ab 1949). Mikrofiche-Edition. Köln/Bonn: Bundesanzeiger.

Bundeskindergeldgesetz (BKGG). Textausgabe - Stand Juni 1992. München: Rehm.

Bundesministerium der Justiz **(BMJ)** (1995): Entwurf eines Gesetzes zur Reform des Kindschaftsrechts (Kindschaftsrechtsreformgesetz - KindRG). Bonn: Unveröffentlichtes Manuskript.

Bundesministerium für Familie, Senioren, Frauen und Jugend **(BMFSFJ)** [Hg.] (1994): Bericht der Bundesrepublik Deutschland an die Vereinten Nationen gemäß Artikel 44 Abs. 1 Buchstabe a des Übereinkommens über die Rechte des Kindes. Bonn: BMFSFJ.

Bundesministerium für Frauen und Jugend **(BMFJ)** [Hg.] (1993): Übereinkommen über die Rechte des Kindes. UN-Kinderkonvention im Wortlaut mit Materialien. Düsseldorf: Livonia.

Bundessozialhilfegesetz (BSHG). München: dtv (6. Auflage 1995).

Charta der Vereinten Nationen (UN-Charta). In: Simma, Bruno/Fastenrath, Ulrich [Hg.] (o.J.).

Coester, Michael/**Hansen**, Kirsten-Pia (1994): Das UN-Übereinkommen über die Rechte des Kindes und das KJHG: Impulse zur Kindeswohlverwirklichung. In: Steindorff, Caroline [Hg.] (1994).

Das Neue Testament unseres Herrn und Heilandes Jesus Christus nach der deutschen Übersetzung D. Martin Luthers. Wetzlar: Internationaler Gideonbund.

Denkschrift zu dem Übereinkommen. In: BMFJ [Hg.] (1993).

Deutsche Wanderjugend [Hg.] (1994): Ökologische Kinderrechte. Winnenden: Deutsche Wanderjugend.

Deutscher Kinderschutzbund [Hg.] (1993): Kinder - Konventionen - Kommissionen. Perspektiven für ein kinderfreundliches Europa. Hannover: Deutscher Kinderschutzbund.

Deutsches Ausländerrecht. München: dtv (9. Auflage 1995).

Deutsches Jugendinstitut [Hg.] (1993): Was für Kinder. Aufwachsen in Deutschland. Ein Handbuch. München: Kösel.

Deutsches Kinderhilfswerk [Hg.] (1990): UN-Konvention über die Rechte des Kindes. München: Deutsches Kinderhilfswerk e.V.

Deutsches Kinderhilfswerk [Hg.] (1991): UN-Konvention über die Rechte des Kindes. München: Deutsches Kinderhilfswerk e.V.

Deutsches Komitee für UNICEF [Hg.] (1989[a]): Kinder haben Rechte. Eine Konvention zu Schutz, Förderung und Beteiligung des Kindes. Köln: Deutsches Komitee für UNICEF.

Deutsches Komitee für UNICEF [Hg.] (1989[b]): Kinder haben Rechte. Eine Materialiensammlung zur UN-Konvention. Köln: Deutsches Komitee für UNICEF (2. Auflage 1991).

Deutsches Komitee für UNICEF [Hg.] (1994): Konvention über die Rechte des Kindes. Das "Grundgesetz" der Kinderrechte. Köln: Deutsches Komitee für UNICEF.

Dietze, Lutz (1989): Elternrecht - Kindesrecht. In: Melzer, Wolfgang/ Sünker, Heinz [Hg.] (1989).

Drewermann, Eugen (1988): Das Markusevangelium/Zweiter Teil. Olten/Freiburg im Breisgau: Walter (2. Auflage 1989).

Eckermann, Johann Peter (1948): Gespräche mit Goethe in den letzten Jahren seines Lebens. Zürich: Artemis (3. Auflage 1976).

Eichholz, Reinald [Hg.] (1991): Die Rechte des Kindes. Recklinghausen: Bitter (2.Auflage 1992).

Eichholz, Reinald (1993): Die Rechte des Kindes. In: Neubauer, Georg/ Sünker, Heinz [Hg.] (1993).

Einführungsgesetz zum Bürgerlichen Gesetzbuche **(EGBGB)**. In: BGB.

Eppe, Heinrich (1993): Politische Partizipation von Kindern und Jugendlichen aus historischer Sicht - Erfolg und Mißerfolg. In: Arbeitskreis "Kinderforen" [Hg.] (1993).

Evangelische Akademie Bad Boll [Hg.] (1993): Zukunft wählen. Zusatzstimmen für Eltern? Bad Boll: Evangelische Akademie.

Farson, Richard (1975): Menschenrechte für Kinder. Die letzte Minderheit. München: Desch.

Feldhaus, Annegret (1992): Kinderrechte in europäischen Verfassungen. In: Weingartz, Hans [Hg.] (1992).

Flitner, Andreas (1982): Konrad, sprach die Frau Mama Über Erziehung und Nicht-Erziehung. München: Piper (TB-Ausgabe/6. Auflage/ 29.-33. Tausend August 1992).

Frädrich, Jana/**Jerger-Bachmann**, Ilona (1995): Kinder bestimmen mit. Kinderrechte und Kinderpolitik. München: Beck.

Franklin, Bob (1994): Kinder und Entscheidungen. Entwicklung von Strukturen zur Stärkung von Kinderrechten. In: Steindorff, Caroline [Hg.] (1994).

Fröbel, Friedrich (1982): Die Menschenerziehung. Stuttgart: Klett-Cotta.

Funke, Rainer (1992): Übereinkommen der Vereinten Nationen über die Rechte des Kindes. In: AGJ [Hg.] (1992).

Galtung, Johan (1975): Strukturelle Gewalt. Beiträge zur Friedens- und Konfliktforschung. Reinbek: Rowohlt.

Gamm, Hans-Jochen (1970): Kritische Schule. Eine Streitschrift für die Emanzipation von Lehrern und Schülern. München: List.

Gamm, Hans-Jochen (1980): Das pädagogische Erbe Goethes. Eine Verteidigung gegen seine Verehrer. Frankfurt am Main/New York: Campus.

Gemeinschaftswerk der Evangelischen Publizistik (GEP) [Hg.] (1995): Zu den Folgen des Vorwurfs "Kindesmißbrauch". Frankfurt am Main: Evangelischer Pressedienst (epd-Dokumentation 40/95).

Gesetz über den Verkehr mit Betäubungsmitteln (Betäubungsmittelgesetz - **BtMG**). In: StGB.

Gesetz über den Vollzug der Freiheitsstrafe und der freiheitsentziehenden Maßregeln der Besserung und Sicherung (Strafvollzugsgesetz - **StVollzG**). München: dtv (13. Auflage 1995).

Gesetz über die Angelegenheiten der Freiwilligen Gerichtsbarkeit (**FGG**). München: dtv (8. Auflage 1995).

Gesetz über die Entschädigung von Opfern von Gewalttaten (Opferentschädigungsgesetz - OEG). In: StVollzG.

Gesetz über die religiöse Kindererziehung (**RelKErzG**). In: Jugendrecht.

Gesetz über die Verbreitung jugendgefährdender Schriften (**GjS**). In: Jugendrecht.

Gesetz über die Vermittlung der Annahme als Kind und über das Verbot der Vermittlung von Ersatzmüttern (Adoptionsvermittlungsgesetz - **AdVermiG**). In: Jugendrecht.

Gesetz zu dem Übereinkommen vom 20. November 1989 über die Rechte des Kindes. In: BMFJ [Hg.] (1993).

Gesetz zum Schutze der arbeitenden Jugend (Jugendarbeitsschutzgesetz - **JArbSchG**). In: Jugendrecht.

Gesetz zum Schutze der Jugend in der Öffentlichkeit (Jugendschutzgesetz - **JÖSchG**). In: Jugendrecht.

Gesetz zur Sicherung des Unterhalts von Kindern alleinstehender Mütter und Väter durch Unterhaltsvorschüsse oder -ausfalleistungen (Unterhaltsvorschußgesetz - **UnterhVorschG**). In: Jugendrecht.

Gesetzentwurf der Bundesregierung: Entwurf eines Gesetzes zur erbrechtlichen Gleichstellung nichtehelicher Kinder (Erbrechtsgleichstellungsgesetz - **ErbGleichG**). Bonn: Deutscher Bundestag (Drucksache 12/7819 vom 09.06.94).

Gesetzentwurf des Abgeordneten Konrad Weiß (Berlin) und der Gruppe BÜNDNIS 90/DIE GRÜNEN: Entwurf eines Gesetzes zur gewaltfreien Erziehung von Kindern (Züchtigungsverbotsgesetz). Bonn: Deutscher Bundestag (Drucksache 12/5359 vom 30.06.93).

Godeschalk, Benedikt [Hg.] (o.J.): Die versprengten Worte Jesu. Freiburg im Breisgau: Hyperion.

Goethe, Johann Wolfgang (1955): Faust. Der Tragödie erster Teil. Stuttgart: Reclam.

Golding, William (1963): Herr der Fliegen. Frankfurt am Main: Fischer.

Große-Oetringhaus, Hans-Martin (1993): Kinder haben Rechte - überall. Ein Aktions- und Informationsbuch. Berlin: Elefanten Press (2. Auflage 1995).

Grundgesetz (GG). München: dtv (32. Auflage 1994).

Haerlin, Peter (1987): Wie von selbst. Vom Leistungszwang zur Mühelosigkeit. Weinheim/ Berlin: Quadriga.

Harten, Hans-Christian (1993): Kindheitsgeschichte als Utopiegeschichte. In: Deutsches Jugendinstitut [Hg.] (1993).

Hattenhauer, Hans (1990): Kindeswohl und Kindesrecht. In: Deutsches Kinderhilfswerk [Hg.] (1990).

Heidrich, Barbara/**Martens**, Rudolf/**Struck**, Norbert (1994): Kinder und Armut in Deutschland: Ergebnisse des zweiten Armutsberichtes des Paritätischen Wohlfahrtsverbandes. In: SPD [Hg.] (1994).

Hentig, Hartmut von (1967): Jus' you wait! Beobachtungen zu William Goldings "Herr der Fliegen". In: Hentig, Hartmut von (1969).

Hentig, Hartmut von (1969): Spielraum und Ernstfall. Gesammelte Aufsätze zu einer Pädagogik der Selbstbestimmung. Frankfurt am Main/Berlin/Wien: Ullstein (TB-Ausgabe 1981).

Hinte, Wolfgang (1995): Jugendpolitik statt Kinderschutz. In: Landesarbeitskreis Kinder und Jugendliche im Bündnis 90/Die Grünen in Bayern [Hg.] (1995).

Hövel, Walter (o.J.): Die Rechte der Kinder. Freinet-Pädagogik. Bremen: Pädagogik Kooperative e.V.

Holt, John (1978): Zum Teufel mit der Kindheit. Über die Bedürfnisse und Rechte von Kindern. Wetzlar: Büchse der Pandora.

Hurrelmann, Klaus (1991): Hilft die UN-Kinderkonvention, die Lebensbedingungen von Kindern und Jugendlichen zu verbessern? In: Deutsches Kinderhilfswerk [Hg.] (1991).

Hurrelmann, Klaus (1993): Kinder und Politik. In: Stiftung MITARBEIT [Hg.] (1993).

Initiativgruppe "Übereinkommen über die Rechte des Kindes" (1993): Anforderungen an den "Erstbericht" zur UN-Kinderrechtskonvention. In: "KinderInformationsDienst" 3/1994.

Initiatorengruppe (1984): Kinder-Doppelbeschluß. In: "Publik-Forum" 1/1994 (Sonderdruck).

Internationaler Pakt über bürgerliche und politische Rechte (**IPbürgR**). In: Simma, Bruno/Fastenrath, Ulrich [Hg.] (o.J.).

Internationaler Pakt über wirtschaftliche, soziale und kulturelle Rechte (**IPwirtR**). In: Simma, Bruno/Fastenrath, Ulrich [Hg.] (o.J.).

Jean Paul (1963): Levana oder Erziehlehre. Paderborn: Schöningh.

Jugendgerichtsgesetz (JGG). In: Jugendrecht.

Jugendrecht. München: dtv (20., neubearbeitete Auflage 1994).

Kant, Immanuel (o.J.): Über Pädagogik. Bochum: Kamp (5. Auflage 1984).

Key, Ellen (1902): Das Jahrhundert des Kindes. Studien. Berlin: S. Fischer.

Kimminich, Otto (o.J.): Macht - Recht - Ethos. München: Bayerische Landeszentrale für politische Bildungsarbeit (2. Auflage 1984).

Kindernothilfe [Hg.] (1993): Die Rechte des Kindes. Duisburg: Kindernothilfe e.V.

Kinder- und Jugendhilfegesetz (KJHG). In: SGB.

Kleine Anfrage der Fraktion der SPD: Unbegleitete Minderjährige in der Bundesrepublik Deutschland. Bonn: Deutscher Bundestag (Drucksache 13/1655 vom 07.06.95).

Klemm, Ulrich [Hg.] (1992): Quellen und Dokumente der Antipädagogik. Frankfurt am Main: dipa.

Klemm, Ulrich (1992): Zwanzig Jahre Antipädagogik und Kinderrechtsbewegung - Genese und Bilanz. In: Klemm, Ulrich [Hg.] (1992).

Klemm, Ulrich (1995): Kinder und ihre Rechte: Eine Menschenrechtsbewegung im Abseits!? Ein empirischer Rückblick und ein subjektiver Ausblick. In: Landesarbeitskreis Kinder und Jugendliche im Bündnis 90/Die Grünen in Bayern [Hg.] (1995).

Komitee für Kinderrechte in der Demokratie (**KID**) (1985): Grundsatzerklärung. In: Klemm, Ulrich [Hg.] (1992).

Koordinierungsgruppe (KoG) der National Coalition [Hg.] (1995): Stellungnahme zum Erstbericht der Bundesregierung zur UN-Kinderrechtskonvention. In: "FORUM Jugendhilfe" 2/1995 (Sonderdruck).

Korczak, Janusz (1967): Wie man ein Kind lieben soll. Göttingen: Vandenhoeck & Ruprecht (9., durchgesehene Auflage 1989).

Korczak, Janusz (1970): Das Recht des Kindes auf Achtung. Göttingen: Vandenhoeck & Ruprecht.

Korczak, Janusz (1971): König Hänschen I. Göttingen: Vandenhoeck & Ruprecht.

Korczak, Janusz (1979): Von Kindern und anderen Vorbildern. Gütersloh: Mohn (2. Auflage 1991).

Kupffer, Heinrich (1976): Das Kind in der öffentlichen Erziehung. In: Braunmühl, Ekkehard von, et al. (1976).

Kupffer, Heinrich (1990): Pädagogik der Postmoderne. Weinheim/Basel: Beltz.

Landesarbeitskreis Kinder und Jugendliche im Bündnis 90/Die Grünen in Bayern [Hg.] (1995): Kinderrechte zwischen Resignation und Vision. Nürnberg: Wissenschaftlicher Verlag Wilde.

Lenhardt, Gero (1993): Schulpflicht. Vom ständischen Gewaltverhältnis zu Grundrechten im Klassenzimmer. In: Deutsches Jugendinstitut [Hg.] (1993).

Lichtenstein, Ernst (1966): Zur Entwicklung des Bildungsbegriffs von Meister Eckhart bis Hegel. Heidelberg: Quelle & Meyer.

Lifton, Betty Jean (1990): Der König der Kinder. Das Leben von Janusz Korczak. Stuttgart: Klett-Cotta (3. Auflage 1991).

Litt, Theodor (1927): Führen oder Wachsenlassen. Eine Erörterung des pädagogischen Grundproblems. Stuttgart: Klett (13. Auflage 1967).

Löw, Konrad (1993): Verfassungsgebot Kinderwahlrecht? Ein Beitrag zur Verfassungsdiskussion. In: Evangelische Akademie Bad Boll [Hg.] (1993).

Lüscher, Kurt/**Lange**, Andreas (1992): Konzeptuelle Grundlagen einer Politik für Kinder: Ansätze und Begründungen aus sozialwissenschaftlicher Sicht. In: "Zeitschrift für Sozialisationsforschung und Erziehungssoziologie" 3/1992.

Maier, Hans (1995): Geistige Umbrüche in Deutschland 1945 - 1995. In: "Mut" 11/1995.

Mallet, Carl-Heinz (1987): Untertan Kind. Nachforschungen über Erziehung. Frankfurt am Main/Berlin: Ullstein (TB-Ausgabe 1990).

Markefka, Manfred (1993): Kinder: Objekt der Politik. In: Markefka, Manfred/Nauck, Bernhard [Hg.] (1993).

Markefka, Manfred/**Nauck**, Bernhard [Hg.] (1993): Handbuch der Kindheitsforschung. Neuwied/Kriftel/Berlin: Luchterhand.

Marotzki, Winfried/**Sünker**, Heinz [Hg.] (1993): Kritische Erziehungswissenschaft - Moderne - Postmoderne (Band 2). Weinheim: Deutscher Studien-Verlag.

Melzer, Wolfgang/**Sünker**, Heinz [Hg.] (1989): Wohl und Wehe der Kinder. Pädagogische Vermittlungen von Kindheitstheorie, Kinderleben und gesellschaftlichen Kindheitsbildern. Weinheim/München: Juventa.

Merk, Peter (1993): Der Generationenvertrag. Politische und rechtliche Rahmenbedingungen für die Repräsentation von Zukunftsinteressen. In: Arbeitskreis "Kinderforen" [Hg.] (1993).

Merk, Peter (1994): Politische Partizipation von Kindern. In: "pro juventute" 4/1994.

Merkel, Angela (1993): Kinder müssen Vorrang haben! In: Deutsches Jugendinstitut [Hg.] (1993).

Miller, Alice (1980): Am Anfang war Erziehung. Frankfurt am Main: Suhrkamp.

Missildine, Whitney Hugh (1963): Your Inner Child of the Past. New York: Simon and Schuster.

Montessori, Maria (1965): Grundlagen meiner Pädagogik - und weitere Aufsätze zur Anthropologie und Didaktik. Heidelberg/Wiesbaden: Quelle & Meyer (7. Auflage 1988).

Montessori, Maria (1976): Schule des Kindes. Montessori-Erziehung in der Grundschule. Freiburg im Breisgau: Herder.

Müller-Küppers, Manfred [Hg.] (1972): modern erziehen. Grundlagen - Probleme - Lösungen. München: Kösel.

Neill, Alexander Sutherland (1969): Theorie und Praxis der antiautoritären Erziehung. Das Beispiel Summerhill. Reinbek: Rowohlt.

Neis, Edgar (1975): Erläuterungen zu Johann Wolfgang Goethes Faust I. Hollfeld/Ofr.: Bange (5., überarbeitete Auflage 1981).

Neubauer, Georg/**Sünker**, Heinz [Hg.] (1993): Kindheitspolitik international. Problemfelder und Strategien. Opladen: Leske + Budrich.

Neumann, Karl (1993): Zum Wandel der Kindheit vom Ausgang des Mittelalters bis an die Schwelle des 20. Jahrhunderts. In: Markefka, Manfred/Nauck, Bernhard [Hg.] (1993).

Niehuis, Edith (1994): Plädoyer für eine kinderfreundliche Gesellschaft. In: SPD [Hg.] (1994).

Oelkers, Jürgen/**Lehmann**, Thomas (1983): Antipädagogik. Herausforderung und Kritik. Weinheim/Basel: Beltz (2., erweiterte Auflage 1990).

Oerter, Rolf (1992): Können Kinder ihre Zukunft mitbestimmen? Entwicklungspsychologische Befunde zur Entscheidungsfähigkeit von Kindern. In: Arbeitsstelle Friedenserziehung [Hg.] (1992).

Ostermeyer, Helmut (1976): Das Kind im Recht. In: Braunmühl, Ekkehard von, et al. (1976).

Pass-Weingartz, Dorothee [Hg.] (1994): Ökologische Kinderrechte. Dokumentation des Kongresses vom 26./27.6.1993 in Bonn. Bonn: kid.

Pelzer, Wolfgang (1987): Janusz Korczak. Reinbek: Rowohlt.

Peschel-Gutzeit, Lore Maria (1994): Zum Wohle des Kindes. Der Beitrag der Verfassung zur Verbesserung der Lage von Kindern und Jugendlichen. In: SPD [Hg.] (1994).

Plewig, Hans-Joachim (1994): Das "Kindeswohl". Grenzen der Sozialdisziplinierung durch Kinderrechte. In: Steindorff, Caroline [Hg.] (1994).

Postman, Neil (1983): Das Verschwinden der Kindheit. Frankfurt am Main: Fischer.

Preuß, Otmar (1995): Kinder-Rechte reichen nicht. In: Landesarbeitskreis Kinder und Jugendliche im Bündnis 90/Die Grünen in Bayern [Hg.] (1995).

Quester, Erich/**Büchner**, Rudolf/**Bornhofen**, Heinrich [Hg.] (o.J.): Personenstandsgesetz und Ehegesetz. Frankfurt am Main: Verlag für Standesamtswesen (5., erweiterte Auflage 1988).

Rathgeber, Richard (1993): Kinderbeauftragte. Anwälte für Kinder oder Alibifiguren? In: Deutsches Jugendinstitut [Hg.] (1993).

Rebell, Walter (1993): Urchristentum und Pädagogik. Stuttgart: Calwer.

Reble, Albert (1951): Geschichte der Pädagogik. Stuttgart: Klett-Cotta (15., vom Autor neu bearbeitete Auflage 1989).

Reiche, Reimut (1971): Sexualität und Klassenkampf. Zur Abwehr repressiver Entsublimierung. Frankfurt am Main: Fischer.

Reichsgesetzblatt (RGBl.) - Teil I und Teil II (1871-1945). Mikrofiche-Edition. München: Beck.

Reinicke, Michael (1989): Der Zugang des Minderjährigen zum Zivilprozeß. Ein Problem der "Grundrechtsmündigkeit". Berlin: Duncker & Humblot.

Roessler, Wilhelm (1961): Die Entstehung des modernen Erziehungswesens in Deutschland. Stuttgart: Kohlhammer.

Rousseau, Jean-Jacques (1971): Emil oder Über die Erziehung. Paderborn: Schöningh.

Salgo, Ludwig (1994): Das Recht, anders zu sein. In: Steindorff, Caroline [Hg.] (1994).

Schenk-Danzinger, Lotte (1969): Entwicklungspsychologie. Wien: Österreichischer Bundesverlag (16. Auflage 1983).

Schmidt, Karl O. [Hg.] (1977): Die geheimen Herren-Worte des Thomas- Evangeliums. München/Engelberg: Drei Eichen (3. Auflage 1984).

Schmidt, Paul (1981): Menschenrechte für das Kind. In: "Pädagogische Rundschau" 5/1981.

Schmidt, Wilhelm (1991): Kinderpolitik 1990. Die UN-Kinderkonvention als aktueller politischer Auftrag. In: Deutsches Kinderhilfswerk [Hg.] (1991).

Schmidt, Wilhelm (1993): Partizipation in der Kinderpolitik. Kritische Bestandsaufnahme vor dem Hintergrund der UNO-Konvention über die Rechte des Kindes sowie der Reform des Jugendhilferechts. In: Stiftung MITARBEIT [Hg.] (1993).

Schmidts, Ludwig (1971): Jean-Jacques Rousseau, der Philosoph und Pädagoge. In: Rousseau, Jean-Jacques (1971).

Schoenebeck, Hubertus von (1981): Kinderrechtsbewegung und Deutsches Kindermanifest. Münster: Freundschaft mit Kindern - Förderkreis e.V (5. Auflage 1990).

Schoenebeck, Hubertus von (1982): Unterstützen statt erziehen. Die neue Eltern-Kind-Beziehung. München: Knaur (TB-Ausgabe 1993).

Schoenebeck, Hubertus von (1985): Antipädagogik im Dialog. Eine Einführung in antipädagogisches Denken. Weinheim/Basel: Beltz (2., verbesserte und erweiterte Auflage 1989).

Schoenebeck, Hubertus von (1990): Kinder in der Demokratie - Wahlrecht und Wählbarkeit für Kinder. Der Grundgesetz-Artikel 38.2. Münster: Freundschaft mit Kindern - Förderkreis e.V.

Schoenebeck, Hubertus von (1995): Die Revolution der Herzen - der entscheidende Faktor der Kinderrechtsbewegung. In: Landesarbeitskreis Kinder und Jugendliche im Bündnis 90/Die Grünen in Bayern [Hg.] (1995).

Schröder, Richard (1995): Kinder reden mit! Beteiligung an Politik, Stadtplanung und Stadtgestaltung. Weinheim/Basel: Beltz.

Schwerbehindertengesetz (SchwbG). München: dtv (19. Auflage 1995).

Simma, Bruno/**Fastenrath** Ulrich [Hg.] (o.J.): Menschenrechte - Ihr internationaler Schutz. München: dtv (3., neubearbeitete Auflage 1992).

Soldaten-Laufbahnverordnung. In: Wehrpflicht- und Soldatenrecht.

Sozialdemokratische Partei Deutschlands (SPD) [Hg.] (1994): Kinderrechte - Plädoyers für eine kinderfreundliche Gesellschaft. Bonn: SPD.

Sozialgesetzbuch (SGB). München: dtv (21. Auflage 1995).

Stauner, Gabriele/**Schelter**, Kurt (o.J.): Jugendrecht von A-Z. München: dtv (2., neubearbeitete Auflage 1991).

Steindorff, Caroline [Hg.] (1994): Vom Kindeswohl zu den Kindesrechten. Neuwied/Kriftel/Berlin: Luchterhand.

Stiftung MITARBEIT [Hg.] (1993): Kinderpolitik - Kinderbeteiligung. Konzepte, Modelle, Materialien. Bonn: Stiftung MITARBEIT.

Stöcker, Hans A. (1991): Die Auswirkungen der Kinderkonvention auf das deutsche Recht. In: Deutsches Kinderhilfswerk [Hg.] (1991).

Strafgesetzbuch (StGB). München: dtv (29. Auflage 1995).

Strafprozeßordnung (StPO). München: dtv (26. Auflage 1995).

Struck, Jutta (1990): Sozial- und kinderpolitische Aspekte der UN-Konvention über die Rechte des Kindes. In: Deutsches Kinderhilfswerk [Hg.] (1990).

Sünker, Heinz (1989): Pädagogik und Politik für Kinder: Gesellschaftliche Entwicklungen und Herausforderungen. In: Melzer, Wolfgang/ Sünker, Heinz [Hg.] (1989).

Sünker, Heinz (1993): Kinderpolitik und Kinderrechte. Politische Strategien im Kontext der UN-Konvention für die Rechte des Kindes. In: Neubauer, Georg/Sünker, Heinz [Hg.] (1993).

terre des hommes [Hg.] (o.J.): Kinder(UN)recht. Kinder haben Rechte - überall. Materialien/ UN-Konvention über die Rechte der Kinder. Osnabrück: terre des hommes (6., überarbeitete Auflage 1995).

Théry, Irène (1994): Neue Rechte des Kindes - das Wundermittel? In: Steindorff, Caroline [Hg.] (1994).

Übereinkommen über die Rechte des Kindes vom 20. November 1989. Wortlaut der amtlichen Übersetzung. In: BMFJ [Hg.] (1993).

Unterrichtung durch die Bundesregierung: Bericht der Bundesregierung über Maßnahmen im Zusammenhang mit dem Inkrafttreten des Übereinkommens über die Rechte des Kindes für die Bundesrepublik Deutschland. Bonn: Deutscher Bundestag (Drucksache 12/4168 vom 21.01.93).

Verfassungen der deutschen Bundesländer. München: dtv (5. Auflage 1995).

Verhandlungen des Deutschen Bundestages - 12. Wahlperiode (1991-1994). Mikrofiche-Edition. München: Beck.

Verordnung über den Vollzug des Jugendarrestes/Jugendarrestvollzugsordnung **JAVollzO**. In: Jugendrecht.

Verordnung zur Berechnung des Regelunterhalts/Regelunterhalt-Verordnung **RegelUnterhV**. In: Jugendrecht.

Weber, Hans-Ruedi (1980): Jesus und die Kinder. Hamburg: Lutherisches Verlagshaus.

Wehrpflicht- und Soldatenrecht. München: dtv (26. Auflage 1995).

Weingartz, Hans [Hg.] (o.J.): Die Bundesrepublik Deutschland und die UN-Kinderkonvention. Bonn: kid (2., ergänzte Auflage 1992).

Weingartz, Hans [Hg.] (1992): Kinderrechte und Verfassung. Vorschläge zur Änderung des Artikels 6 Grundgesetz. Bonn: kid.

Welpe, Ingelore (1990): Die UN-Konvention über die Rechte des Kindes - Entwicklungspsychologische und sozialanthropologische Aspekte. In: Deutsches Kinderhilfswerk [Hg.] (1990).

Wigger, Lothar (1993): Das Recht auf Erziehung. Hegels Analyse des modernen Erziehungsverhältnisses. In: Marotzki, Winfried/Sünker, Heinz [Hg.] (1993).

Wilken, Walter (1994): Kinder vor Gewalt schützen, ihre Rechte und Wünsche stärken. In: SPD [Hg.] (1994).

Winkler, Michael (1982): Stichworte zur Antipädagogik. Elemente einer historisch-systematischen Kritik. Stuttgart: Klett-Cotta.

Winterswyl, Ricarda (1991): Unreife als Endzustand. Wird die Erwachsenenwelt immer infantiler? In: "Süddeutsche Zeitung" 92/1991.

Wissenschaftliche Dienste des Deutschen Bundestages (1991): Zur Vereinbarkeit von Regelungen des geltenden innerstaatlichen Rechts der Bundesrepublik Deutschland mit dem Übereinkommen vom 20. November 1989 über die Rechte des Kindes. Bonn: Wissenschaftliche Dienste des Deutschen Bundestages.

Wolf, Joachim (1991): Vom weichen zum harten Recht. Zur Entstehung der Kinderkonvention und ihr Stellenwert im internationalen Recht. In: Deutsches Kinderhilfswerk [Hg.] (1991).

Wolfrum, Rüdiger (1990): Die UN-Konvention über die Rechte des Kindes: Entwicklung, Inhalt und Einbettung in den internationalen Menschenrechtsschutz. In: Deutsches Kinderhilfswerk [Hg.] (1990).

Zenz, Gisela (1979): Kindesmißhandlung und Kindesrechte. Erfahrungswissen, Normstruktur und Entscheidungsrationalität. Frankfurt am Main: Suhrkamp (TB-Ausgabe 1981).

Zivilprozeßordnung (ZPO). München: dtv (24. Auflage 1995).

LEBENSLAUF

Name	Ralph Bethke
Adresse	Johann-Clanze-Straße 78 81369 München-Sendling Telephon 089/769 29 80
Geburtsdatum	9. Januar 1962
Geburtsort	München-Sendling
Eltern	Joachim Bethke (Handelsvertreter) Emmy Bethke (Verwaltungsangestellte)
Konfession	evangelisch-lutherisch
Nationalität	deutsch
Familienstand	ledig

1968 - 1972	Grundschule an der Zielstattstraße, München
1972 - 1979	Klenze-Gymnasium, München
1979 - 1981	Ausbildung zum Verlagskaufmann im Europa-Fachpresse-Verlag, München
1981 - 1984	Berufstätigkeit als Verlagskaufmann
1984 - 1985	Staatliche Fachoberschule, Freising
1985 - 1987	Studium der Religionspädagogik an der Augustana-Hochschule, Neuendettelsau/Mfr.
1987 - 1988	Studium der Evangelischen Theologie an der Ludwig-Maximilians-Universität, München
1988 - 1992	Studium der Pädagogik, Philosophie und Psychologie an der Ludwig-Maximilians-Universität, München
seit 1992	Berufstätigkeit als freischaffender Dozent in der Erwachsenenbildung

FSC
www.fsc.org
MIX
Papier | Fördert gute Waldnutzung
FSC® C083411

Kolibri 360 GmbH
Ferdinand-Jühlke-Straße 7
99095 Erfurt, Deutschland
produktsicherheit@kolibri360.de